NEW SMART

미드영어,
난 에피소드 하나만 판다!

CHRIS SUH · 서성덕

MENTORS

New SMART
미드영어, 난 에피소드 하나만 판다!

2025년 01월 02일 인쇄
2025년 01월 10 개정판 포함 3쇄 발행

지 은 이   Chris Suh
발 행 인   Chris Suh
발 행 처   **MENT🌐RS**
　　　　　경기도 성남시 분당구 황새울로 335번길 10 598
　　　　　TEL 031-604-0025 FAX 031-696-5221
　　　　　mentors.co.kr
　　　　　blog.naver.com/mentorsbook
　　　　　* Play 스토어 및 App 스토어에서 '멘토스북' 검색해 어플다운받기!
등록일자   2005년 7월 27일
등록번호   제 2009-000027호
I S B N   979-11-94467-13-7
가　　격   18,600원(MP3 무료다운로드)

미드공부하는데는 에피소드 독파가 최고!

영어공부하는데 미드만한게 없고, 미드공부하는데 에피소드 하나를 독파하는 것보다 더 좋은 방법은 없다. 멘토스는 지금까지 전체 미드에서 자주 쓰이는 중요표현들을 정리하는 미드교재들을 출간하였다. 그러나 이번에는 진지한 미드족들이 미드정복을 성공적으로 하는데 애용하는 에피소드별 집중공략법에 근거하여 교재를 꾸몄다. 하나의 에피소드를 처음부터 끝까지 독파하는 방법으로 에피소드에 나오는 모든 표현들을 다 이해하고 외우고 그런 다음 열번이고 백번이고 자막없이 에피소드를 보는 것이다. 이렇게 에피소드 몇 개를 독파하게 되면 영어 듣기와 영어회화 실력이 쑥쑥 올라가게 된다. 물론 이는 실제 미드족의 경험에 근거한 내용이다. 그래서 멘토스는 에피소드 독파를 위해 가장 사랑받는 그리고 가장 영어공부에 도움이 되는 시트콤인 〈프렌즈〉, 〈빅뱅이론〉, 〈섹스앤더시티〉, 그리고 〈모던패밀리〉에서 역시 가장 재미있는 에피소드 10개를 선택하였다.

난 에피소드 하나만 판다!

하나의 에피소드를 독파하는 데는 많은 어려움이 있다. 미드에는 문화적인 요소 그리고 도대체 무슨 말인지 이해가 되지 않는 조크들이 곳곳에 나와 에피소드를 공부하는 미드족의 열정을 좌절시키곤 한다. 물론 그런 문화적 요소와 다양한 조크가 영어학습하는데 꼭 필요한 것은 아니나 모르면 에피소드 하나 전체를 독파하는데는 방해가 되는 것은 사실이다. 다시 말해서 꼭 알아두어야 할 것은 아니나 에피소드 하나 전체를 이해하고 학습하는데 도움이 된다는 말이다. 아울러 부가적으로 문화적 요소나 조크들을 이해하는 능력 또한 향상될 수도 있다.

에피소드 완전정복!

이 책 〈미드영어, 난 에피소드 하나만 판다!: 시트콤편〉은 앞서 언급한 4개의 시트콤에서 10개의 에피소드를 선택하여 거기에 나오는 꼭 알아두어야 하는 모든 단어와 표현을 집중 정리함으로써 하나의 미드를 완전정복할 수 있도록 꾸며졌다. 특히 재미난 에피소드를 중심으로 선택하였기에 영어학습 뿐만 아니라 흥미도 함께 누릴 수 있을 것이다. 그렇게 해서 에피소드 하나에 나오는 모든 문장이 이해되면 전체를 듣고 보는데 무리가 없게 된다. 그래서 재미있는 에피소드를 반복해서 보면서 등장인물들이 웃을 때 같이 웃으면서 볼 정도가 되면 영어회화실력을 강화하는데 커다란 도움이 될 것이다.

시트콤편과 드라마편

〈미드영어, 난 에피소드 하나만 판다!: 시트콤편〉과 더불어 역시 감동적이고 흥미있는 드라마에서 발췌한 에피소드로 구성된 〈미드영어, 난 에피소드 하나만 판다!: 드라마편〉을 함께 학습하면 영어실력이 일취월장하고 그렇게 되면 다른 미드 혹은 앞으로 나올 수작 미드들을 보는 것이 더 쉬워지고 더 재미있어 질 것이다. 영어실력이 자신도 모르게 쑥쑥 늘어나는 것은 당연지사이다.

★ 특징! American Dramas Vocabulary Notes

1. 가장 재미있는 그리고 가장 영어공부에 도움이 되는 시트콤인 〈프렌즈〉, 〈빅뱅이론〉, 〈섹스앤더시티〉, 그리고 〈모던패밀리〉에서 에피소드를 선택하였다.

2. 많은 에피소드 중에서 가장 기억에 남는 에피소드 10개, 〈프렌즈〉에서 4개, 〈빅뱅이론〉에서 3개, 〈섹스앤더시티〉에서 2개, 그리고 〈모던패밀리〉에서 1개의 에피소드를 엄선하여 추렸다.

3. 네이티브가 아니면 이해가 안되는 문화적 요소의 표현들 그리고 역시 이해하기 힘든 조크들을 친절하게 설명하였다.

4. 영어적인 표현들과 함께 항상 걸림돌이던 문화, 조크들을 극복함으로써 에피소드 하나를 독파하는데 어려움이 없어진다.

5. 이렇게 에피소드 10개를 녹음과 더불어 독파하게 되면 맴맴 그 자리에서 도는 미드영어실력이 몇 단계 UP되어 있는 자신을 발견하게 될 것이다.

★ 구성 American Dramas Vocabulary Notes

1. 시트콤에서 총 10개의 에피소드를 선택하였다.

Friends
- Season 05 Episode 09
- Season 08 Episode 09
- Season 05 Episode 14
- Season 08 Episode 03

The Big Bang Theory
- Season 03 Episode 11
- Season 04 Episode 15
- Season 05 Episode 01

Sex and the City
- Season 01 Episode 01
- Season 01 Episode 07

Modern Family
- Season 01 Episode 15

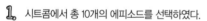

2. 에피소드의 줄거리를 각 에피소드 처음에 소개함으로써 어떤 에피소드인지 기억을 새롭게 하였다.

3. 에피소드는 또한 여러 Scene으로 나누었으며, 역시 각 Scene별로 간단한 장면설명을 하여 쉽게 접근할 수 있도록 하였다.

4. 중요표현들을 엔트리로 하여 설명을 하고 예문을 수록하였으며 아울러 문화나 조크들로 이해하기 어려운 부분들은 추가 설명을 붙여서 이해를 돕도록 하였다.

시트콤 Season 및
Episode 제목
어떤 미드인지 시즌과
에피소드를 밝혔다.

FRIENDS

SEASON 05 EPISODE 09

The One With Ross's Sandwich

비밀리에 연애를 하던 챈들러와 모니카는 속옷을 모니카의 집에 벗어 놓고 가고 비디오 촬영을 하려고 조이를 궁지에 몰아넣고 급기야는 이 모든 것을 해결하려고 친구들이 모인다. 처음에는 챈들러와 모니카가 조이에게 섹스중독자라고 상황을 설명하려다 오히려 반격을 받아 모니카가 섹스중독자가 되어 버린다. 또한 로스는 자신의 샌드위치를 누가 먹었다는 이유로 분노를 조절하지 못해 다니던 박물관에서 정직을 받고 쉬게 된다.

에피소드 간략
줄거리
에피소드의 개략적인
줄거리를 설명함으로써
대강의 내용을 알고 학
습할 수 있도록 하였다.

SCENE 01

아침식사하는 시간에 피비가 소파에서 챈들러의 속옷을 발견하고, 레이첼은 이게 누구의 것인지 추궁한다.

Scene 넘버링 및
장면설명
각 에피소드는 대략 약
10개 전후의 Scene으
로 구분하였고 또한 각
Scene이 시작할 때마
다 간략한 장면설명을
넣었다.

피비가 내가 어디에 앉아 있는거지?(What am I sitting on?)라고 하자 과거 유명 노래 제목인 Top of the World, Dock of the bay(바닷가에서)를 갖다 붙이는 말장난을 하는 것임

- **Dock of the bay?** 바닷가에서?
  A: What am I sitting on? 내가 어디에 앉아 있는가야?
  B: Top of the world? Dock of the bay?
  세상의 꼭대기에? 바닷가에?

- **I'm out** 난 빠질래
  If you want to cheat, I'm out. 네가 사기를 치고 싶다면 난 빠질래.

항상 복수로 쓰이며 발음은 [Andiz]라고 한다.

- **undies = underwear** 속옷
  The girls were all sitting around in their undies.
  여자애들이 다들 속옷만 입고 둘러 앉아 있었다.

got to는 실제로는 gotta로 발음 된다.

- **Got to be Joey's** 조이꺼 일거야
  Got to be Joey's cell that was ringing.
  전화벨소리가 울렸던 것은 조이의 전화기였을거야

10

엔트리 표현
에피소드를 보면서 꼭
알아두어야 하는 혹은
아무리 해도 이해안되
는 표현들을 집중적으
로 정리하였다.

추가설명
언어적인 보충설명을 하였을 뿐만 아니라 문화적 배
경을 모르면 알 수 없는 표현들을 상세히 그 배경을
곁들여 설명하였다. 또한 왜 웃었는지 모르는 표현
들, 그 조크들도 빠짐없이 왜 웃기는지 정리함으로
써 에피소드 완전정복을 이룰 수 있도록 하였다.

예문
가능하면 이해를 돕기
위해 에피소드내의 예문
을 사용하였으나 여의치
않을 경우에는 추가 예
문을 수록하였다.

Contents

FRIENDS
Season 05 Episode 09

The One With Ross's Sandwich   010

챈들러와 모니카의 비밀연애를 지켜주던 조이는 섹스 중독자로 오해를 받지만 바로 반격을 해서 모니카를 섹스중독자로 만든다. 또한 로스는 자신의 샌드위치를 누가 먹었다는 이유로 분노를 조절하지 못해 다니던 박물관에서 정직을 받고 쉬게 된다.

FRIENDS
Season 05 Episode 14

The One With Everybody Finds Out   033

프렌즈 중 가장 유명한 에피소드 중의 하나. 사귀는 것을 비밀로 하고자 하는 챈들러/모니카와 이 비밀을 알고도 모른 척하면서 챈들러를 골리려는 피비/레이첼의 한판 싸움이 압권이다.

FRIENDS
Season 08 Episode 03

The One Where Rachel Tells   061

레이첼이 로스와의 하룻밤 섹스로 임신을 하게 되고 드디어 로스에게 그 사실을 말하게 되는데, 그만 로스는 콘돔의 방어율이 97%란 사실에 충격을 받는다.

FRIENDS
Season 08 Episode 09

The One With The Rumor   083

그 당시 레이첼역의 제니퍼 애니스톤의 애인 브래드 피트가 나오는 에피소드로 고등학교 시절 로스와 함께 레이첼을 증오하는 클럽을 만든 윌로 출연한다.

The Big Bang Theory

Season 03 Episode 11

The Maternal Congruence

112

Leonard Hofstadter의 어머니 Beverly Hofstadter가 출연하는 에피소드. 특히 레너드의 어머니인 베버리와 레너드의 여자친구인 페니의 술집 scene이 기억에 남는다.

The Big Bang Theory

Season 04 Episode 15

The Benefactor Factor

137

레너드가 후원금을 얻기 위해 스폰서 부인과 하룻밤을 보내는 에피소드. 스폰서 부인과 하룻밤을 보낸 후 아주 지친 상태로 옷을 풀어헤치고 계단을 올라 집으로 들어가기 직전 페니와 마주치는 장면이 압권이다.

The Big Bang Theory

Season 05 Episode 01

The Skank Reflex Analysis

166

페니와 라지가 그만 술에 취해 레너드의 방에서 하룻밤을 지새고 일어나 놀라서 대충 옷을 걸쳐입고 나가는데, 거실에서 다들 모여서 이 모습을 본다. 이때 페니는 It's not what it looks like라는 변명을 하게 되고 이 말을 받아 쉘든이 What does it look like?라는 명언을 하게 되는 에피소드.

Sex and the City

Season 01 Episode 01

Sex and the City

196

섹스앤더시티의 첫 시즌 첫 에피소드. 여자가 남자처럼 섹스하는 것에 대한 실험을 다룬. 다시 말하자면 감정에 얽매이지 않고 쿨하게 섹스만을 즐기는 것을 다룬 에피소드.

9 ### Sex and the City
Season 01 Episode 07

The Monogamist   225

캐리와 빅의 데이트가 본격적으로 시작되지만 빅은 캐리에게 얽매이지 않고 다른 여자와 데이트를 즐긴다. 캐리는 자기의 경험을 바탕으로 이번에는 남녀간의 일부일처제를 소재로 칼럼을 쓴다.

 10 ### Modern Family
Season 01 Episode 15

My Funky Valentine   256

발렌타인 데이를 소재로 가족에 일어난 일들을 재미나게 보여주고 있는 에피소드. 특히 드라마의 한 축인 필과 클레어는 아이들을 맡기고 호텔에서 롤플레잉을 하지만 그만 에스컬레이터에 코트의 벨트가 끼여 난감한 상황에 처하게 된다.

FRIENDS

series

- SEASON 05 EPISODE 09
- SEASON 05 EPISODE 14
- SEASON 08 EPISODE 03
- SEASON 08 EPISODE 09

FRIENDS

SEASON 05 EPISODE 09

The One With Ross's Sandwich

비밀리에 연애를 하던 챈들러와 모니카는 속옷을 모니카의 집에 벗어 놓고 가고 비디오 촬영을 하려다 조이를 궁지에 몰아넣고 급기야는 이 모든 것을 해결하려고 친구들이 모인다. 처음에는 챈들러와 모니카가 조이에게 섹스중독자라고 상황을 설명하려다가 오히려 반격을 받아 모니카가 섹스중독자가 되어 버린다. 또한 로스는 자신의 샌드위치를 누가 먹었다는 이유로 분노를 조절하지 못해 다니던 박물관에서 정직을 받고 쉬게 된다.

SCENE 01

아침식사하는 시간에 피비가 소파에서 챈들러의 속옷을 발견하고, 레이첼은 이게 누구의 것인지 추궁한다.

피비가 내가 어디에 앉아 있는거지?(What am I sitting on?)라고 하자 과거 유명 노래 제목인 Top of the World, Dock of the bay(바닷가에서)를 갖다 붙이는 말장난을 하는 것임

- **Dock of the bay?** 바닷가에서?
  A: What am I sitting on? 내가 어디에 앉아 있는거야?
  B: Top of the world? Dock of the bay?
      세상의 꼭대기에? 바닷가에?

- **I'm out** 난 빠질래
  If you want to cheat, I'm out. 네가 사기를 치고 싶다면 난 빠질래.

항상 복수로 쓰이며 발음은 [ʌndiz]라고 한다.

- **undies = underwear** 속옷
  The girls were all sitting around in their undies.
  여자애들이 다들 속옷만 입고 둘러 앉아 있었다.

got to는 실제로는 gotta로 발음 된다.

- **Got to be Joey's** 조이꺼 일거야
  Got to be Joey's cell that was ringing.
  전화벨소리가 울렸던 것은 조이의 전화기였을거야.

I'm disgusting 난 역겨운 놈이야

I'm disgusting and that's why no one will date me.
난 역겨운 놈이어서 아무도 나와 데이트를 하려고 하지 않을거야.

That's a disgusting comment. Get away from me.
그런 역겨운 소릴. 당장 꺼져.

take ~off …을 벗다

I take my underwear off in other people's homes.
난 남의 집에 팬티를 벗어놔.

take (a day) off는 하루를 쉬다.
take off는 출발하다라는 의미로
도 쓰인다.

Get ~ out of here …을 치워라

Get your ass out of here and don't come back.
여기서 꺼지고 다시는 돌아오지 마라.

I never want to see you again! Get out of here!
너 다시는 보고 싶지 않아! 꺼져!

Get out of here는 꺼지라는 말

What's wrong with you? 너 뭐가 문제야?, 왜 그래?

What's wrong with you? Are you sick? 너 왜 그래? 아파?

You look so depressed. What's wrong with you?
너 기분이 안좋아 보인다. 무슨 일 있어?

A word? 얘기 좀 할까?

Dallas, a word? We need to talk.
댈러스, 얘기 좀 할까? 우리 얘기해야 돼.

Can I have a word with you?
의 줄인 말.

I'm tired of ~ing …하는데 지쳤어

I'm tired of covering for you two. 너희 둘 감싸주는거 지쳤어.

This has got to stop 그만둬야 돼

This has to stop before someone gets hurt.
누가 다치기 전에 이건 그만둬야 돼.

have got to+V = have to+V
와 동일한 의미이다.

■ **Tighty-whiteys** 꽉 쪼이는 삼각팬티

주로 어린애들이 입는 단순한 팬티

Chandler? A word? I'm tired of covering for you two.
This has got to stop. Tighty-whiteys? What are you, 8?

챈들러? 잠깐? 너희 둘 막아주는데 지쳤어. 그만둬야 돼. 삼각팬티? 뭐 너 어린애야?

■ **You're not welcome** 괜찮지 않아

모니카가 Thank you라고 하자 You're welcome의 부정형을 쓴 경우. 참고로 be welcome to+V는 …하는 것이 환영되다

You're not welcome to remain here.

네가 여기 남아 있는 것은 환영받지 못해.

■ **keep ~ing** 계속해서 …하다

You guys keep embarrassing me.

너희들 때문에 내가 계속 창피해죽겠어.

■ **I didn't know what to say** 뭐라고 해야 할 줄 몰랐어

I didn't know what to say when I heard the news.

그 소식을 들었을 때 뭐라고 해야 할 줄 몰랐어.

■ **play ~ in a play** 연극에서 …역할을 하다

한 문장에 play가 두번 쓰였지만 첫번째는 연기를 하다라는 의미의 동사이고 두번째 play는 명사로 연극을 뜻한다.

I said that I was playing a woman in a play.

연극에서 여자역할을 한다고 말했어.

■ **one thing led to another** 이러저러 하다 보니, 어쩌다보니

led to는 lead to의 과거형이다.

One thing led to another and they started dating.

이러저러다 걔네들은 데이트를 시작했어.

■ **that is a tough spot** 그곳이 어렵지

조이가 면도한 다리를 보여주자 모니카가 가서 만져보면서 하는 말.

And around the ankles, that is a tough spot.

발목 부분이 어려운 곳이지.

■ **be hard on sb** …에게 힘들다

All this lying has been hard on us too.

이 모든 거짓말하는거 우리도 힘들어.

- **I bet S+V** 확실히 …할텐데

I bet all the sex makes it easier.

그 많은 섹스로 위로가 확실히 됐을텐데.

You'll be sorry later. I bet you'll get fat.

나중에 후회할 걸. 뚱뚱해질거야.

> I('ll) bet S+V, 혹은 I bet you that S+V는 '…라는 걸 장담해,' '…는 확실해라는 뜻이 된다.

- **I got sb ~ing** …가 …하게 됐어

I get Rachel shoving your underwear in my face and asking when she can come see me star in Ugly Woman.

레이첼이 내 얼굴에 네 팬티를 들이대고 〈못생긴 여인〉에 출연하는 것을 언제 와서 볼 수 있냐고 물었어.

> 여기서 star는 동사로 …에 출연하다

- **We'll try to be more careful**

우리가 더 조심하도록 할게

We'll try to be more careful and not break anything.

우리들은 더 조심하도록 하고 어떤 것도 망가트리지 않을게.

- **It's just that S+V** …라서 그래, …이기 때문이야

It's just that I wasn't expecting to see you, and all of a sudden you're there and saying these things.

널 만나리라 예상못했고 또 갑자기 네가 거기서 이런저런 일들을 얘기할 줄 몰라서였어.

- **We don't want sb to know because~**

…하기 때문에 …가 알기를 원하지 않아

We don't want everyone to know because this is going really well. 지금 잘되고 있는데 모두들에게 알리고 싶지 않아.

> go well은 잘 되어가다

- **The reason S+V is because S+V**

…한 이유는 …하기 때문이다

The reason it's going really well is because it's a secret.

잘되어가는 이유가 비밀로 해서 인 것 같아.

be bad at~은 …에 서투르다.
bad 대신에 poor를 써도 된다.

▪ I know it sounds really weird, but~
이상하게 들리겠지만
I know it sounds really weird, but we're just so bad at
relationships. 이상하게 들리겠지만, 우리는 정말이지 관계에 서투르잖아.

우리말도 마찬가지로 은밀한 대
화에서 "그거 하다"라고 하면 "섹
스하다"라는 의미를 갖는다.

▪ do it 섹스하다
You do it with me once. 너 나랑 한번 하자.

SCENE 02

커피샵 Central Perk에서 조이와 챈들러, 모니카, 레이첼이 차를 마시고 있다.

레이첼이 조이에게 속옷벗어놓았
던 것에 대해 계속 질문을 해대자
억울한 조이가 그만 좀 하자고 하
는 말.

▪ drop sth …을 그만두다
Can we please just drop this? 제발 그만 좀 할래?
Can we just drop this? I'm not going to smoke again.
그만 좀 하자? 난 다시 흡연 안 할거야

여기서 get은 understand의 의
미. 따라서 I don't get it[that]은
I can't understand it. 참고로
You don't get it하게 되면 상대
방에게 너 못 알아듣는구만이라
는 뜻

▪ I don't get it 모르겠어, 이해가 안돼
I don't get it. What's so funny? 이해가 안돼, 뭐가 우습다는거야?
I don't get it. What do you see in this guy?
모르겠네, 저 자식 어디가 좋은 거야?

▪ Does anybody else just+V?
다른 누구 …하는 사람있어?
Does anybody else just take off their underwear when
they're hot? 덥다고 속옷까지 벗는 사람이 어디 있어?

attend a class, have class 역
시 '수업을 듣다'라는 표현

▪ take a class 수업을 듣다
I'm taking a literature class at the New School and I
have to finish it for the first session tomorrow.
뉴스쿨에서 문학강좌 수업을 듣는데 내일 첫수업시간까지 다 읽어야 돼.

American Dramas
Vocabulary Notes

FRIENDS

- ## That is so cool 멋지다
  I love that. That is so cool. 그거 맘에 들어. 정말 멋져.

- ## I thought I'd go for~ …을 할까 생각했어
  This time I thought I'd go for something, y'know a
  little more intellectual, with a less painful final exam.
  이번에는 좀 더 지적이고 마지막 시험이 좀 덜 고통스러운 것을 해볼까 생각했어.

  > 피비가 과거에 이복 동생의 씨를 받아 임신하여 대리모로 라마즈 수업을 들으면서 출산한 것을 비유적으로 말하는 것임.

- ## That sounds like fun 재미있겠다
  You're going to Disney? That sounds like fun.
  너 디즈니에 간다고? 재미있겠다.

- ## have sb to sit with 동료가 생기다
  You should come with me! Oh yeah, then I'll have
  someone to sit with! 너도 와라! 그럼 내가 친구가 생기잖아!

  > A to+V의 경우 A는 V의 주어 혹은 목적어 역할을 해야 한다. 함께 앉는 사람이란 뜻으로 쓰이려면 sb to sit에서 sb가 sit의 목적이 되지 못하므로, sb to sit with라고 해줘서 sb가 sit with의 목적어가 되게 해주어야 한다.

- ## Are you going to have time to+V?
  …할 시간이 있겠어?
  Are you going to have time to read it? 그거 읽을 시간이 있겠어?

- ## This is going to be~ …하겠다
  This is going to be so much fun! 정말 재미있겠다!
  This is going to be a disaster. 이건 재앙이 될거야.

- ## leftover 남긴, 남은 음식물
  My Thanksgiving leftover sandwich. I can't believe
  someone ate it! 추수감사절에 남은 샌드위치인데 누가 먹다니 말도 안돼!

  > 여기서 leftover는 형용사로 쓰인 경우이다.

- ## be divorced 이혼하다
  Look, I am 30 years old, I'm gonna be divorced twice
  and I just got evicted!
  이봐, 난 서른살인데 이제 두번이나 이혼하고 집에서도 쫓겨났어!
  I heard that John and his wife divorced.
  존이 아내와 이혼했다며.

15

go on은 happen이다.

■ be the only good thing going on in my life
…는 내 인생의 유일한 낙이다

That sandwich was the only good thing going on in my life! Someone ate the only good thing going on in my life! 샌드위치가 내 인생의 유일한 낙이었는데 누가 내 유일한 낙을 먹어버렸다고!

■ have enough stuff for~
…할 재료가 충분하다

I have enough stuff for one more sandwich, I mean I was going to eat it myself.
샌드위치 하나 만들자료는 충분해. 내가 먹으려고 했던거야.

■ leave a note
메모를 남기다

Leave a note for the cleaning lady.
청소하는 아줌마에게 메모를 남겨놔라.

■ Who's there?
누구세요?

I heard someone knocking. Who's there?
누가 노크하는 소리를 들었어. 누구세요?

비아냥거리는 말로 로스가 점심을 먹지 않고 마치 옷을 산 후에 입고 가는 것처럼 가까이 두지 않은게 놀랍다는 의미이다. 즉, Ross is being too protective of his lunch라는 말이다.

■ wear it home
(옷을 사서) 집에 입고 가다

I'm surprised you didn't go home wearing it home.
넌 아까워서 먹지도 못하겠구나

hold onto sth은 …을 놓치지 않다, 남한데 …을 빼기지 않다

■ You wanna hold onto your food?
음식을 지키고 싶어?

We're leaving. You wanna hold onto your food?
우리 간다. 넌 네 음식을 지키고 싶어?

■ scare sb off
…을 겁주다

You gotta scare people off. 사람들을 겁먹게 해야 돼.
His aggressive behavior scared me off.
걔의 공격적인 행동에 난 겁먹었어.

■ I learned sth ~ing
난 …을 …하면서 배웠어

I learned that living on the street. 난 거리에서 살면서 배웠어.

- **What would you say?** 넌 뭐라고 할래?, 어떻게 할거야?
  If I asked you out, what would you say?
  내가 데이트를 신청한다면 넌 뭐라고 할래?

> What would you say to+N
> [~ing]?는 …한다면 넌 뭐라고
> 할래?, What would you say if
> S+V는 …한다면 어떨까?

- **stuff like~** …와 같은 것들
  You bring stuff like an umbrella and some boots.
  넌 우산이나 장화같은 것들을 가져와.
  You think about stuff like that? 그런 비슷한 생각하는거야?

- **Keep your mitts off my grub** 내 음식에서 손떼
  What would you say, Phoebe? Stuff like "Keep you
  mitts off my grub." 넌 뭐라고 할거야, 피비? "내 음식에서 손떼"와 같은 것들.

> Keep your mitts off my grub
> 은 Don't touch my food라는
> 말

- **When you picture~** …을 떠올릴 때
  When you picture Phoebe on the street, is she
  surrounded by the entire cast of Annie?
  피비가 거리에서 지낼 때 〈애니〉 캐스트들과 지냈겠어?

> be surrounded by~는 …에
> 둘러 쌓이다, cast는 뮤지컬 애
> 니의 출연자들을 말한다.

- **keep sb away from your stuff**
  …가 네 물건 손대지 못하게 하다
  I wasn't able to keep Keith away from your stuff.
  키스가 네 물건에 손대지 못하게 할 수가 없었어.

- **You are a badass!** 너 정말 못됐다!
  You beat him up? You are a badass! 걔를 팼다고? 너 정말 못됐네!

SCENE 03

피비가 받기 시작한 문학수업시간에 뒤늦게 레이첼이 합류한다.

- **What is ~ about?** …은 뭐에 관한거야? …은 무슨 내용이야?
  What is the secret meeting about? 이 은밀한 모임은 뭐에 관한거야?
  What's happening? What's this all about?
  무슨 일이야? 도대체 무슨 일이야?

pep rally는 치어리더들이 게임 전에 모이는 것을 말한다. 레이첼이 자기가 치어리더 임을 은근히 자랑하는 장면이다.

- **There was this pep rally** 집합이 있었어
  I started it, but then there was this pep rally.
  (책을) 읽기 시작했는데 치어리더 집합이 있었어.

top of the pyradmid는 치어리딩할 때 서로의 어깨를 타고 삼각형을 만들곤 하는데 이때 맨위에 올라갔었다는 말은 가장 인기있는 치어리더였다는 말이다.

- **I was on top of the pyramid** 인기가 높았다
  I was on top of the pyramid. Anyway, what's the book about? 내가 인기가 가장 좋았어. 어쨌든 이 책이 무슨 내용이야?

take place는 happen과 같은 의미.

- **take place** 발생하다, 일어나다
  An emergency operation took place in the hospital.
  응급수술이 병원에서 행해졌어.
  Most exchanges take place by email, text message, or IM 모든 거래는 이메일, 문자, 혹은 인터넷 메신저로 이루어지고 있어.

- **creepy moor** 오싹한 광야
  The English novel was set on a creepy moor.
  그 영어소설은 오싹한 광야를 배경을 하고 있었다.

만능동사 get의 위력을 실감할 수 있는 부분. get symbolism은 상징주의를 이해하다라는 의미이다.

- **Which I think+V** 그건 내 생각에 …을 하는 것 같아
  Which I think represents the wildness of Heathcliff's character. I totally get symbolism.
  내 생각에 그건 히스클리프의 성격의 황폐함을 나타내는 것 같아. 상징주의를 다 깨달았어.

- **I would have to say that S+V** …라고 말해야겠군요
  I would have to say that she acts very shy.
  그녀가 매우 수줍게 행동한다고 말해야겠군요.
  I would have to say that it's tragic love story.
  아주 비극적인 사랑이야기라고 말해야 되겠지.

sort of는 약간이라는 의미로 kind of와 같으며, given은 명사로 기정사실, 다 알려진 사실을 말한다.

- **That's sort of a given** 그건 뭐 다 알려진 사실이다
  I'm here to help. That's sort of a given.
  난 여기 도와주러 왔어. 그건 뭐 다 알려진 사실이야.

- **be mirrored** …을 반영하다
Tom's behavior is mirrored in his children.
탐의 행동은 그의 아이들에게 반영되어 있다.

- **shrewdly** 예리하게
She shrewdly negotiated a raise at work.
걔는 직장에서 영리하게 임금인상협상을 했다.

> shrewd는 상황판단이 빠른, 예리한

- **That was pretty obvious** 뻔한건데 뭐
Don is stupid. That was pretty obvious.
돈은 멍청이야. 뻔한건데 뭐.

- **How would you know?** 어떻게 안거야?
You said she was in love. How would you know?
넌 걔가 사랑에 빠졌다고 했잖아. 어떻게 안거야?

- **Would you care to~?** …해볼래요?
Would you care to join us? 우리랑 함께 할래?

> 상대방의 의견이나 의향을 물어보는 것으로 미드에서는 Would you를 생략하여 Care to~?라는 형태로도 많이 쓰인다.

- **venture sth** 하나 예를 들어보다
I'm going to venture an opinion for you to consider.
네가 고려하도록 의견 하나를 예로 들어볼게.

- **move on** 다음으로 넘어가다, 잊어버리다
It may be time to move on from your girlfriend.
네 여친을 잊어버려야 될 때일지도 몰라.

We should get a move on if we want to make those dinner reservations 저녁식사 예약을 하려면 서둘러야 돼

> 참고로 get a move on은 빨리 서두르다라는 의미.

SCENE 04

Central Perk 카페: 피비와 레이첼이 언쟁을 벌이면서 들어온다.

<table>
<tr>
<td>예문에서 read는 과거분사형으로 [red]라고 발음해야 한다.</td>
<td>

▪ Why didn't you say S+V? 왜 …라고 말하지 않았어?

Why didn't you just say that you hadn't read the book? 왜 책을 읽지 않았다고 말하지 않았어?

Why didn't you say hello to Chris? You guys have a fight? 크리스에게 왜 인사 안 해? 둘이 싸웠어?

▪ I didn't want him to think S+V

그 사람이 …라고 생각않기를 바랬어

Because I didn't want him to think I was stupid.

난 그 사람이 나를 바보라고 생각하지 않기를 바랬기 때문이야.

▪ That was embarrassing what~

…한 일은 정말 창피한 일이었어

I mean, that was really embarrassing what happened to you! 내말은, 네게 일어났던 일은 정말 창피한 일이었다고!

</td>
</tr>
<tr>
<td>Not only~ but also에서 also가 빠진 경우</td>
<td>

▪ Not only~ but   …뿐만 아니라 …도

Not only did no one touch my sandwich, but people at work are actually afraid of me.

아무도 내 샌드위치에 손을 안댔을 뿐만 아니라 직장동료들이 나를 무서워해.

</td>
</tr>
<tr>
<td>여기서 Mental은 Acting very odd or neurotic을 뜻한다.</td>
<td>

▪ A guy called me "Mental"

한 친구가 나를 미치광이라 불렀어

People at work are actually afraid of me. A guy called me "Mental." 직장 동료들이 정말 날 두려워해. 한 친구는 나를 미치광이라 불렀어.

▪ I've always wanted~ like that

항상 …와 같은 것을 원했어

I've always wanted a cool nickname like that.

난 항상 그와 같은 멋진 별명을 원했어.

</td>
</tr>
</table>

FRIENDS

- ### The best you got~ 네가 가진 최고의 별명은~
  The best you got in high school was Wet Pants Geller.
  고등학교 때 가장 멋진 별명은 "오줌싸개 겔러"였잖아.

- ### push back deadlines 마감시간을 뒤로 미뤄주다
  The teacher pushed back the deadlines for assignments.
  선생님은 과제물 제출마감일을 뒤로 미뤄주셨어.

  push back은 뒤로 미루다

- ### meet my schedule 내 일정에 맞추다
  The vacation will need to meet my schedule.
  휴가는 내 일정과 맞춰야 될거야.

- ### I'm telling you, 정말이지
  I'm telling you, he was full of shit. 정말이지, 갠 거지같은 놈였어.
  I'm telling you, the company is selling me down the
  river. 정말야. 회사가 날 뒤통수 때릴려고 해.

- ### get tough with …에게 터프하게 대하다
  You get tough with people you can get anything you
  want. 사람들에게 터프하게 나가면 원하는 것을 얻을 수 있어

  get+형용사 형태의 하나

SCENE 05

조이가 신시아와 데이트를 하고 나서 집에 같이 들어오고 있다.

- ### This was really fun! 정말 재밌었어!
  This was really fun. Let's do it again. 정말 재밌었어. 다시 만나자.

- ### I've been wondering if~ …할지 궁금해했어
  I've been wondering if you were going to ask me out.
  네가 데이트하자고 할지 궁금해했어.

  ask sb out은 데이트를 신청하
  다

go out은 단순히 외출하다, 나가다라는 뜻으로도 쓰이지만 문맥에 따라서는 데이트를 하다라는 의미로도 쓰인다.

▪ We just went out 우리 방금 데이트했잖아요

We just went out a few times but never got serious.
우리는 몇번 데이트를 했는데 진지한 관계는 아니었어.

I was just wondering how you're feel if I went out with him. 내가 걔랑 데이트한다면 네가 어떻게 생각할지 생각해봤어.

▪ I can't believe you thought you would~
…할 생각을 하다니 믿을 수가 없어

I can't believe you thought that you're gonna video tape us having sex on the first date!
데이트 첫날 섹스하는걸 비디오로 찍을 생각을 하다니 믿을 수가 없어!

▪ You guys promised S+V 너희들 …하겠다고 약속했잖아

You guys promised you'd be more careful!
너희들 조심한다고 약속했잖아!

I promised my kids I'd take them on a picnic.
난 이미 애들하고 소풍가기로 약속했다구요.

▪ be dragged through the mud
더럽혀지다, 먹칠이 되다

The good Joey name is being dragged through the mud here! 선한 조이의 이름이 더럽혀지고 있어!

make me look like~는 내가 …처럼 보이게 하다

▪ That's the only way to explain~
그것만이 …을 설명할 수 있어

That's the only way to explain the underwear and the video camera. That doesn't make me look like a pig!
그것만이 속옷과 비디오 카메라를 설명할 수 있고 그래야 내가 바보처럼 보이게 하지 않는 방법이야!

▪ There's got to be~ …가 있을거야

There's got to be a better explanation. 더 나은 설명이 있을거야.
There's got to be some misunderstanding.
뭔가 오해가 있는 게 분명해요.

▪ How does that explain why~

왜 …했는지는 어떻게 설명해?

How does that explain why Rachel found my
underwear at your place?

레이첼이 너희 집에서 내 속옷을 발견한 건 어떻게 설명할거야?

place가 거주하는 장소나 집을
의미할 경우 주로 앞에 소유격이
붙는다.

▪ Get ready to~ …할 준비를 해라

Get ready to see something surprising.

뭔가 놀라운 것을 볼 준비를 해라.

You'd better get ready to start again. 다시 시작할 준비를 해야지.

▪ come out of~ 커밍아웃하다

Well, get ready to come out of the non-gay closet!

게이도 아니면서 커밍아웃할 준비를 해라!

closet는 옷장으로 원래 come
out of the closet라는 표현을 이
용한 문장이다.

▪ come up with~ …을 생각해내다

I promise we'll come up with something. Just give us
a little more time. 좋은 방법을 생각해볼테니 시간을 조금만 더 줘.

That's great. What did you come up with?

잘했군. 뭐 좀 좋은 생각 떠올랐어?

▪ It better+V 그건 …해야 돼

All right. Hey, but it better make me look really, really
good. 좋아. 하지만 내 체면 확실히 살려놔야 돼.

It better는 It had better~에서
had가 생략된 경우이다.

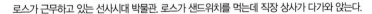

로스가 근무하고 있는 선사시대 박물관. 로스가 샌드위치를 먹는데 직장 상사가 다가와 앉는다.

▪ We've been getting reports of~

…하다는 보고를 계속 받고 있네

We've been getting reports of some very angry
behavior on your part. 자네가 과격한 행동을 하고 있다는 보고가 계속 오네.

psychiatrist는 정신과 상담의(= shrink)

- **speak to a psychiatrist** 정신과 상담을 받다
  We want you to speak to a psychiatrist.
  정신과 상담을 한번 받아 봐.

- **This is so silly** 바보같은 짓이다
  This is so silly. I don't want to do it.
  이건 바보 같은 짓이야. 난 그러고 싶지 않아.

This is because of~는 이것은 …이기 때문이다. 절을 붙여서 This is because S+V라고 해도 된다.

- **This is all because of~** 이 모든 것은 다 …때문이다
  This is all because of a sandwich. 이 모든 일은 다 샌드위치 때문예요.

- **put ~ in the middle** …을 중간에 넣다
  Her secret is, she puts a, an extra slice of gravy soaked bread in the middle. 걔의 비법은. 중간에 육수에 절인 빵을 추가로 넣는거다.

- **It could happen to anyone** 누구나 그럴 수 있어
  It was a simple mistake. It could happen to anyone.
  그건 단순한 실수였어. 누구나 그럴 수 있잖아.
  Please don't be upset. It could happen to anyone.
  화내지 마. 누구에게나 있을 수 있는 일이잖아.

Moist Maker는 로스가 급조한 단어로 모니카가 만들어준 촉촉한 칠면조 샌드위치를 말한다.

- **confuse A with B** A와B를 헷갈리다, 혼동하다
  Did you confuse it with your own turkey sandwich with a Moist Maker? 당신의 칠면조 샌드위치와 Moist Maker를 헷갈렸다고?

limerick 5행시

- **~of some kind** 일종의 …
  There may have been a joke or a limerick of some kind. 조크나 일종의 5행시가 있었던 같은데.

여기서 say는 앞에 사물명사나 비인칭대명사가 와서 글이나 표지 등이 …라고 쓰여 있다. …라고 되어 있다는 의미

- **That said S+V** 거기에는 …라고 적혀있어
  That said it was my sandwich! 내 샌드위치라고 적혀 있어요!

come+V는 come and+V 혹은 come to+V와 같은 의미.

- **come+V** 와서 …하다
  Come look in my office, some of it may still be in the trash. 내 사무실로 가보면, 아직 일부가 쓰레기통에 있을지도 몰라.

■ throw ~ away …을 버리다

It was quite large. I had to throw most of it away.
그게 너무 커서 대부분 버려야만 했어.

Mary's files were thrown away in the garbage yesterday.
메리의 파일들이 어제 쓰레기통에 버려졌어.

SCENE 07

다시 피비가 듣는 문학 수업시간. 제인에어를 읽어야 하는데 레이첼은 대신 보그지를 읽고 와서 피비에게 제인에어 책에 대한 정보를 달라고 한다.

■ Don't be such a~ …하게 굴지마

Come on Phoebe! Don't be such a goodie-goodie!
그러지마. 피비! 너무 원칙대로 하지마.

> Don't be such a goodie-goodie는 Don't have such a strict idea of what is right and what is wrong. Relax your expectations.

■ Isn't that like a ~ ? 그거 …와 같은거 아냐?

A cyborg?! Isn't that like a robot?!
사이보그? 그거 로봇과 같은거 아냐?!

■ be light years ahead of its time
그 당시보다 몇 광년 후이다

This book was light years ahead of its time.
이 책은 그 당시보다 몇 광년 후의 얘기다.

> light years는 광년

■ Let's get started (어서) 시작하자

Sorry I'm late. Let's get started. 늦어서 미안해요. 자 어서 시작합시다.
If everybody's ready, we should get started.
다들 준비되면 시작하자고.

■ What struck me most when ~ing~ was
…할 때 가장 인상깊었던 것은 …이다

What struck me most when reading Jane Eyre was uh,
how the book was so ahead of its time.
제인에어를 읽으면서 가장 인상 깊었던 것은 그 책이 시대를 참 앞서가고 있다는 점이었어요.

> 전체 문장의 주어는 What이다.

■ **If you're talking about~, I think you're
right** …을 말하는거라면 당신 말이 맞아요

If you're talking about feminism, I think you're right.
페미니즘을 말하는거라면 당신 말이 맞아요.

SCENE 08

센트럴 퍼크에서 챈들러와 모니카가 얘기를 나누고 있다.

camera thing은 자신들이 사랑
나누는 것을 비디오로 찍으려고
했던 일을 말한다.

■ **not work out** 제대로 되지 않다, 실패하다

Since that video camera thing didn't work out uh, I
thought that I would give you just a little preview.
비디오 카메라 찍는 건 안됐으니까, 살짝 미리볼 수 있는 것을 줄려고 생각했어.

■ **on account of~** …때문에

The baseball game stopped on account of rain.
그 야구경기는 우천으로 중단되었어.

out of control 통제불능

■ **if I may say** 말하자면

Which, if I may say, right now, is out of control.
말하자면 그게 완전히 통제불능상태구나.

■ **take a leave of absence** 휴직하다

Jane took a leave of absence because of her pregnancy.
제인은 임신으로 휴직했어.

■ **get worked up** 분노를 터트리다

When the psychiatrist told me I had to take a leave of
absence because I yelled at my boss, I started to get
worked up again. 정신과의사가 내가 상사에게 소리를 질렀다고 휴직을 해야 된
다고 해서 내가 다시 성질 부리기 시작했어.

He got worked up when he found out he had to work
on Christmas day. 크리스마스에도 일해야 한다는 걸 알고는 열 받은거죠.

- ## make you+V 네가 …하도록 하게 하다
Wait a minute, they're making you take time off work?
잠시만, 걔네들이 강제로 휴직을 시키는거야?

Your boss is making you work too many hours every
week. 당신 사장은 매주 일을 지나치게 많이 시키고 있다구.

- ## It's going to be weird not ~ing,
…하지 않는게 좀 이상하겠지만,
It's going to be weird not having a job for a while, but I,
I definitely don't care about my sandwich.
잠시 직장을 다니지 않는게 이상할 수도 있겠지만 샌드위치 만은 관심없어.

care about은 신경쓰다

- ## I hate it when~ …할 때는 정말 싫더라
I hate it when they make me see the shrink at my
office. 직장에서 정신과 상담을 받게 할 때는 정말 싫더라.
I hate it when they do that. 걔네들이 저럴 때 싫어

shrink는 속어로 psychiatrist.
종일 의자에 구부정하게 앉아 환
자들과 상담하는 모습에서 연유
한다.

- ## Who needs that? 누가 그런걸 필요로 해?
I'm quitting. Who needs that? 나 그만둬. 누가 그런걸 원한대?

예문은 회사의 문제점이나 힘든
상황을 참지 않겠다는 말이다.

- ## That was so embarrassing! 정말 쪽팔렸어!
What a huge mistake! That was so embarrassing!
엄청 큰 실수네! 정말 쪽팔렸어!

Get a hold of yourself. You are embarrassing me.
진정해. 너 때문에 당황스럽네

- ## go on and on like that 계속해서 그렇게 하다
I can't believe you let me go on and on like that!
내가 계속 그렇게 하도록 내버려두다니 너무해!

- ## It was just so funny when~ …할 때 정말 재밌었어
It was just so funny when you started comparing Jane
Eyre to Robocop.
네가 제인에어와 로보캅을 비교하기 시작했을 때 정말 재미있었어.

compare A to B는 A를 B와 비
교하다. to 대신에 with를 써도 된
다.

27

■ That was not funny! 하나도 웃기기 않아!
That was not funny! I'm really upset.
하나도 웃기지 않아! 난 정말 화났다고.

That's not funny! Just stop horsing around!
재미없다고! 그만 빈둥거려!

I snapped는 I acted in a way that was not normal for a short time. Often this indicates someone acted somewhat crazy라는 말이다.

■ I snapped! 이상하게 행동했어!
I snapped! Okay? You weren't taking the class seriously. 내가 또라이 짓 했어! 알아? 넌 수업을 진지하게 듣지 않았잖아.

■ What is the big deal? 그게 어때서?, 별일 아닌데?
What's the big deal? It's just sex. 뭐 대수롭다고. 그냥 섹스야.
Everyone seems to hate my long hair. What's the big deal? 다들 내 긴머리를 싫어하는거 같더라. 그게 무슨 대수라고?

■ I thought it'd be something S+V
…일거라 생각했어
I thought it'd be something we could do together!
난 우리가 함께 어울릴 수 있는거라고 생각했어!

go to+학교는 학교를 다니다

■ People are always talking about~
사람들은 늘상 …에 관해 얘기하잖아
People are always talking about what they learned in high school and I never went to high school.
사람들은 늘상 고등학교에서 뭘 배웠는지 얘기하지만 난 고등학교에 다니지 않았잖아.

SCENE 09

조이가 치킨박스를 들고서 방에 들어오다 떨어지는 잡지에서 사진 하나를 발견하고 보는데 이때 뒤에서 레이첼이 다가와 그 사진을 보고 놀라며 소리지른다.

Get away from me에서 생략된 주어를 써줘서 강조하는 명령문이다.

■ You get away from me!! 가까이 오지마!!
I've had enough. You get away from me!
이젠 지겨워. 가까이 오지마!

Get away from me. I don't like you. 꺼져. 난 널 좋아하지 않아.

_28

- **You sick, sick, sick, sick-o!!** 이 역겨운 변태야
You sick, sick, sick, sick-o! You ruined the whole event! 이 역겨운 변태야! 너때문에 이벤트 전체가 망쳤어!

sick-o는 정신병자같은 사람

- **Joey has got a secret peephole!**
조이에겐 몰래 훔쳐보는 구멍이 있어!
Joey has got a secret peephole! He's been spying on people. 조이에겐 몰래 훔쳐보는 구멍이 있어! 걘 사람들을 몰래 감시하고 있었어.

peep은 몰래 살짝 훔쳐보다라는 의미

- **Let's give sb a chance to~** …에게 …할 기회를 주자
Let's give our friend Joey a chance to explain why he's such a big pervert! 우리 친구 조이가 왜 그렇게 변태인지 설명할 기회를 주자.

be such a+형용사+명사는 강조어법이다.

- **I think I can explain this** 내가 이걸 설명할 수 있을 것 같아
Just give me a minute and I think I can explain this.
잠깐만 시간을 주면 내가 이걸 설명할 수 있을 것 같아.

- **He's a sex addict** 걘 섹스중독자야
He's been with hundreds of women because he's a sex addict. 걘 섹스중독자여서 수많은 여자와 사귀었어.

sex addict은 섹스 중독자, drug addict은 마약 중독자

- **It's okay! It's good! It's good. It's a disease!** 괜찮아! 잘된일야! 병일 뿐인데!
You went to a doctor? It's okay! It's good! It's a disease! 병원에 갔었다고? 괜찮아! 잘된일야! 병일뿐인데!

- **That's the only way to explain~**
…을 설명할 유일한 방법이야
That's the only way to explain all this stuff.
그것 만이 이 모든 것을 설명할 수 있는 유일한 방법이야.

- **sleep with sb** …와 자다
You don't have to sleep with him on the first date.
넌 데이트 첫날에 그 남자와 잘 필요는 없어.
Did you sleep with her on your first date?
그 여자랑 처음 만나서 같이 잤어?

주로 결혼하기 전처럼 공식적으로 섹스가 허용되지 않는 경우에 쓰는 동사이다.

29

FRIENDS

Let's see~는 …을 한번 보자

- # Let's see what everybody thinks of that
  다들 어떻게 생각하나 보자

  Here is the plan. Let's see what everybody thinks of that. 자 이렇게 하자. 다들 어떻게 생각하나 보자.

---

go on = happen

- # How else would you explain~?
  …을 달리 어떻게 설명하겠어?

  How else would you explain all the weird stuff that's been going on? 요즘 벌어지는 이상한 일들을 달리 어떻게 설명하겠어?

---

the other day는 요전날

- # How come S+V? 어째서 …한거야?

  If it only happened that one time, how come we found your underwear in our apartment the other day?
  한번 뿐이었다면, 어떻게 요전날 네 속옷이 우리 아파트에서 있었던거야?

  How come you blew me off? How come you were with him? 날 왜 골탕먹인거야? 왜 걔랑 있었던거야?

- # keep ~ as a souvenir …을 기념품으로 지니다

  I guess I wanted to keep it as a souvenir.
  기념품으로 가지고 싶었던 것 같아.

---

in the sack은 in bed라는 말로 get sb in the sack은 …와 섹스를 하다.

- # get sb back in the sack …와 다시 잠자리를 하다

  She has been trying to get me back in the sack ever since London! 걘 런던 이후로 나와 다시 자려고 했어!

- # That's why S+V 그래서 …하다

  So that's why she gave you a naked picture of herself.
  그래서 자신의 나체사진을 준거구나.

  That's why I'm here. I need your help, Chris.
  그래서 내가 여기 있는거야. 크리스 좀 도와줘

반대로 말이 안돼!는 That doesn't make sense!

- # That makes sense! 말이 된다!

  You met him previously? That makes sense.
  너 걔를 전에 만난 적이 있다고? 그럼 말이 되네.

  This plan makes sense. See what I'm saying?
  이번 계획은 타당성이 있네. 무슨 말인지 알겠어?

30

- **entice** 유인하다

I guess I set up the video camera to try and entice
Joey. 조이를 유인하려고 비디오 카메라를 준비한 것 같아.

- **This has to stop now** 이제 이건 그만둬야 돼

This has to stop now. It's getting too crazy.
이건 이제 그만둬야 돼. 너무 난장판이 되고 있어.

앞에서는 비슷한 의미로 This
has got to stop을 썼다. have
got to는 have to이다.

- **I would appreciate it if~** ...해주기를 바래

I would appreciate it if we all could just drop it
immediately, and forever.
지금 당장, 그리고 영원히 이 일들을 잊어주기를 바래.

I'd appreciate it if you would make less noise while I
sleep. 내가 자는 동안 시끄럽게 하지 않았으면 좋겠어.

if 이하에는 가정법 조동사
(would, could)나 과거형 동사가
오게 된다.

- **give it my best shot** 그거에 최선을 다해보다

This is my first time, but I'll give it my best shot.
이건 내 처음이지만 최선을 다해볼게.

- **Why would you do that?** 도대체 왜 그랬어?

You took my wallet? Why would you do that?
네가 내 지갑을 가져갔어? 도대체 왜 그랬어?

You can't be serious. Why would you do something so
dangerous? 농담이겠지. 왜 그런 위험한 걸 하려고 해?

- **stalk** 따라다니다

I stalk guys and keep their underpants.
남자들 따라 다니며 팬티를 수집하고 있어.

underpants는 남자들 속옷를
말하며 통칭으로 속옷을 말할 때
는 underwear, undies라고 하
면 된다.

- **get back to~** ...로 돌아가다

Have Carl get back to me tomorrow.
내일 칼이 내게 다시 돌아오도록 해.

We need to get back to the crime scene.
범죄현장으로 돌아가야 돼.

- **up for grabs** 관심있으면 누구나 이용하다, 차지하다
  I'm only eating the skin, so the chicken's up for grabs.
  치킨 껍질만 먹어서 그런데 누구 알맹이 먹을 사람?

SCENE **10**

피비의 문학수업시간.

요점을 말하다라는 의미의 make a point를 강조하는 경우

- **make a good point** 핵심을 말하다
  I don't agree, but you make a good point.
  난 동의하지 않지만 넌 핵심을 말하고 있어.

- **What's up with ~?** …는 왜 그래?
  What's up with that girl Monica? 모니카란 여자는 왜 그래요?

- **convince sb to~** …에게 …하자고 설득하다
  I just convinced Paul to give us a test next week!
  폴에게 담주에 시험보냐고 했어!
  Let's try to convince him to extend the deadline. Are you with me on this?
  그 사람을 설득해서 마감시한을 연장해보자. 내 의견에 동의하니?

- **Tests make us all better learners!**
  테스트를 보면 실력이 좋아지잖아요!
  Study hard. Tests make us all better learners!
  열심히 공부해. 테스트를 보면 실력이 좋아지잖아!

FRIENDS

SEASON 05 EPISODE 14

The One With Everybody Finds Out

프렌즈 중 가장 유명한 에피소드 중의 하나. 사귀는 것을 비밀로 하고자 하는 챈들러와 모니카와 이 비밀을 알고도 모른 척하면서 챈들러를 놀리려는 피비와 레이첼의 한판 싸움이 압권이다.

SCENE 01

모니카의 집. 건너편 건물 집에는 항상 벗고 사는 naked guy가 살고 있는데, 그가 이사하기 위해 짐을 싸는 장면을 보게 되는 장면이다.

- **put stuff in boxes** 박스들 안에 짐을 넣다
  He is putting stuff in boxes. 걘 짐을 박스로 싸고 있어.

- **I'd say from the looks of it,** 모양새를 봐서 말하자면,
  I'd say from the looks of it you need a cleaning lady.
  모양새를 보아하니, 넌 파출부가 필요한 것 같아.

  여기서 look은 명사로 모양새, 겉모습을 뜻한다.

- **seem to be labeled clothes** 이름붙인 옷들인 것 같아
  The closet seems to be full of labeled clothes.
  옷장에는 이름붙인 옷들로 가득해 보여.

  label은 동사로 …에 이름을 붙이다라는 의미

- **I'm gonna miss~** …가 그리울거야
  I'm gonna miss that big old squishy butt.
  난 저 늙고 커다란 흐물흐물한 엉덩이가 그리울거야.

  레이첼이 하는 말로 naked man의 엉덩이를 나이들고 커다란 흐물흐물한 엉덩이로 표현했다.

33

FRIENDS

엉덩이 얘기를 해서 밥맛이 없어
졌다는 뉘앙스

- ### We're done with~ 우리는 …다 먹었다
  We're done with the chicken fried rice.
  우린 치킨 프라이드밥을 다 먹었다.
  Are you done with your meal? 밥 다 먹었니?

get one's place는 …의 집을
차지하다. 옇대로 소유격+place
가 되면 place는 보통 집을 말한
다.

- ### I should try to+V 내가 …해봐야겠어
  I should try to get his place. 내가 그 사람집을 차지해봐야겠어.
  It means we should try to be more social with people.
  사람들과 더 잘 어울리도록 해야 한다는 말야.

- ### It would be so cool to+V …한다면 정말 좋을거야
  It would be cool to live across from you.
  너희들 건너편에 살게 되면 정말 좋을거야.

이미 상대방이 알고 있거나 혹
은 바로 앞에서 언급한 내용을 다
시 반복하지 않기 위해서 간단히
대표단어+thing을 쓴다. 여기서
telephone thing이라고 말할 때
는 둘이서 각각 전화기를 들고 전
화하는 상황을 말한다.

- ### do that telephone thing 전화통화를 할 수 있다
  We could do that telephone thing.
  건너편에 살게 되면 컵으로 연결해서 전화하는 것을 할 수 있을거야.

have got sth pp~의 패턴으로
…가 …에 딱 달라붙었다라는 말

- ### has got packing tape stuck to~
  포장테입이 …에 붙어버리다
  Your shirt has got packing tape stuck to the back of it.
  네 셔츠 뒤에 포장테입이 붙어 있어.

비유적으로 여기서는 전혀 원하
지 않는 곳이란 남성의 중요부위
를 말한다.

- ### where you really don't want it
  전혀 원하는 곳이 아닌 곳에
  The movers may put your stuff where you really don't
  want it. 이삿짐센터 직원들은 네 물건들을 원하지 않은 곳에 놓을 수도 있어.

pull it off는 …을 잡아 당기다

- ### get it off …을 떼어내다
  She's trying to pull it off slowly. 걘 그걸 천천히 잡아 당기고 있어.

Take my word for it이라고 해
도 된다.

- ### Take it from me, 내 말을 들어봐,
  Take it from me, Dad loves you.
  그 점은 내 말을 믿어도 돼, 아빠는 널 사랑하셔.
  You can take it from me. 그 점은 내 말을 믿어도 돼.

34

FRIENDS

■ **pull tape off yourself**   자기 몸에 붙은 테입을 떼어내다
Take the time to pull the tape off yourself.
천천히 몸에 붙은 테입을 떼어내.

앞에서도 나왔지만 여기서 off는
분리의 전치사이다.

■ **It's gotta be in one quick motion**
빠르게 한번에 해야 돼
It's gotta be in one quick motion or it will hurt.
빠르게 한번에 해야지 그렇지 않으면 아플거야.

■ **Like that**   저렇게
Don't talk to me like that!   내게 그런 식으로 말하지마!
I can't believe that my best friend would betray me
like that.   가장 친한 친구가 그렇게 배신할 줄이야.

SCENE 02

이삿짐을 다 뺀 Naked guy의 집에 구경온 로스와 피비 그리고 레이첼.

■ **I love sth. Isn't it perfect?**   난 …가 좋아. 완벽하지 않아?
I love this apartment! Isn't it perfect?!
난 이 아파트가 좋아! 완벽하지 않아?!

■ **I can't believe S+V**   …하리라 생각도 못했어
I can't believe I failed that exam.   시험에 떨어지다니 믿기지 않아.
I can't believe it. Donna agreed to go on a date with
you?   말도 안돼. 다나가 너랑 데이트하겠다고 그러든?

I can't believe that S+V는 놀
람의 표현

■ **I never realized how+형용사+S+V**
얼마나 …한지 전혀 몰랐어
I can't believe I never realized how great it is!
여기가 이렇게 좋다는 걸 몰랐다니 말이 안돼!

35

그 이유는 Your eyes goes to~ 네 눈이 …를 바라보기 때문에

- **That is because S+V** …하기 때문이야
That's because **I feel very angry.** 내가 매우 화가 나서 그래.
That's because **he was taken by surprise.**
걔가 깜짝 놀랐기 때문이야

- **It's amazing!** 대단하다!, 멋지다!
Not that big a deal? It's amazing.
별일이 아니라니? 이건 놀라운 일이야.
We are so proud of you! You're amazing!
네가 정말 자랑스러웨 너 정말 대단해!

hurry up은 서두르다, fill out an application은 신청서를 작성하다

- **You'd better+V** …해라
You better **hurry up and fill out an application.**
넌 어서 서둘러 신청서를 작성해라.
Your wife is in the hospital giving birth. You'd better
get over there fast. 네 아내가 출산 때문에 병원에 와있어. 빨리 그리로 가봐.

- **beat sb to~** …을 옥박질러서 …하게 하다
I'm gonna beat you to it. 옥박질러서 그걸 하게 할거야.

go use = go to use = go and use

- **I never thought I'd say this, but ~**
내가 이런 말을 할 줄 몰랐지만
I never thought I'd say this, but I'm gonna go use Ugly
Naked Guy's bathroom.
내가 이런 말을 할 줄 몰랐지만 여기 추한 벌거벗은 남자의 화장실을 사용할거야.

My eyes는 뭔가 못볼 것을 봤을 때 하는 표현

- **My eyes!** 내 눈!
My eyes! I got sand in them and it hurts!
내 눈! 눈에 모래가 들어가 아패!

- **do it** 그짓을 하다, 섹스하다
They're doing it! 걔네들이 그 짓을 하고 있어!

- **You have to stop~ing** 넌 …하는 것을 멈춰야 돼
You have to stop screaming! 넌 그만 소리 질러!

- ## What's going on? 무슨 일이야
  Just calm down. What's going on? 침착해. 무슨 일이야?

  > go on = happen

- ## We're just so excited that S+V
  …하게 돼 우린 넘 신나
  We're just so excited that you want to get this apartment! 우린 네가 이 아파트를 얻고 싶어하게 돼 너무 신이나!
  I'm so excited about this wedding. 이 결혼식 생각에 너무 흥분돼.

- ## It looks really good 정말 좋아 보여
  You remodeled this room? It looks really good.
  네가 이 방을 다시 꾸몄다고? 정말 좋아 보여.

- ## Get in here! 이리와!
  Get in here! We need to discuss this! 이리와! 우리 이거 논의해야지!

  > get in here은 이리 들어와봐라 는 뜻이고 get here는 여기에 도 착하다라는 의미이다.

SCENE 03

모니카와 챈들러의 비밀을 알게 된 피비와 레이첼이 Central Perk 커피숍에서 얘기를 나누며 챈들러와 모니카를 골려 줄 생각을 한다. 조금 후에 조이가 들어오고 챈들러가 들어왔을 때는 피비의 유혹이 시작된다.

- ## You mean~ ? …라는 말이지?
  You mean whenever Monica and Chandler were doing laundry or going grocery shopping?
  네 말은 모니카와 챈들러가 세탁하러 갈 때나 식료품점에 갈 때마다라는거지?
  So you mean now you're not seeing anyone?
  그럼 지금 사귀는 사람이 없다는 말야?

  > do laundry는 세탁하다. go grocery shopping은 식료품점 에 가다

- ## spend the time on the phone with sb
  …와 전화하면서 시간을 보내다
  We were on a date, but you spent the time on the phone with your mom.
  우린 데이트중인데 넌 네 엄마랑 전화하면서 시간을 보내네.

  > 이 부분 다음에 레이첼이 말하 는 doing it은 섹스하다. phone doing it은 폰섹스를 하다라는 의 미

■ she might be able to do better

그녀가 더 잘할 수 있다, 더 걸맞는 남자를 찾을 수 있다

For him, she might be able to do better. 걔한테는 그녀가 아깝지.

she might be able to do better는 she could and should find another man who is more desirable이라는 의미이다.

■ find out   어떤 사실을 알아내다

She just found out about Monica and Chandler.
걘 챈들러와 모니카에 대해서 알게 됐어.

I'm not sure about that. We'll find out next week.
잘 몰라. 다음 주에 알게 될거야.

find는 물건을 찾다, find out은 추상적인 사실을 알아내다라는 말이다.

■ You mean S+V   …란 말이야

You mean she hasn't called you and told you yet?
걔가 아직 전화해서 말하지 않았단 말야?

■ see sb ~ing   …가 …하는 것을 보다

We saw them doing it through the window.
창문을 통해서 그짓을 하는 걸 봤어.

창문에 기대서 하는 걸(doing it up against the window)이라고 생동감있게 수정묘사한다. 다음에 피비가 쓰는 fornicate란 단어는 성교하다라는 다소 formal한 용어

■ You know what?   근데 말야?, 그거 알아?

You know what? I feel like having pizza for lunch.
근데 말야. 점심으로 피자 먹고 싶어.

Well, you know what? You better get used to it.
응. 저 말이야. 적응하는 게 좋을거야.

You know what?은 뭔가 자기 얘기를 시작할 때 하는 표현으로 Guess what? 등과 같은 부류이다.

■ It doesn't matter who knows what

누가 무엇을 아는게 중요하지 않아

It doesn't matter who knows what we did.
우리가 무엇을 했는지 누가 아는건 중요하지 않아.

It doesn't matter wh~는 …는 중요하지 않다라는 의미.

■ Enough of us know that ~

우리는 충분히 …을 알고 있잖아

Enough of us know that we can just tell them that we know!
우리들은 충분히 걔네들에게 우리가 알고 있다는 걸 그냥 말할 수 있다는 것을 알고 있어!

- **be over**   끝나다 = be through

  Then all the lying and the secrets would finally be over!   그럼 모든 거짓과 비밀들은 마침내 끝나게 될거야!

  It's over. You can all go home.   끝났어. 모두 집에 가도 돼

  > 여기서 Then은 "얘기를 말하게 된다면"이라는 가정을. 여기에 맞춰 문장에서 would가 나왔다.

- **have a little fun**   좀 장난을 치다

  We'll go out on the town and have a little fun.

  우리는 시내에 가서 좀 재미를 볼거야.

- **What do you mean?**   그게 무슨 말이야?

  What do you mean? Did she say something?

  무슨 말이야? 걔가 뭐라고 했어?

  What do you mean by that? We've been friends since elementary school.   그게 무슨 말이야? 우린 초등학교때부터 친구였잖아.

- **If they say S+V, S+V**   …한다고 하면, …을 하는거야

  If they say she is guilty, she is guilty.

  사람들이 걔가 유죄라고 하면 유죄인거야.

- **You know what would even be more fun?**

  뭐가 더 재미있을지 알아?

  You know what would even be more fun? Telling them.   뭐가 더 재미있을지 알아? 걔네들에게 말하는거야.

  > 피비의 제안에 I would enjoy that이라고 레이첼이 찬성하자 강 비밀을 말해버리자고 우기는 조이의 말.

- **That doesn't sound like fun**   그건 재미없잖아

  You have to work? That doesn't sound like fun.

  일해야 된다고? 그건 재미없잖아.

- **make it fun**   …을 재미있게 하다

  It's a boring trip, but we'll make it fun.

  따분한 여행이지만 우리는 여행을 재미있게 할거야.

- **do it like a barbershop quartet**

  그걸 남성 4중창단처럼 하다

  The concert singers do it like a barbershop quartet.

  콘서트 가수들은 그걸 남성 4중창단처럼 해.

39

앞서 나왔지만 ~thing은 앞서 나온 얘기를 압축해서 말하는 표현 법으로 …하는 것이라는 의미.

- **I wanna do Phoebe's thing** 난 피비의 안을 하고 싶어

  I don't like your idea. I wanna do Phoebe's thing.
  네 생각은 맘에 안들어. 난 피비의 안을 하고 싶어.

You don't need to+V라고 해도 된다.

- **You don't have to+V** 넌 …하지 않아도 돼

  You don't have to help me with this work.
  네가 이 일을 도와주지 않아도 돼

  It's all right. You don't have to explain. 괜찮아. 설명 안 해도 돼

- **Don't tell them S+V** …라고 걔네들에게 말하지마

  Please don't tell him I've had plastic surgery.
  내가 성형수술했다는거 걔한테 말하지마.

  Please don't tell anyone about how depressed I've felt.
  내가 풀이 죽었다고 누구한테도 말하지 말아줘요.

- **I can't take any more+N** 난 더 이상 …을 감당할 수가 없어

  I can't take any more criticism from her.
  난 걔로부터 더이상 비난을 감당할 수가 없어.

비밀이 없다는 레이첼의 비아냥에 조이는 자기가 밤에 잘 때 아이처럼 혁시라는 펭귄을 껴안고 자는 것을 아냐고 물어보는 어리석음을 저지른다.

- **You don't know about~** 넌 …에 대해서 몰라

  Don't make me laugh. You don't know about building things. 웃기지 마. 집을 짓는 게 뭔지도 모르면서.

- **mess with** 골려주다, 간섭하다, 건드리다

  How are we going to mess with them? 어떻게 걔네들을 골려주지?

  I didn't want to mess with her head.
  난 걔를 화나게 하고 싶지 않았어.

could use+N은 관용적으로 …이 필요하라는 의미로 쓰일 수도 있지만 문자 그대로 …을 이용하다, 활용하다라는 뜻으로 사용된다.

- **could use+N** …을 이용하다, …가 있었으면 좋겠다, …가 필요해

  You could use your position as the roommate.
  넌 룸메이트라는 입장을 활용해.

  Looks like you could use an extra hand.
  네가 도움이 필요할 것 같아.

- **at one's disposal** 내가 쓸 수 있는
Just call and I'll be at your disposal. 전화해. 난 언제든지 시간돼.

- **look great on sb** …가 …에게 정말 잘 어울린다
That jacket looks great on you. 그 자켓 너한테 정말 잘 어울린다.

피비, 레이첼 그리고 조이가 음모를 꾸미고 있는데 챈들러가 들어오자 피비가 자신의 장기인 sexuality를 이용해 mess with Chandler를 하는 중이다.

- **Mr. Bicep** 미스터 알통
At the gym people call him Mr. Bicep.
체육관에서 사람들은 걔를 미스터 알통이라고 불러.

자켓이 부드럽다고 만지다 알통 부위를 만지고 나서 유혹하는 장면

- **work out** 주로 gym 등에서 운동하다
You're working out these day? 너 요즘 운동해?
Jerry said that working out perks him up.
제리는 운동하면 기운이 난다고 말했어.

work out은 주로 gym에서 하는 운동을 말한다.

- **squeeze things** 힘쓰는 운동을 하다
Well, I try to y'know, squeeze things. 저기 힘쓰는 운동하려고 해.

여기서 to squeeze things는 To grab something and feel it for firmness를 말한다.

- **be the one person S+V** …는 …하는 사람이야
Actually, you are the one person I can't tell this to.
실은 너니까 내가 이걸 얘기할 수 없는거야.

- **What's going on?** 무슨 말이야?, 왜 그래?
Just calm down. What's going on? 침착해. 무슨 일이야?
I saw a lot of police cars outside. What's going on?
밖에 경찰차가 많이 와 있더라. 무슨 일이야?

피비의 이상한 행동에 왜 그러냐고 물어보는 문장.

- **haven't been with a guy** 남자를 사귄지 오래되다
Angie hasn't been with a guy in over a year.
앤지는 남자를 사귄지 일년 더 넘었어.

be with sb는 …와 사귀다라는 의미.

- **be right there in front you** 바로 네 앞에 있다
The cards are right there in front of you.
카드들은 바로 네 앞에 있어.

- **sip** 커피를 조금씩 마시다, 홀짝거리며 마시다

  Helen just sipped her drink and stared at me.
  헬렌은 술을 홀짝홀짝 마시며 나를 쳐다봤어.

- **It's just something to think about. I know I will** 생각 좀 해볼 일야. 그렇게 할게

  Have I said too much? It's just something to think about. I know I will.
  내가 너무 말을 많이 했나? 생각 좀 해볼 일야. 나도 그렇게 할게.

SCENE 04

모니카의 침실. 챈들러와 모니카는 침대에서 누워서 오늘 낮에 있었던 피비의 유혹에 대해 얘기를 한다.

모니카의 닭살 멘트.

- **How did you get to+V?** 어떻게 …하게 된거야

  How did you get to be so cute? 왜 이렇게 귀여운거야?

모니카가 귀엽다고 하니까 낮에 피비의 일을 연상하면서 하는 말. 여기서 popular opinion은 여론. 또한 I must say는 자기말을 강조할 때 쓰는 것으로 "정말이지" 정도의 의미.

- **That is a popular opinion today, I must say** 다들 그렇게 생각하는 것 같아

  That is a popular opinion today, but I must say I disagree. 오늘은 다들 그렇게 생각하는 것 같지만 난 동의하지 않는다고 말해야겠군요.

come on to sb라고 해도 된다. 그래서 come-on은 유혹, pick up line은 이성에게 작업 들어갈 때 쓰는 구절을 뜻한다.

- **hit on** 꼬시다, 유혹하다

  Are you hitting on me? 지금 날 꼬시는거냐?
  I think he's hitting on some girl. 걘 아가씨를 꼬시고 있는 것 같아.

- **What are you talking about?**
  (놀라거나 황당하며) 그게 무슨 말이야?

  What are you talking about? I have done nothing wrong. 무슨 말 하는거야? 난 잘못 하나도 안했는데.

  What are you talking about? I'm not going to Japan! 그게 무슨 말이야? 난 일본 안가!

42

- **foxy** 섹시한, 성적매력이 있는
  She looked very foxy as we entered the nightclub.
  우리가 나이트클럽에 들어갈 때 걔는 무척 섹시해보였어.

- **It's not possible** 그럴 리가 없어, 말도 안돼
  How will we do this work? It's not possible!
  이 일을 우리가 어떻게 해? 불가능해!

- **in a sexless kind of way** 성적의미가 없는 방식으로
  Hal is attractive in a sexless kind of way.
  할은 성적의미가 없는 방식으로 매력적이야.

  > 사람들이 챈들러를 좋아하는 것은 성적매력이 있어서가 아니라 그냥 좋아한다는 의미

- **I can't hear that enough** 그런 얘기 충분히 들었어
  You know, I can't hear that enough.
  저 말이야. 나 그런 얘기 충분히 들었어.

  > this means that someone is very happy to hear a compliment, or if it is sarcasm, it means the opposite.

- **be all over sb** (이성) …에게 들이대다, 달려들다
  She was all over me. She touched my bicep.
  걔가 내게 들이댔어. 내 알통도 만졌어.

  > be over는 끝나다 이지만 be all over sb하게 되면 성적으로 이성에게 들이대다라는 의미.

- **for crying out loud** (화나거나 조급할 때) 이거 참
  She was all over me! She kissed me for crying out loud! 나한테 들이댔다고! 키스도 했다고 이거 참!

- **be not flexed** 힘을 주지 않다
  Be sure your strained muscle is not flexed for a few days. 네 삔 근육에 며칠동안 꼭 힘을 주지 말아야 돼.

  > flex one's arms는 팔에 힘을 주다라는 말로 알통이 지금 없는 것은 힘을 안줘서 그렇다는 말이다.

- **Why is it so hard for you to believe that~**
  왜 …을 믿지 못하는거야
  Why is it so hard for you to believe that she could be attracted to me? 걔가 내게 반할 수도 있다는 걸 믿지 않으려는거야?

- **be attracted to~** 이성에게 끌리다
  I have a crush on you; I am attracted to you.
  너한테 폭 빠졌어. 너한테 맘을 빼았겼어

여기서 토끼는 짝짓기를 많이 하는 동물로 성적으로도 여성에게 어필할 수 있다는 위로를 챈들러에게 해주는 말이다.

- **You're part bunny** 넌 토끼잖아
  All the girls are attracted to you. You're part bunny.
  모든 여자들은 네게 끌려. 넌 토끼잖아.

SCENE 05

모니카의 거실. 로스만 빼고 다들 모여 있다.

이제 본격적으로 messing이 들어가는 장면이다.

- **You want to+V?** 너 …할래?
  What are you trying to say? You want to break up with me? 무슨 말 하려는거야? 나랑 헤어지고 싶다는거야?
  Are you sure you want to marry Richard?
  정말 리차드하고 결혼하고 싶어?

go, come 다음에는 바로 동사가 이어지는 경우가 많다. 이때는 그 사이에 to나 and가 생략된 것으로 보면 된다.

- **come see a movie** 함께 가서 영화를 보다
  I asked her to come see a movie with me.
  난 걔에게 와서 같이 영화를 보자고 했어.
  Can I come see you? 찾아가도 돼?

do some laundry는 빨래 좀 하다

- **I was going to+V** …하려던 참이었어
  I was going to do some laundry. 나 빨래 하려던 참이었어.
  That's just my luck. I was going to go to the beach Saturday. 내 운이 그렇지 뭐. 토요일날 해변에 가려던 참이었는데.

앞에 Do you~가 생략된 경우.

- **Want to do it with me?** 나랑 함께 할래?
  I have to clean this place. Want to do it with me?
  난 이곳을 청소해야 되는데 나랑 함께 할래?

- **Hold on a second** 잠깐만

Hold on a second. I need to turn on my computer.
잠깐. 컴퓨터 좀 켜고.

Can you hold on a moment? I have another call.
잠깐 기다려 줄래? 다른 전화가 왔어.

> second 대신에 moment, minute를 써도 된다.

- **Here you go** (물건을 건네며) 여기 있어

Here you go. That's the money I owe you.
자 여기 있어. 내가 너한테서 빌린 돈.

> 빨래 핑계로 섹스하러 가는 챈들러와 모니카에게 레이첼이 밀린 빨래를 왕창 부탁하는 장면

- **You don't mind, do you?** 괜찮겠지, 그지?

I'll stay a little longer. You don't mind, do you?
나 좀 더 머물건데, 괜찮겠지, 그지?

I hope you don't mind me stopping by.
내가 잠깐 들려도 괜찮겠지.

- **That would really help me out a lot**
그건 내게 큰 도움이 될거야

If you do me a favor, that would really help me out a lot. 네가 도와준다면 그건 내게 큰 도움이 될거야.

> That would~는 가정법 주절로 조건절은 네가 이 빨래를 해준다면이 된다.

- **You know what?** 근데 말야?

You know what? I can't do this. 근데 말야. 난 이거 못해

You know what? Let's have coffee sometime. When are you free? 저 말야. 언제 한번 커피마시자고, 언제 시간돼?

- **Any word on the apartment yet?**
아파트는 뭐 얘기 있어?

Any word on the accident victims?
사고 피해자에 대해 뭐 얘기 있어?

> 이때 로스가 들어오자 레이첼이 네이키드 가이의 아파트 신청한 거 어떻게 됐냐고 물어보는 문장

- **It turns out that S+V** …인거야, …라는거야

It turns out Naked Guy is subletting it.
네이키드 가이가 아파트를 재임대하는거였어.

I was not dumped. It turns out he was two-timing me.
난 차인 게 아니고 걔 양다리 걸치고 있었던 거야.

- **applicant** 지원자, 신청자
  He's already had 100 applicants. 벌써 지원자가 100명이래.

- **You know what the difference between A and B is?** A와 B의 차이점이 뭔지 알아?
  You know what the difference between them and me is? 걔네들과 나와의 차이점이 뭔지 알아?

챈들러의 독설에 로스는 난 널 믿었는데(I trusted you, man)라고 소리지른다.

- **Your history of bedwetting?** 오줌싸개이력?
  A: You know what the difference between them and me is? 그들과 나의 차이점이 뭔지 알아?
  B: Your history of bedweeting? 오줌싸개이력?

the edge는 우위, 강점이란 의미

- **I've got the edge** 우위에 있다, 유리한 위치에 있다
  I've got the edge for getting the promotion.
  난 승진하는데 유리한 위치에 있어.

- **ethical** 도의적인, 윤리적인
  It's not exactly ethical, but I sent him a bribe.
  도의적이지는 않지만 걔에게 뇌물을 보냈어

- **tip the scales** 저울의 한쪽을 무겁게 하다, 국면을 전환하다
  I tipped the scales in my direction.
  나에게 유리하도록 국면을 전환시켰어.

- **You actually thought that S+V?**
  너 정말 …할거라고 생각했어?
  You actually thought that basket was going to get you the apartment? 저 바구니로 아파트를 얻을거라고 생각했던거야?

- **go crazy over~** …을 엄청 좋아하다
  Seems like everyone is going crazy over that actor.
  다들 그 남자 배우를 엄청 좋아하는 것 같아.

- **make sb sad** ···을 슬프게 만들다
  Your work makes me sad. 네가 한 일을 보니 슬퍼진다.

- **work** 효과가 있다
  I was so sure that was going to work.
  난 그게 효과가 있을거라고 확신했어.

  It hit me that this isn't going to work.
  이거는 제대로 될 수가 없을 거라는 생각이 들었어

  > 이때 work의 주어는 사물 주어 가 오게 된다.

- **We'd better go if S+V** ···하려면 우리 가야 돼
  We'd better go if we want to catch that movie.
  우리 영화 놓치지 않으려면 가야 돼.

- **I miss you already** 벌써 보고 싶어져
  Hurry back home. I miss you already.
  빨리 집에 돌아와. 벌써 보고 싶어져.

  > 피비가 레이첼과 영화를 보러 가 기 위해 집을 나서면서 챈들러를 유혹하는 문장

- **Did you see that?** 봤어?
  Did you see that? The inappropriate, and the pinching?
  봤어? 해서는 안될, 나 꼬집는거?

  Did you see that? She was flirting with us.
  봤지? 걔가 우리한테 작업걸었어.

- **Are you serious?** 정말이야?, 그럴 리가
  Are you serious? You still see Dr. Gate?
  정말이야? 아직도 게이트 의사를 만나는거야?

  Are you serious? I mean, you've only known her for
  six weeks! 정말이야? 그러니까 내 말은, 걔를 안지 6주밖에 안됐잖아!

- **freak sb out** 놀래주다, 골려주다
  She's trying to freak us out! That's the only explanation!
  걔는 우리를 놀래주려고 하는거야! 그렇게 밖에는 설명이 안돼!

  > freak은 명사, 동사, 또한 자동사, 타동사로 미드에서 무척 많이 쓰 이는 단어이다. 놀래키다, 기겁하 다, 기겁하게 만들다 등의 뜻이다.

- **What about~ ?** …는 어떻고?

  What about my pinchable butt and my bulging biceps? 나의 꼬집힐 만한 엉덩이와 통통한 알통을 어떻고?

  What about you? You like being single? 넌 어때? 싱글인 게 좋아?

SCENE 06

피비의 유혹이 자신들을 골려주려는 것이라는 걸 알게 된 챈들러/모니카 커플은 비밀누설을 따지기 위해 조이가 있는 곳으로 몰려온다.

- **I would have+pp** 난 …하려고 했었어

  I would have told you, but I promised not to tell. 너희들한테 얘기하려고 했는데 얘기하지 말랬어.

- **be over** 끝나다

  I tried to stop the divorce, but the marriage was over. 난 이혼을 멈춰보려고 했지만 결혼생활은 끝이 나버렸어.

- **go back to knowing nothing** 아무 것도 모르는 상태로 돌아가다

  I can go back to knowing nothing! 난 아무 것도 모르는 상태로 돌아갈 수 있어!

- **They think they are~** 걔네들은 …하다고 생각하나봐

  They think they are so slick messing with us. 걔네들은 똑똑해서 우리를 골릴 수 있다고 생각하나봐.

  > slick은 똑똑한 교활한

- **messer** 골리는 사람

  The messers become the messees! 골리는 사람이 골림을 당하게 되는거야!

  > 반대로 messee는 골림을 당하는 사람

Think how much fun it would be to~

...하면 얼마나 재미있을지 생각해봐

Think how much fun it would be to tell.

얘기하면 얼마나 재미있을지 생각해봐.

SCENE 07

다시 모니카집의 거실. 로스가 망원경으로 Naked guy의 집을 쳐다보고 있고 소파에는 조이, 피비 그리고 레이첼이 앉아 있다.

stop torturing yourself   자학을 그만두다

Honey, you got to stop torturing yourself. 야, 그만 고민해.

Stop torturing yourself. You do things just fine.

그만 자책해. 괜찮게 하는 구만

Why don't you+V?   ...해라

Why don't you find another apartment? 다른 아파트를 구해봐.

Why don't you give me a hand? 나 좀 도와주라.

> Why don't you~?는 의문문이라기 보다는 가벼운 명령문에 가깝다.

None of them compares to~

그 어떤 것도 ...와 비교되지 않아

None of them even compares to that one.

그 어떤 것도 그것과 비교조차 할 수 없어.

I would have had to~   ...을 했어야만 했어

I would have had to share it with an Armenian family.

아르메리안 가족과 함께 살아야만 했었어.

> share A with B는 A를 B와 함께 쓰다.

You know what?   그거 알아?, 근데 말야

You know what? Let's have coffee sometime. When are you free? 저 말야. 언제 한번 커피마시자고. 언제 시간돼?

레이첼이 로스에게 팁을 주는 장면

▪ use sth to bond with sb

…을 이용해서 …와 유대관계를 맺다

You should find out what his hobbies are and use that to bond with him. 그 사람 취미를 알아내서 그걸 이용해 그 사람과 친해져봐.

여기서 Like는 별 의미없이, 그래, 뭐 정도에 해당되는 단어.

▪ strike up a conversation about~

…에 관한 얘기를 꺼내다

Like if I wanted something from Joey I would strike up a conversation about sandwiches or my underwear. 내가 조이에게 원하는게 있다면 샌드위치나 내 속옷에 대한 얘기를 꺼내겠어.

▪ I'm listening 듣고 있어, 어서 말해

I want to know why you were fighting. I'm listening. 네가 왜 싸웠는지 알고 싶어. 어서 말해봐.

I'm listening, but please make it brief. I have another meeting in thirty minutes. 듣고 있으니 말해봐요. 하지만 간략하게 해줘요. 30분 후에 회의가 또 있으니까.

▪ ~gives me back my edge

…로 해서 내가 다시 유리한 위치에 서다

Having a few cups of coffee gives me back my edge. 커피 몇잔을 마시면 내가 다시 유리해져.

Naked guy가 좋아하는 것을 생각하면서 트램폴린과 중력부츠 등을 로스는 생각해낸다.

▪ Let's see now 이제 어디 보자

Let's see now, have I seen you here before? 이제 어디 보죠, 우리 전에 만난 적이 있나요?

▪ I've got to~ …을 해야 해

I've got to run. Tell her I say goodbye. 가야 돼. 걔한테 인사 전해 줘.

Get out of my way! I've got to get in there! 비켜! 저기에 들어가야 돼!

- **figure ~ out** …을 알아내다
  I will figure something out. 뭔가 생각해낼거야.
  I think he knows about us. I think he's figured it out.
  우리 사이를 걔가 아는 거 같아. 알아낸 거 같아.

- **Didn't he used to+V?** 과거에 그 사람 …하지 않았어?
  Didn't he used to teach at our high school?
  그 사람은 우리 고등학교에서 학생들 가르치지 않았어?

  > He used to+V(과거의 규칙적인 습관)의 과거부정의문문이다.

- **bring up** 얘기화제로 꺼내다
  I wouldn't bring that up. 나라면 그 얘기를 꺼내지 않겠어.

- **bum sb out** …을 화나게 하다
  Hearing about politics bums me out. 정치얘기를 들으면 화가 나.

  > bum a cigarette(담배 한대 빌리다)으로 유명한 동사이지만 여기서는 화나게 하다, 실망시키다라는 의미

- **Poor cat never saw that big butt coming**
  가여운 고양이는 엉덩이에 깔려 죽었어
  There was no way to see the disaster coming.
  재앙이 오는 것을 알 길이 없어.

  > see ~ coming은 …가 오는 것을 보다

SCENE 08

로스는 나가고 이때 피비를 찾는 챈들러의 전화가 온다.

- **I've been thinking about ~** …을 계속 생각하다
  I've been thinking about you all day. 온 종일 네 생각을 했어.

- **be intrigued** 흥미롭다
  I'd be lying if I said I wasn't intrigued.
  내가 흥미롭지 않았다고 하면 거짓말이지

  > I'd be lying if I said S+V는 내가 …라고 말한다면 거짓말이겠지라는 의미

- **come over** …에 들르다
  Why don't you come over? I'll let you feel my bicep.
  올래? 내 알통 만지게 해줄게
  Let me know what time I should come over.
  몇 시까지 가야 되는지 알려줘.

- **get back to sb on~** …에 대해서 나중에 얘기[전화]할게
  I'll have to get back to you on that.
  나중에 그거에 대해 얘기해야겠어.
  Let me get back to you on that. I haven't decided.
  나중에 이야기하자고, 아직 결정못했어.

- **He wants me to+V** 걔가 나보고 …하래
  He wants me to find another job.
  걔가 나보고 다른 직장을 찾아보라고 하네.

No kidding은 (상대방 말에 놀라며) 설마, 정말이야, (당연한 말을 하는 상대에게)장난하냐, (내 말) 진심이야. 그리고 You're kidding!은 농담하지마, You're not kidding은 정말 그렇네라는 의미이다.

- **Are you kidding?** 정말이야?
  You mean, he seems like my type? Are you kidding?
  He's gross! 그러니까 네 말은, 걔가 내 타입같단 말이야? 농담하냐? 걘 밥맛이야!
  Are you kidding? He's not boyfriend material.
  웃기네. 걘 남자친구감이 아냐.

- **I can't believe S+V** …을 믿을 수가 없어
  I cannot believe he would do that to her.
  걔가 그녀에게 그런 짓을 할지 몰랐는데.
  I can't believe you were flirting with that guy all night.
  밤새 그 애와 시시덕거렸다는 걸 믿을 수가 없어.

- **I knew it!** 내 그럴 줄 알았어!
  I knew it. You're not even a doctor.
  생각했던 대로야. 넌 의사도 아니잖아

조이는 그만 비밀을 없애자고 했지만 양쪽 다 자기 말을 듣지 않는다는 것을 의미한다.

- **sth work for sb** …가 …뜻대로 되다
  That hasn't been working for me. 그건 내 맘대로 되지 않았어.

They thought they could+V?

걔네들이 …할 수 있을거라 생각했다고?

They thought they could trick the cops?

걔네들이 경찰을 속일 수 있을거라 생각했다고?

You can't say anything   넌 아무 말도 하지마

You can't say anything that would shock me.

날 놀라게 할 그 어떤 말도 하지마.

여기서 You can't~는 금지의 표현

SCENE 09

장면이 바뀌어서 로스가 Naked guy의 집에 찾아가는 장면.

I'm one of the people~   …한 사람중의 한명입니다

I'm one of the people who organized the event.

난 이 이벤트를 준비한 사람중의 한 명입니다.

the를 붙여 I'm the one who~하게 되면 내가 바로 …한 사람이다라는 뜻이 된다.

I realize that S+V   …을 알고 있다

I realize that the competition is fierce.

경쟁이 치열하다는걸 알고 있어.

I realize that I was out of line that night, but I was upset.   내가 지나쳤다는 것을 알아. 하지만 열받았었다고.

I can't help but+V   …하지 않을 수 없다

I can't help but notice that you're naked.

당신이 옷을 다 벗고 있는 것을 모른 척할 수가 없네요.

I can't help but take it personally.   개인적으로 받아들일 수밖에 없어

applaud   박수를 치다

The critics applauded the new mystery novel.

비평가들은 새로운 미스테리 소설에 박수를 쳤다.

■ **I wish I was~** 내가 …였으면 좋겠어

I am so embarrassed! I wish I was dead.

나 정말 창피해! 차라리 죽어버렸음 좋겠어.

■ **That is how S+V** 바로 저렇게 …하다

That is how God intended it. 이게 바로 신이 의도하신거다.

That is how it's done. I was wondering about that.

저렇게 하는 거구나. 궁금했었어.

SCENE 10

모니카의 거실. 챈들러/모니카 팀과 피비/레이첼 팀의 결전이 서서히 달아오른다.

panicked는 겁에 질린이라는 의미

■ **back down** 뒤로 물러서다

They're panicked! They'll totally back down.

걔네들은 겁에 질렸어! 완전히 뒤로 물러설거야.

■ **go in** 들어가다, 참여하다, 시작하다

I'm going to go in. 내가 시작할게.

come by = drop by = drop in = stop by

■ **come by** (주로 예고없이) 들르다

I'd love to come by tonight. 오늘밤에 잠깐 들르고 싶어.

Can you drop by tomorrow afternoon? 내일 오후에 들릴 수 있어?

상대방에게 겸손하게 제안할 때, 약속시간 정할 때 쓰는 표현으로 Should we say는 줄여서 Say 라고 해도 된다.

■ **Should we say, around 7** 7시로 할까?

Sure we can meet. Should we say around 7 tonight?

그럼 우리 만날 수 있지. 오늘 저녁 7시로 할까?

일반적으로 I'm really looking forward to ~ing의 형태로 많이 쓰인다.

■ **I'm really looking forward to (sb) ~ing**

(…가) …하기를 학수고대하다

I'm really looking forward to you and me having sexual intercourse. 너와 내가 성교하는게 정말 기다려져.

I'm really looking forward to eating some dinner.

저녁 좀 먹기를 정말 기다렸는데.

SCENE 11

피비, 레이첼 팀과 챈들러, 모니카팀 간의 대결장면.

■ **showtime** 결전의 순간

It's showtime. Is everyone prepared for this?

이제 결전의 순간이야. 다들 준비됐어?

■ **Make her think you want to+V**

걔가 네가 …하기를 원한다고 생각하게 해

Make her think you want to have sex with her and it will freak her out.

네가 자기와 섹스하기를 원한다고 생각하게 하면 걘 질겁을 하게 될거야.

■ **How far am I gonna have to go with her?**

걔와 어느 선까지 가야 될까?

How far am I gonna have to go with her until we're finished? 헤어질 때까지 걔와 어느 선까지 가야 될까?

> go가 where, How far~등 거리 개념의 단어와 함께 쓰일 때는 주로 비유적으로 쓰일 때가 많다.

■ **give in** 손들다, 포기하다

She'll give in way before you do. 걘 너보다 훨씬 먼저 손들거야.

■ **How do you know?** 그걸 어떻게 알아?

He's gay? How do you know? 걔가 게이야? 그걸 어떻게 알아?

> 모니카의 자신감에 그걸 어떻게 아냐고 묻자 모니카는 너는 우리 팀이기 때문이야(Because you are on my team)이라고 한다.

■ **go get some** 가서 본때를 보여주다

Just go get some! 가서 본때를 보여줘!

> go get some은 Go do your best, win or achieve your goal.

■ **Don't give away the farm**

필요이상으로 양보하다, 메인은 놔둬

Don't give away the farm when you negotiate.

협상할 때 필요이상으로 양보하지마.

> 챈들러에게 진격하는 피비의 상의 단추 하나를 레이첼이 풀고 나서 다시 두번째 단추를 풀려고 하자 하는 말.

FRIENDS

- ### **Here we are** 우리가 여기까지 왔네
  Here we are. This is the restaurant I told you about.
  자 여기야. 여기가 내가 네게 말했던 식당이야.

  Here we are. Her house is the yellow one in front of us.
  다 왔어. 정면의 노란 집이야.

- ### **I want this to happen** 난 이렇게 되기를 바랬는걸
  I want this to happen as soon as possible.
  가능한 빨리 하기를 바래.

앞의 동사가 be이면 So am I라
고 한다.

- ### **So do I** 나도 그래, 나도 마찬가지야
  Sara likes chocolate, and so do I.
  새라는 초콜릿을 좋아하고 나도 마찬가지야.

- ### **put on some music** 음악을 좀 틀다
  I'm going to put on some music. 음악을 좀 틀게.

- ### **When~, it makes me want to+V**
  ...할 때면, 난 ...하고 싶어져
  When you say things like that, it makes me want to
  rip that sweater vest right off.
  네가 그런 말을 할 때마다, 난 네 그 조끼를 확 찢어버리고 싶어져.

Why don't we~?는 Let's+V와
같은 의미

- ### **Why don't we~?** ...하자(Let's~)
  Why don't we move into the bedroom? 우리 침실로 들어가자.
  Why don't we call it a day and go for dinner?
  오늘은 그만하고 저녁 먹으러 가는 게 어때?

- ### **take off** 옷을 벗다
  I want to take off all my clothes. 난 옷을 다 벗고 싶어.

여기서 have는 사역동사로
have sb+V의 형태로 쓰였다.

- ### **have you rub sth on** ...에 ...을 발라주다
  I want to have you rub lotion on me. 네가 내 몸에 로션을 발라줘.

56

■ **It's way out of hand** 감당할 수 없어

You spend too much money. It's way out of hand!

넌 돈을 너무 많이 소비해. 감당할 수가 없어!

be[get] out of hand는 일이 너
무 커지다. 통제나 감당할 수 없을
정도가 되다라는 뜻이며 그리고
way는 강조어구이다.

■ **She's bluffing!** 허풍떠는거야!

She's bluffing. I don't believe what she says.

걔는 허풍떠는거야. 난 걔가 하는 말을 믿지 않아.

I thought you were bluffing! 난 네가 뻥치는 줄 알았어!

■ **She went like this** 이렇게 했어

She's not backing down. She went like this.

걔는 물러서지 않을거야. 이렇게까지 했다니까.

■ **You can take him** 걘 네 밥이잖아

Chris is a big guy, but you can take him in a fight.

크리스는 덩치가 크지만 넌 싸움에서 걜 이길 수 있어.

여기서 take는 beat으로 생각하
면 된다.

■ **Don't you remember when~** …한 때 기억안나?

Don't you remember when you made him cry using
only your words? 네 말 몇마디에 걔를 울렸던거 기억안나?

■ **be done** 끝나다

Aren't you guys done yet? 너희들 아직 안끝났어?

I've been waiting to go out with you. You done?

너랑 나갈려고 기다리고 있어. 다했니?

■ **out in the open** 비밀이 아닌

The sooner Mindy breaks him, the sooner it's over
and out in the open.

민디가 걔를 빨리 이기면 이길수록 상황이 종료되고 비밀이 다 공개될거야.

out in the open = not secret

■ **be afraid of** …을 두려워하다

He's afraid of bras. Can't work them.

걔는 브라자를 무서워해. 이렇게 브라자를 벗기는지를 모르고 있어.

Jim says that you are afraid of him.

짐이 말하는데 네가 걜 무서워한다며.

Can't work them = He
doesn't understand how to
take bras off of women이라
는 말

- **rip off** ...을 뜯어내다
  You didn't rip off any buttons. 넌 버튼하나 떨어트리지 않았네.

챈들러에게 다시 가서 피비와 맞서서 이기라고 부추기는 모니카의 말이다.

- **crack** 무너지다
  Go back there and seduce her till she cracks!
  다시 돌아가서 걔가 질 때까지 걜 유혹해!

여기서 쎄은 별 의미없는 말로 챈들러가 초조하고 긴장감 속에서 나온 단어로 생각하면 된다.

- **have all the sex** 섹스를 하다
  I'm very happy we're going to have all the sex.
  우리가 섹스를 하게 돼서 정말 기뻐.

챈들러의 섹스이야기에 피비는 자신이 매우 유연하다고, 즉 섹스를 잘한다고 답하는 장면.

- **be bendy** 매우 유연하다
  You should be. I'm very bendy. 그래야지. 난 아주 유연하다고.

- **Not if I kiss you first** 내가 먼저 네게 키스를 하지 않는다면
  You want to leave, but not if I kiss you first.
  넌 떠나고 싶어하지만 내가 네게 먼저 키스를 한다면 그렇게 안될거야.

- **I guess there's nothing left for sb to+V**
  ...하는 수밖에 없을 것 같아
  I guess there's nothing left for us to do but kiss.
  이제 우리가 키스하는 수밖에 없을 것 같아.

- **Here it comes** 자 여기 있어, 올 것이 오는구만
  The bus is arriving. Here it comes. 버스가 오고 있어. 자 여기 오네.
  Here it comes. I think the waitress is bringing it over.
  자 여기 오네. 여종업원이 가지고 오고 있어.

You are?는 그래?, You were? 는 그랬어?. 그리고 Tell her what?은 그녀에게 뭐라고 하라고[한다고]?라는 의미

- **You're what?** 뭘 어쩐다고?, 뭐라고?
  You're what? You're going to move to Paris?
  뭐라고? 파리로 이사간다고?

- ## I thought S+V …인 줄 알았어
  I thought you were doing it. I didn't know you were in love! 그냥 즐기는거라고 생각했었는데, 사랑하는 줄 몰랐어!
  What are you doing here? I thought you lived in Boston. 너 여기 웬일이야? 난 네가 보스톤에서 사는 줄 알았는데.

- ## Hats off to~ …에게 경의를 표하다
  Hats off to Phoebe. Quite a competitor.
  피비에게 경의를. 정말 힘겨운 상대였어.

  > quite a+N은 N을 강조하는 표현법.

- ## That's it? 이게 다야?, 이걸로 끝이야?
  That's it? That's all you're going to say?
  이게 다야? 이게 네가 얘기하려던거 다야?
  That's it? I thought you'd say I had a serious problem.
  그게 다야? 난 또 심각한 문제라고 할 줄 알았지.

- ## We'd appreciate it if S+could[or 과거동사]~
  …해준다면 고맙겠어
  We'd appreciate it if no one told him yet.
  아직 걔한테는 아무도 얘기 안해줬으면 고맙겠어.

  > 감사의 단어가 있지만 부탁의 표현. We'd는 We would, if 절에는 could+V, 혹은 과거동사가 온다.

SCENE 12

로스가 박물관 원장을 데려와 새롭게 얻은 아파트를 보여주는 장면이다.

- ## Here it is 바로 여기입니다
  I told you about the new schedule. Here it is.
  네게 새로운 일정에 대해서 말했잖아. 자 여기 있어.

- ## have sb over …을 초대하다
  I'll have you and the guys from work over, once it's furnished. 가구가 들어오면 당신과 직장동료를 초대할게요.

  > be furnished는 가구가 다 들어오면

be 대신에 get을 써도 된다.

"I am that" means I am back on my feet (doing well).

로스의 분노장애가 다 극복되고 이제는 괜찮아졌다라는 의미

- **be back on your feet** 재기하다, 다시 일어나다
  It's nice to see you back on your feet.
  네가 다시 재기하는 것을 보니 좋으네.

- **I'm that** 맞습니다, 그렇습니다
  A: It's nice to see you back on your feet.
     다시 재기하는 것을 보니 좋으네요.
  B: I am that. 재기했죠.

- **be behind me** 다 지나간 일이다, 다 극복했다
  The whole rage thing is definitely behind me.
  마구 소리를 질러대던 일은 이제 완전히 과거가 되었다.

- **I wonder if~** …인지 궁금하네
  I wonder if they got the invitation.
  걔네들이 초대장을 받았는지 궁금하네.
  I wonder why she broke up with me.
  걔가 왜 나랑 헤어졌는지 모르겠어.

- **Get off my sister!** 내 동생에게서 손때!
  What are you doing? Get off my sister!
  뭐하는 짓이야? 내 동생에게서 손때!

60

FRIENDS

SEASON 08 EPISODE 03

The One Where Rachel Tells

두개의 트랙으로 이야기가 전개된다. 먼저 메인은 레이첼이 임신을 했고 아기 아버지인 로스에게 그 사실을 말하는게 중심축이고, 또하나의 곁가지 이야기는 챈들러와 모니카가 신혼여행을 가는 스토리 구성이다.

SCENE 01

모니카의 거실. 모니카와 챈들러는 신혼여행 가는데 신나한다.

- **Aren't you excited about~ ?** ···가 신나지 않아?

  Aren't you excited about our honeymoon?

  신혼여행가는게 신나지 않아?

  > be excited about~은 ···로 신나다, 들떠 있다.

- **get it out of your system**

  하고 싶은 대로 멋대로 하다, 맘껏 털어놓다

  Get it out of your system while we're alone.

  우리들만 있을 때 맘대로 해.

  > 챈들러가 여행지를 나열하면서 콧노래를 부르자.

- **go pack** 가서 짐을 싸다

  You'd better go pack for the business trip.

  너 가서 출장갈 짐을 싸는게 낫겠어.

- **The only thing I couldn't find was~**

  내가 유일하게 찾을 수 없었던 것은 ···야

  The only thing I couldn't find was my pair of glasses.

  내가 유일하게 찾을 수 없었던 것은 내 안경였어.

  > speedo는 짧고 몸에 짝 달라 붙는 수영복으로 남성들은 대신 노말하고 느슨한 수영복을 주로 입는다.

61

■ **I wanted to tell you to+V** ...라고 네게 말하고 싶었어 ·

I wanted to tell you to have a good honeymoon.

신혼여행 잘갔다 오라고 말하고 싶었어.

■ **I wanted you guys to know S+V**

...라는 사실을 너희들도 알고 있었으면 해

I wanted you guys to know I am telling the father today.

내가 오늘 애 아버지에게 얘기할거라는 걸 알고 있었으면 해.

■ **How do you know?** 어떻게 안거야?

How do you know? Did you see it happen?

어떻게 안거야? 그러는거 봤어?

I'm relieved to do~는 ...하니
다행이야, I'm relieved (that)
S+V는 ...해서 참 다행이다

■ **I'm so relieved that S+V** ...해서 마음이 정말 놓인다

I'm relieved to hear that. 그 이야기를 들으니 맘이 놓여.

I'm so relieved you're safe. 네가 안전해서 참 다행이야.

■ **I'm the only one~** 내가 ...한 유일한 사람이지

I'm the only one related by blood. 내가 유일한 혈육이지.

give sb some advice on
how to tell~은 ...에게 어떻게
말해야 하는지에 대해 조언하다

■ **Now that~** ...하니까

Now that you all know, you can give me advice on how to tell Ross.

너희들 모두 다 알고 있으니, 어떻게 로스에게 말할지 조언 좀 해줘.

Now that you and Jill are engaged you'll have a lot of work to do 이제 너하고 질이 결혼하니 할 일이 많을게야.

■ **have the baby** 아이를 낳다

She decided to have the baby in her home.

그녀는 집에서 아이를 낳기로 결정했어.

■ **be as involved as he wants**

걔가 원하는 만큼 관여하다

He's angry because he can't be as involved as he wants. 걔는 원하는 만큼 관여할 수가 없어 화가 났어.

You know, 저 말야
You know, I've almost finished law school.
저 말야. 난 법대를 거의 끝마쳤어

I think we need to talk... You know, I'm your best friend.
우리 얘기 좀 해… 있잖아. 난 네 친한 친구잖아.

you know,는 문장 시작할 때 혹은 중간 아무때나 삽입하는 어구로 저 말이야. 있잖아라는 의미.

How do I start? 어떻게 시작할까?
I want to join the group. How do I start?
난 그 그룹에 가입하고 싶은데 뭐부터 시작해야 돼?

I mean, ~ 내말은 …라는거야
I mean, what's the first thing that I say?
내가 무슨 말을 처음으로 꺼내야 될까?

This is amazing. I mean, how, how did this happen?
너무 뜻밖이야. 도대체 어떻게 된거야?

반대로 상대방이 한 말을 재확인할 때는 You mean, ~이라고 한다.

What was that all about? 도대체 무슨 일이었어?
You want to tell me what that was all about?
아깐 무슨 일이었는지 말해줄래?

응용하여 Is that what this is all about?하게 되면 "이게 그 때문에 그런거야?"라는 의미가 된다.

There's no harm in~ ing …해서 나쁠 건 없는데
I guess there's no harm in telling you now. Rachel and Ross are going to have a baby.
지금 얘기 한다고 해서 문제될 것 없지만, 레이첼과 로스가 아이를 낳을거야.

I didn't even know that! 난 알지도 못하고 있었어!
Your house is haunted? I didn't even know that.
네 집에 유령이 나온다고? 난 알지도 못하고 있었어.

Why didn't you tell me? 왜 내게 말하지 않은거야?
No one said your mom was sick. Why didn't you tell me? 아무도 네 엄마가 아프다고 얘기안했어. 왜 내게 말하지 않은거야?

keep sth a secret은 …을 비밀로 하다

■ **keep it a secret** 비밀로 하다
I didn't think you could keep it a secret.
네가 비밀을 지키지 못할거라고 생각했어.
I worked really hard to keep it a secret.
이거 비밀로 하는데 정말 힘들었어.

SCENE 02

피비와 조이는 챈들러와 모니카에게 신혼여행 잘 갔다 오라고 하고 난 후 조이의 집으로 들어온다.

■ **send people off on their honeymoon**
사람들을 신혼여행 보내다
He goes to the airport to send people off on their honeymoons. 걔는 사람들을 신혼여행 보내려 공항에 가.

다들 결혼하고, 아이를 갖는데 우리도 뭔가 해야 되지 않겠냐며 조이가 피비에게 농담을 걸자, 피비가 하는 말.

■ **All in good time** 언젠가 때가 되면
Nothing has happened yet, but all in good time.
아직 아무 일도 일어나지 않았지만 언젠가 때가 되면.

■ **let me in later** 나중에 들어가게 해주다
Will someone be there to let me in later?
내가 나중에 들어가게 해줄 누가 거기 있을거야?

■ **take away** 가져가다
Why would they take away our keys? 왜 걔네들이 우리 열쇠를 가져갔을까?

be out of town은 도시를 떠나 있다라는 말

■ **the last time S+V** 마지막으로 …할 때
They let me keep my key the last time they were out of town. 지난번에 다른 데 갈 때는 내 열쇠를 가지고 있게 했어.
When was the last time you ate steak?
마지막으로 고기 먹은 게 언제지?

FRIENDS

- **You mean the time S+V?** …했을 때를 말하는거야
  You mean the time she moved to London?
  걔가 런던으로 이사갔을 때를 말하는거야?

- **That didn't sound like me** 내가 그랬을리가 없지
  I don't remember insulting her. That doesn't sound like me. 걔를 모욕한 일이 기억나지 않아. 나답지 않은데.

- **What am I gonna do?** 어떻게 하지?
  What am I gonna do? I am running out of money.
  어떻게 하지? 돈이 떨어져 가.

  달리 표현하자면 What should I do?

- **I'll take care of it** 내가 그거 처리할게
  Can you take care of my children tomorrow?
  내일 우리 애들 좀 봐줄래?
  Seeing as you've got the most experience, I want you to take care of this. 자네가 가장 경험이 있는 듯하니 이걸 맡아주게.

  모니카의 집에 들어가기 위한 조치를 자기가 알아서 하겠다는 말. take care of 다음에 sth이 오면 …을 처리하다가 된다.

- **I need to get into~** …에 들어가야 해
  I need to get into a new fitness routine.
  난 새로운 체력단련을 시작해야 돼.

  get into는 물리적으로는 …에 들어가다, 비유적으로는 …을 시작하다, 얘기하다

- **It's an emergency** 위기상황이야
  Let me talk to the police. It's an emergency.
  내가 경찰에 얘기를 할게. 위기상황이야.
  Did this emergency have anything to do with Jill?
  이 위급한 상황이 질하고 관련있어?

SCENE 03

이때 로스가 들어와 피비, 조이, 로스의 대화가 시작된다.

행선지나 목적지를 말하려면
take off to~라고 하면 된다.

- **take off** 출발하다
  You'd better take off before Dave arrives.
  넌 데이브가 오기 전에 출발해라.
  I think I'm going to take off. 일어나야겠어.

- **They left without my pass to~**
  걔네들은 …출입증없이 출발했어
  They left without my pass to the Nassau Fossil and
  Natural History Museum.
  걔네들 낫소 화석 및 자연사박물관 내 출입증을 안가지고 갔네.

There goes that은 어쩔 수가
없네라는 의미. "There goes
that" means that something
has failed or isn't possible to
do.

- **There goes sth** …을 망치다
  There goes all the work I did on the project.
  내가 그 프로젝트건으로 한 모든 일이 수포로 돌아갔어.

- **look for sb** …을 찾다
  You need to look for something better. 더 좋은 걸 찾아봐
  I got fired. Now I am looking for a new place to work.
  잘렸어. 새로이 일자리를 찾고 있어.

- **catch up with sb later** 나중에 만나다
  I missed Mike, but I'll catch up with him later.
  난 마이크가 보고 싶었어. 하지만 나중에 만날거야.
  I'll catch up with you in the gym. 체육관에서 보자.

여기서 might는 추측의 의미.

- **I think I might know what this is about**
  무슨 일인지 알 것 같아
  I think I might know what this is about, but you'd
  better tell me. 무슨 일인지 알 것 같지만 네가 나에게 말해라.

66

- ## We promised S+V 우리는 …을 약속했어
  We promised they would bake a cake for the gathering.
  우린 걔네들이 모임을 위해 케익을 구울거라고 약속했어.

- ## I thought you'd be a little more shocked
  난 니네들이 좀 더 놀랐을 줄 알았는데
  I thought you'd be a little more shocked that I had an
  affair. 난 내가 바람핀거에 네가 좀 더 놀랐을 줄 알았는데.

- ## We said S+V 우리는 …라고 말했다
  We said we'd just do it that one time but now I think
  she may wanna start things up again.
  우리는 그때 한번 뿐이라고 말했는데 아마도 걔가 다시 시작하고 싶은 것 같아.

  그때는 단 한번 뿐이라고 말했지
  만 레이첼이 다시 시작하고(start
  things up) 싶은 것 같다고 착각
  하는 로스

- ## I don't think that's what it is
  그게 그렇게 아닌 것 같은데
  The doctor said it's the flu, but I don't think that's
  what it is. 의사는 유행성감기라고 했는데 난 그게 그렇게 아닌 것 같아.

- ## What else could it be? 다른 무엇이겠어?
  It's just a small problem. What else could it be?
  그건 소소한 문제야. 다른 무엇이겠어?

- ## I don't feel well 몸이 안좋아
  I ate too much and I don't feel well. 난 과식을 해서 몸이 안좋아.
  I'm not feeling well and I need to rest.
  기분이 별로 좋지 않아서 쉬어야 되겠어.

  feel well은 몸이 좋다

- ## I'm telling you, (앞서 말한 내용을 강조하며) 정말이야
  I'm telling you, that's what it is. 정말이야. 바로 그 일이야.
  I'm telling you, with my broker, you'll make a great
  deal of money. 잘 들어. 내가 아는 중개상하고라면 돈을 엄청 벌거야.

  지금까지 얘기한 내용이 정말임
  을 강조하거나 이제부터 하려는
  얘기가 아주 중요하다는 것을 강
  조하는 표현

앞에 It's가 생략된 것으로 보면 된다.

- ## No wonder S+V ···하는게 알만해, ···하는게 당연하지

  Is your wife gay? No wonder you're divorcing her.
  네 마누라가 게이야? 네가 이혼하는 게 당연하지.

  No wonder. You were absent from half of the classes.
  무리도 아니지. 수업시간의 반은 결석했잖아.

- ## She didn't say anything to you?
  너희들에게 뭐라고 한 것 없어?

  Jean seemed upset. She didn't say anything to you?
  진은 화가 난듯했어. 걔가 너희들에게 뭐라고 한 것 없어?

- ## be looking at me all funny
  이상한 표정으로 나를 쳐다보다

  Everyone in the room was looking at me funny.
  방안의 모든 사람들은 이상하다는 듯이 날 쳐다봤어.

- ## You know what I have to realize?
  내가 뭘 깨달았는지 알아?

  You know what I have to realize? No one is perfect.
  내가 뭘 깨달았는지 알아? 아무도 완벽한 사람은 없다는거야.

- ## I'm not the type of guy S+V
  난 ···하는 유형의 남자가 아냐

  I'm not the type of guy women can have just one night
  with. They always seem to want a little bit more.
  난 여자들이 하룻밤만 자는 타입이 아냐. 그들은 항상 그 이상을 원하거든.

SCENE 04

챈들러와 모니카의 신혼여행 장면으로 공항에서 수속을 밟고 있다.

go around = move in circle

- ## go around sb 제끼고 앞서 가다

  If we'd gone around them like I said, she'd have given
  us those tickets!
  내 말대로 우리가 걔네들 제끼고 왔으면 그녀가 우리에게 그 티켓을 줬을텐데!

American Dramas
Vocabulary Notes

FRIENDS

■ **leave sb alone** …을 놔두다

Just leave me alone, I need to work. 나좀 혼자 있게 해줘. 일해야 돼.
Just leave me alone. I don't want to talk to anyone.
그냥 내버려둬. 아무하고도 얘기하고 싶지 않아.

■ **in an orderly fashion** 질서정연하게

Everyone must leave in an orderly fashion.
모든 사람은 질서정연하게 나가야 한다.

> 명사+ly는 부사가 아니라 형용사가 된다.

■ **We didn't hear you** 부르는 소리를 못들었어요

We didn't hear you calling out to us.
우리는 네가 우리를 부르는 소리를 못들었어요.

■ **We're on our honeymoon** 신혼여행중이다

We came to Jamaica because we're on our honeymoon.
우리는 신혼여행차 자메이카에 왔어.

■ **Let me see what I can do** 내가 뭐 해줄 수 있는지 보자

Let me see what I can do to fix your car.
네 차를 고칠 수 있는지 어디 보자.

■ **There are~ available** …을 이용할 수 있다

There are some rooms available at the hotel.
그 호텔에는 이용할 수 있는 방이 좀 있다.

> available은 아주 중요한 형용사로 사물이든 사람이든 이용할 수 있는, 시간이 되는이라는 의미로 Are you available?하게 되면 약속잡을 때 쓰는 표현으로 상대방에게 "시간이 돼?"라로 물어보는 문장이 된다.

■ **Did you hear that?** (얘기) 들었지?

Did you hear that? Chris had a crush on me!!
그 얘기 들었지? 크리스가 날 좋아한대!!
I think school has been canceled. Did you hear that?
학교가 휴교래. 얘기 들었지?

■ **bump sb up** 비행기 좌석을 업그레이드해주다

They bumped them up to first class.
걔네들을 일등석으로 업그레이드 해줬어.

> bump sb up = move sb to a more expensive seat in a plane without charging them extra로 추가요금없이 좌석을 업그레이드 해주다

69

- **Let's act like S+V** ···인 것 처럼 행동하자
  Let's act like the dinner tasted delicious.
  저녁식사가 맛있었던 것처럼 하자.

- **like I said** 내 말처럼
  Like I said, it won't be prepared until tomorrow.
  내 말처럼, 그건 내일까지 준비가 되지 않을거야.
  Like I said, it's none of your concern
  내가 말한 것처럼, 네가 관여할 문제가 아냐.

한단계 부드럽게 말하려면 Darn
it이라고 하면 된다.

- **Damn it** 제기랄, 빌어먹을
  Damn it, I told you not to nag me!
  제기랄, 내게 바가지 긁지 말라고 했잖아!

SCENE 05

피비와 조이가 게임을 하고 있는데 밖에서 모니카집의 문을 부수는 소리가 들린다.

- **get it back to sb** ···을 ···에게 돌려주다
  Is there any way to get it back to its owner?
  그걸 주인에게 돌려줄 방법이 없을까?

열쇠수리공은 있지만 열쇠를 반
들반들하게 닦아주는 가게는 실
제로 없다. 여기서는 조크로 쓰였
다.

- **at the key shining place** 열쇠닦는 곳에서
  I'll get it back to you as soon as they're done with it at
  the key shining place. 열쇠닦는 곳에서 일이 다 끝나면 바로 돌려줄게.

the hell이 강조삽입어구로 What
is that?의 강조문장이 된다.

- **What the hell is that?** 무슨 일이지?
  What the hell is that? I've never seen it before.
  이게 도대체 뭐야? 이런거 처음봐.

- **You said S+V** ···라고 했잖아
  You said there was a gas leak. 가스가 샌다고 그랬잖아.
  You said you need more friends. What does that
  mean? 친구가 더 필요하다고 했는데 그게 무슨 말이야?

70

■ Why not+V? …하는게 어때?

Why not wait until she comes home?
걔가 집에 올 때까지 기다리면 어때?

Here's a thought. Why not take a trip around Southeast
Asia? 좋은 생각이 있어. 극동지역을 여행해봐.

> Why not+V? …하는 게 어때?
> 로 상대방의 의향을 묻는 패턴이
> 다.

■ By the time S+V …할 때쯤이면

By the time I found it on this thing, the whole place
might have exploded.
내가 이 열쇠꾸러미에서 열쇠를 여기서 찾는 동안 집전체가 폭발할 수도 있을까봐.

■ If that happens~ 그런 일이 또 발생하면

If that happens at another building I manage, people
will start to ask questions.
내가 관리하는 빌딩에서 또 이런 일이 있으면 말이 많을거야.

■ We could have done that 우리가 할 수도 있었을텐데

We could have done that at the post office.
우리가 우체국에서 할 수도 있었을텐데.

> 소방관이 문을 도끼로 부수자, 피
> 비가 그건 우리가 그렇게 부술 수
> 도 있었는데라는 의미로 하는 말.
> could have+pp는 실은 그렇게
> 하지 않았지만 그럴 수도 있었다
> 라는 뉘앙스.

SCENE 06

다시 챈들러와 모니카. 아깝게 일등석 좌석을 빼앗긴 부부를 쫓아 일등석 라운지에 들어가려고 한다.

■ Look at that! 저거 좀 봐!

Look at that! Those men are having a fight!
저거 좀 봐! 저 남자들이 싸움을 벌이고 있어.

Look at you! That dress makes you look so pretty.
얘 좀 봐! 이 옷 입으니 너 정말 예뻐 보여.

> 상대방이 뭔가 특별하고 인상적
> 일 때는 Look at you!(얘 좀봐)
> 라고 한다.

■ Act like you belong 자연스럽게 행동해

Act like you belong with the rest of the people here.
여기 다른 사람들처럼 자연스럽게 행동해.

상대방이 사과를 할 때 받아준다
는 의미

- **Apology accepted** 사과받아줄게, 용서해줄게
  I'm glad you said you're sorry. Apology accepted.
  네가 미안하다고 해서 기뻐. 사과받아줄게.

- **I'm afraid I'm gonna have to~**
  죄송하지만 …해야겠어요
  I'm afraid I'm going to have to ask you to leave.
  죄송하지만 나가주셔야겠습니다.

SCENE 07

로스의 집앞에 레이첼은 바닥에 앉아 신문을 보고 있고 이때 로스가 복도에 나타난다.

- **I think there's something that S+V**
  …할게 좀 있는 것 같아
  I think there's something that we really need to talk
  about. 우리가 얘기해야 될게 좀 있는 것 같아.

- **I know why you're here** 왜 여기왔는지 알아
  I know why you're here. You need to ask some
  questions. 너 왜 여기 왔는지 알아. 넌 몇개 질문을 해야 돼.

You did?는 그랬어?, You are?
는 그래?, You were?는 그랬어?
이다.

- **You do?** 그래?
  You do? I never realized you liked Italian food.
  그래? 난 네가 이태리 음식을 좋아하는 줄 몰랐어.
  You did? I can't believe it. 그랬어? 믿을 수가 없구만

- **save sb from sth** …가 …을 겪지 않도록 하다
  To save you from any embarrassment, I think maybe I
  should talk first. 네가 창피할테니 내가 먼저 얘기할게.

one heck of a seesaw
는 it has been unusual,
causing different strong and
unexpected emotions.

- **That's been one heck of a seesaw** 격렬했었지
  That's been one heck of a seesaw, hasn't it?
  아주 격렬했었지, 그렇지 않아?

▪ Don't you think it's better if S+V?
…하는게 더 낫지 않겠어?

Don't you think it's better if we just stay friends?

우리 그대로 친구로 남는게 더 낫지 않겠어?

▪ If you want to, we can+V   네가 원한다면, 우리 …할 수 있어

If you want to, we can do it one more time.

네가 원한다면 우린 한번 더 할 수 있어.

If you want to stay here, then shut your mouth!

여기 머무르고 싶으면 입닥치고 있어!

▪ I'd be okay with that   난 그래도 괜찮아

If you left early, I'd be okay with that.

네가 일찍 가도 난 괜찮을거야.

> be okay with~ 는 …에 괜찮다,
> …해도 괜찮다

▪ whenever you're ready   너만 준비되면

Your room has been prepared, whenever you're ready.

너만 준비되면 네 방은 다 준비되었어.

▪ There is no pressure on you   너한테 부담주는거 아냐

Just give it some thought. There's no pressure on you.

그거 좀 생각해봐. 부담주는 것은 아냐.

▪ How this happened?   어떻게 이런 일이 일어날 수 있지?

No one has any idea how this happened.

아무도 어떻게 이런 일이 일어났는지 몰라.

▪ 97 percent of the time   전체 중 97프로

Condoms only work, like, 97 percent of the time.

콘돔은 전체 중에서 97프로만 효능이 있어.

> of the time은 주로 percentage
> 뒤에 붙는 어구.

▪ put sth on the box   박스위에 적어놓다

They should put that on the box.   박스에다 써놔야지.

block letters는 단어의 각 철자를 대문자로 쓴 것으로 block capitals라고도 한다.

- **in a huge block letters** 커다란 대문자로
  The sign announced the sale in huge block letters.
  그 간판은 커다란 대문자로 세일을 알리고 있었어.

- **Let's just forget about~** …는 잊어버리자고
  Let's just forget about the condoms. 콘돔은 잊어버리자고.

may as well+V는 …하는 편이 낫다. 여기서는 I may as well have not used a condom이라는 의미이다.

- **I may as well have** 콘돔을 쓰지 않는게 낫겠어
  A: Let's just forget about the condoms. 콘돔 이야기는 잊자.
  B: Well, I may as well have! 어. 이제 콘돔을 쓰지 않는게 낫겠어.

- **be freaked out** 겁에 질리다
  I was really freaked out too when I found out.
  내가 그걸 알았을 때 정말 겁에 질렸어.

  He freaked out and started yelling at me.
  펄펄 뛰면서 소리치셨어.

- **be indignant** 분노하다
  I'm indignant as a consumer! 난 소비자로서 분개하는거야!

SCENE 08

다시 모니카의 집. 관리인이 문을 부수고 들어와 확인해봤지만 가스는 새지 않는다고 말한다.

- **heat this up** 이걸 덥히다
  Would you heat this up so we can eat it?
  이거 우리가 먹게 좀 덥혀줄테야?

- **get moving on** …을 시작하다
  I will get moving on that new door. 난 새로운 문을 달게.

- ## Could you do us a favor and+V?
제발 부탁인데 …해줄래?
Can you do me a favor and maybe not wear the green suit? 제발 부탁인데 그 초록색 옷은 입지 않아줄래?
Could you do me a favor and bring me a drink?
부탁인데 마실 것 좀 갖다 줄테야?

- ## find out 알게 되다, 알아내다
I plan to find out who took the jewelry.
난 누가 보석을 가져갔는지 알아낼 생각이야.
You'll never get away with it. The boss will find out.
그렇게 못할걸. 사장이 알아챌거야.

> find out은 어떤 추상적인 사실을 알아내는 것이고, 물건을 찾아내는 것은 find이다.

- ## It's looking like+N …할 것 같아
It's looking like summer weather will be here soon.
곧 여름날씨가 시작될 것 같아.

- ## I can't make it to~ …에 못가
Could you tell Jasmine I can't make it to yoga class today? 나 오늘 요가수업에 가지 못한다고 재스민에게 말해줄테야?
I'm gonna make it to the wedding. 결혼식에 갈 예정이야.

> make it to+장소명사는 …에 시간에 맞게 가다라는 의미

- ## What happened to ~? …가 어떻게 된거야?
What happened to Jill? You guys have a fight?
질한테 무슨 일이야? 너희들 싸웠니?
What happened to you and Scott? I heard you broke up.
너하고 스캇, 어떻게 된 거야? 헤어졌다는 얘길 들었는데.

> 건물관리인은 퇴장하고 로스가 레이첼을 찾아 부숴진 문을 통해 들어온다.

- ## be noticeable 눈에 띄다
The stain on your jacket is noticeable to everyone.
네 쟈켓의 얼룩이 아주 눈에 잘 띄어.

- ## Holy mother of God! 세상에나!, 맙소사!
Holy mother of God! What happened to you?
세상에나! 어떻게 된거야?

> 간단히 말해서 Oh, my God과 같은 부류의 표현

■ **brand-new** 새로운
That is brand-new information! 처음 듣는 소식인데!
My parents gave me a brand new car. 부모님이 새 차를 사주셨어

■ **How you doing?** 안녕?, 어때?

--

How you doing? It's been a while since you've been
around. 안녕? 여기 오랫간만이네.
How are you doing? Are you feeling any better?
잘 지내? 기분 좋아졌어?

이처럼 How you doing?, How are you? 등은 만나서 하는 인사 말로만 쓰이는게 아니라 말하는 도중에라도 상대방이 어떤지 물어볼 때도 자주 사용된다.

■ **handle** …을 처리하다, 대하다
I don't think I handled it very well. 내가 잘 대처하지 못한 것 같아.
Let me handle this. I can help him out.
내가 알아서 처리할게. 내가 도와드릴게.

■ **What did you say to sb?** …에게 뭐라고 했어?
What did you say to Steve when you met him?
넌 스티브를 만났을 때 걔한테 뭐라고 했어?

give sb an earful은 …에게 잔소리를 잔뜩 늘어놓다

■ **get an earful** 잔소리를 심하게 듣다
The complaint department at the condom company
got an earful. 콘돔회사 고객부서는 잔소리를 잔뜩 들었어.

■ **in my defense** 변명을 하자면
In my defense, I found out that condoms are only, like
97% effective.
변명을 하자면, 콘돔은 뭐 97프로 밖에 안정성이 없다는 걸 알게 됐어.

동일한 문장이 다른 의미로 쓰이는 것을 확인해본다.

■ **They don't even work?** 그것들이 효과도 없다는거야?
They don't even work? How do they make money?
걔네들 일도 안한다고? 그럼 어떻게 돈을 벌어?

76

SCENE 09

챈들러와 모니카가 드디어 신혼여행지의 호텔 로비에 들어온다.

- ## You've gotta be kidding!

  웃기지마!, 농담말아!, 이럴 수가!

  You have got to be kidding! I deserve more money.

  농담매 난 급여를 더 많이 받아야 돼.

  You've got to be kidding! I've been waiting all day to
  see it. 농담하지매 그거 보려구 하루 종일 기다렸는데.

  호텔로비에서 비행기 일등석을 아쉽게 빼앗긴 부부를 다시 보게 되자 챈들러가 하는 말.

- ## screw sb   …을 방해하다, 일을 그르치게 하다

  You have been screwing us all day! 넌 온종일 우리를 엿먹였어!

- ## get free stuff   무료로 받다

  I only work here in order to get free stuff.

  난 오로지 공짜물건을 받기 위해서 여기서 일을 해.

- ## We don't care about~   …에 상관없다

  We don't care where we stay. We're here to celebrate
  our love for each other.

  우린 어디 묵던지 상관없어. 우리는 서로 사랑을 축하하러 여기 왔으니까.

  Why do you care about her so much?

  왜 그렇게 걔한테 신경을 많이 쓰는거야?

  care about은 신경쓰다, 상관하다

- ## don't have to+V   …할 필요가 없다

  I'm going to be okay, you don't have to throw a party
  for me. 난 괜찮아, 나 때문에 파티 열 필요없어.

  You don't have to say you're sorry. 미안하단 말은 할 필요 없어요.

  don't need to+V라고 해도 된다.

- ## What else is new?   다른 일은 없고?

  What else is new? It seems to snow every day.

  뻔한 거잖아. 매일 눈이 내리는 것 같은데.

  It's going to be more expensive? What else is new?

  더 비싸진다는 거야? 다른 소식은 더 없어?

  상대방이 식상한 말을 하거나 혹은 듣기 괴로운 소식을 전할 때 화제를 바꾸고자 「다른 건 없나」라고 물어보는 표현

- **Do something** 뭐라도 해

Can you do something about the bad odor in here?

여기 악취 어떻게 좀 할래?

- **Get in there** 안으로 들어가

Get in there and see if you can help.

네가 도와줄 수 있는지 거기에 들어가봐.

- **blame sb for sth** …에게 …의 변상을 요구하다

You won't blame us for any damage?

우리에게 변상을 요구하지 않을거지?

SCENE 10

레이첼이 검사를 받으러 병원에 와서 다리를 벌리고 누워있다.

judge는 판단하다라는 의미지만 비난하다(criticize)라는 의미로도 많이 쓰인다.

- **judge sb** 비난하다

If I said I was, would you judge me?

내가 그렇다고 하면 뭐라 할거죠?

All I'm saying is don't judge Chris before you get to know him. All right?

내가 말하고자 하는 건 크리스를 알기 전엔 판단하지 말라는거야. 알았어?

- **Sb will be here in a minute to+V**

…가 곧 여기와서 …할거다

The doctor'll be here in a minute to do your sonogram.

의사선생님이 곧 여기 오셔서 초음파검사를 하실거예요.

- **I swear,** 정말이지

I swear, that was the weirdest experience I ever had.

정말이지, 그런 이상한 경험은 처음였어.

I swear I don't know what happened.

어떻게 된 건지 정말 몰라.

- **if they sold these at Pottery Barn**
  포터리반에서 이것들을 판다면
  I would buy one if they sold these at The Pottery Barn.
  포터리반에서 이것들을 판다면 내가 하나 샀을텐데.

  자궁검사하러 자리를 잡았는데 아주 자세가 편해서 미국 홈웨어 브랜드인 포터리반에서 이것을 팔면 좋겠다고 혼자 하는 말. 이때 로스가 들어온다.

- **kind of** 좀
  I was kind of confused about what she said to me.
  난 걔가 내게 한 말에 대해 좀 혼란스러웠어.
  Wow, you look kind of upset. 와, 너 좀 화나 보여.

  비슷한 표현으로는 sort of가 있다.

- **I got ~ going on over here** 지금 여기서 …하고 있는데
  I kind of got an alfresco situation going on over here.
  나 지금 사람들이 다 보는 그런 상황인데.

  alfresco는 야외의라는 의미로 여기서는 사람들이 보고 들을 수 있는 오픈된 장소라는 의미로 쓰인다.

- **I want to apologize for the way S+V**
  …한 방식에 사과를 하다
  I really want to apologize for the way I acted earlier today. 오늘 전에 내가 한 행동에 대해 사과하고 싶어.

  apologize to sb, apologize for sth을 알아둔다.

- **Can you stay up near my head?**
  내 머리쪽에 있어줄테야?
  You make me nervous. Can you stay up near my head?
  너 때문에 내가 초조해. 내 머리 쪽에 있어줄테야?

  자궁검사로 다리를 벌리고 있는 상태이기 때문에 불편해서 머리쪽에 있으라는 말.

- **I went a little crazy** 내가 좀 정신이 없었다
  I went a little crazy after the divorce. 난 이혼 후에 좀 정신이 없었어.

  go crazy는 정신이 없다

- **be thinking about+N** …에 대해서 생각하다
  She was thinking about problems in her life.
  걘 자신의 인생의 문제들에 대해 생각하고 있었어.
  We were thinking about staying up all night and playing poker. You up for it?
  우린 밤새워서 포커 게임 할 생각이야. 너도 생각있니?

- **should have+pp** …했어야 했는데
I was thinking about myself when I should really have been thinking about you.
너에 대한 생각을 해야 될 때 나 자신만 생각하고 있었어.

- **I want you to know that S+V** …을 알아주기 바래
I want you to know that I'm gonna be there through this whole thing. (임신관련) 모든 일에 너와 함께 할거라는 걸 알아주기 바래.

baby-proofing the apartment는 taking out anything that might harm a baby, especially sharp or dangerous items라는 의미이다.

- **baby-proofing the apartment** 아기가 안전한 아파트
Doctor's appointments, Lamaze classes, baby-proofing the apartment.
병원진료, 라마즈수업, 그리고 아기가 안전하게 아파트를 꾸미고.

- **You can't possibly do this alone**
혼자 이걸 할 수는 없잖아
It's very ambitious, but you can't possibly do this alone. 매우 야심차기는 하지만 혼자 이걸 할 수는 없잖아.

비슷한 표현으로는 I'm sorry?, Come again? 등이 있다.

- **Excuse me?** 뭐라고?
Excuse me? I didn't hear you. 뭐라구요? 못 들었어요.
Excuse me? I couldn't hear you over the noise in this room. 뭐라구? 이 방 소음 때문에 못들었어.

- **How do you expect to+V?**
네가 어떻게 …을 하겠다는거야?
I'm just saying if you can't eat by yourself, how do you expect to have a baby by yourself?
내말은 네가 혼자서도 밥을 먹지 못하는데 어떻게 혼자서 아기를 키우겠다는거야?

여기서 inhale은 to eat very fast without enjoyment.

- **You inhale your food** 넌 너무 빨리 먹잖아
You inhale your food. It's going to make you fat.
넌 음식을 너무 빨리 먹어. 그럼 너 살쪄.

- **Am I interrupting?** 내가 방해했나요?

Am I interrupting? I can come back at another time.

내가 방해됐나요. 다른 시간에 올 수 있어요.

로스와 레이첼이 설전을 벌이는 중인데 의사 선생님이 들어오면서 하는 말.

- **get started on~** …을 시작하다

I should really get started on this shopping list.

난 이 쇼핑 목록 작성해야 돼

I gotta get started on my speech! 연설을 시작하겠습니다!

- **Why can't you~ ?** 왜 …하지 못하는거야?

Why can't you admit you need me?

왜 내가 필요하다는걸 인정하지 않는거야?

Why can't you accept me? 왜 나를 받아들이지 못하는거야?

- **I didn't want her to think S+V**

걔가 …라고 생각하기를 원치 않았어

I didn't want her to think I was a terrible mother.

걔가 내가 끔찍한 엄마라고 생각하기를 원치 않았어.

- **look like~** …처럼 보이다

You see this tiny thing that looks like a peanut?

땅콩처럼 생긴 조그마한거 보여?

What does it look like I'm doing? 내가 뭐하는 걸로 보여?

- **That's it** 바로 그거야, 그게 다야

That's it. I've finished working for the day.

그만 됐어. 오늘 일은 끝냈어.

That's it?은 이걸로 끝이야?, 그게 전부야?

- **put up** 세우다, 달다

You can put up those things when Hal gets here.

넌 할이 여기 오면 이것들을 달 수 있어.

문이나 벽 혹은 펜스 등을 세우다, 달다

- **I was trying to figure out how bad I want sth~** 내가 얼마나 …을 원하는지 생각해보고 있거든

I was trying to figure out how bad I want one of Monica's turkey pot pies.

내가 얼마나 모니카의 칠면조 파이를 얼마나 원하는지 생각해보고 있거든.

- **Everything went great** 다 잘됐어

Everything went great until we left the restaurant.

우리가 식당을 나갈 때까지는 다 좋았어.

FRIENDS

SEASON 08 EPISODE 09

The One With The Rumor

그 당시 레이첼역의 제니퍼 애니스톤의 애인 브래드 피트가 나오는 에피소드로 고등학교 시절 로스와 함께 레이첼을 증오하는 클럽을 만든 월로 출연한다. 그래서 추수감사절에 레이첼에 대한 소문, 로스에 대한 소문 등이 까발려지고, 그러나 저러나 조이는 커다란 칠면조를 혼자서 다 먹는 기염을 토한다.

SCENE 01

첫 장면에 조이가 What To Expect When You're Expecting라는 책을 읽고 있고 뒤로 레이첼이 걸어가고 있다. 여기서 첫번째 expect는 예상하다라는 뜻이고 두번째 expecting은 임신하다라는 의미이다.

- **swell up** (신체의 일부 등이) 붓다

Listen did you know that during pregnancy, your fingers swell up to twice their size and never go back?

이봐, 임신중에는 손가락들이 평소보다 두배로 붓고 다시 원상태로 돌아가지 않는다는 것을 알고 있었어?

- **Let me see that** 어디 보자, 이리 줘봐

Let me see that new phone you told me about.

네가 얘기한 새로운 핸드폰 어디 보자.

> Let me see sth은 …을 보자라는 의미.

- **fall for sth** …에 속아 넘어가다

You fall for it every time! 너 매번 속더래!

Don't fall for it. Lynn's only goal is to get rich.

그 말에 넘어가지마. 린은 부자되는 게 목적이라구.

> fall for sb는 …와 사랑에 빠지다

maternity clothes는 임신복

▪ I brought you sth 너 줄려고 …을 갖고 왔어

Look. I brought you my old maternity clothes.
봐봐, 너 줄려고 내 오래전 임신복 가져왔어.

I brought you some wine. 와인 좀 가져왔어.

That's so sweet of sb to do~
는 …하다니 정말 고마워

▪ That's so sweet! 정말 고마워!

That's so sweet, but I'm in love with another man.
정말 고마운데 딴 남자를 사랑해.

That's so sweet. I really love you! 너무 고마워. 정말 사랑해!

▪ See how S+V 어떻게 …하는지 봐봐

See how they expand as the baby grows?
애기가 자라면서 얼마나 늘어나는지 봐봐.

▪ be great for~ ing …하는데 아주 좋다

A tour is great for visiting foreign cities.
여행은 외국의 도시들을 방문하는데 아주 좋아.

▪ Guess who I invited? 내가 누구를 초대했게?

Guess who I invited? Remember that guy, Will Culvert from high school?
내가 누구를 초대했게? 걔 기억나, 고등학교 때 윌 컬버트?

kind of = sort of

▪ be kind of overweight 좀 뚱뚱하다

Looks like Cheryl is kind of overweight these days.
쉐릴은 요즘 좀 뚱뚱해진 것 같아.

Are you sure S+V?는 …을 확
신해?. …가 확실해?

▪ Are you sure you're not talking about~? …얘기하는거 아냐?

Are you sure you're not talking about your imaginary boyfriend? 상상속의 남친을 말하는거 확실히 아냐?

- **I haven't thought about~** …을 생각하지 않다
I haven't thought about him in a long time.
정말 오래동안 걔 생각을 하지 않았네.
I'd be lying if I said I haven't thought about it myself.
내가 그거에 대해 생각해보지 않았다고 하면 거짓말이지.

- **be here on business** 일로 여기에 오다
I am here on business, not for enjoyment.
난 여기 놀러온게 아니라 일로 온거야.

  > on sth은 …하는 중이라는 말로 휴가중은 on business, 가는중은 on the way라고 하면 된다.

- **lose a bunch of weight** 살이 엄청 빠지다
I lost a bunch of weight when I traveled to Zimbabwe.
난 짐바브웨를 여행하고나서 살이 엄청 빠졌어.

  > a bunch of~ 많은

- **gorgeous** 근사한, 대단한
Most people agree that his new girlfriend is gorgeous.
대부분 사람들이 걔의 여친이 대단하다고 동의해.
Gosh, the girls here are really gorgeous.
와, 여기 여자들 정말 끝내준다.

- **It wouldn't hurt you to say~**
네가 …라고 말해도 손해볼 것은 없다
It wouldn't hurt you to say it once in a while.
가끔 그렇게 얘기해도 손해볼 것은 없지.

- **just so you know,** 내 말해두지만
Just so you know, I'm not going to make a turkey this year. 내 말해두지만 올해에는 칠면조 요리 하지 않을거야.

  > just so you know = I'm telling you information so you can plan for the future

- **Plus,** 게다가,
Plus, you will be able to earn a lot of money.
게다가, 넌 많은 돈을 벌 수 있을거야.

- **be like a tradition** 전통같은거야
Getting a Christmas tree is like a tradition in our house. 크리스마스 트리를 사는 것은 우리집의 전통같은거야.

  > be like sth은 …와 같은 것이다

■ It goes back to the+N when S+V

...하던 때의 ...부터 시작됐어

It goes back to the first Thanksgiving when the Indians sat down with the cowboys.

그건 인디언과 카우보이들이 함께 앉아서 보냈던 첫번째 추수감사절부터 그랬어.

■ That's when~ 바로 그때 ...했지

That's when she got scared and ran away.

바로 그때 걔는 겁을 먹고 달아났어.

■ have a big rodeo at Plymouth Rock

플리머스 바위에서 성대한 로데오가 있었지

That's when they had a big rodeo at Plymouth Rock.

바로 그때 플리머스 바위에서 성대한 로데오가 있었지.

최초의 필그림들이 '신세계에 첫 발을 디딘 장소 해안선 뒤편으로 콜 언덕이 솟아 있는 굽이진 플리머스 만은 미국에서 가장 역사적인 장소 중 하나이다. 그런데 여기서 로데오가 있었다는 말은 말도 안되는 비꼬는 조크이다. 로데오는 한참 뒤에 생겨났기 때문이다.

■ be on a diet 다이어트하다

I've been on a diet since last winter.

난 지난 겨울부터 다이어트를 하고 있어.

I told Chris that she is fat and really needs to go on a diet. 크리스에게 그녀는 비만이니까 꼭 다이어트를 해야 한다고 말했어.

be on a+명사의 패턴으로는 be on a date(데이트하다), be on a roll(잘 풀리다), be on a strike(파업중이다), 그리고 be on a first name basis(친한 사이이다) 등이 있다.

■ have one's aversion to~ ...을 아주 싫어하다

Linda has an aversion to loud noises.

린다는 큰 소음을 아주 싫어해.

have one's[an] aversion to~ 는 ...을 아주 싫어하다

■ Did you remember when~ ? ...한 때가 기억나?

Did you remember when I had to leave the room the other day when you had the roast chicken?

네가 치킨 먹고 있던 요전날 내가 방을 나가야 했던 때 기억나?

■ I thought that was just because~

난 ...때문인 줄 알았는데

I thought that was just because I put the whole thing on my hand and made it walk across the table.

내가 치킨 전체를 잡고 식탁에서 걷게 해서 그런 줄 알았는데.

- **It just doesn't seem like S+V**   …인 것 같지 않아

It just doesn't seem like he cares about his job.
걘 자기 일에 신경쓰지 않는 것 같아.

Many rich people I know seem like they are unhappy.
내가 아는 많은 부자들은 불행해보여.

- **It's worth it to+V**   …하는 것은 …할 가치가 있다

It's worth it to drive to the amusement park.
차타고 놀이공원에 갈 가치는 있어.

> it은 to+V를 말한다

- **It's a lotta work**   손이 많이 가다

It's a lotta work to run your own business.
자기 사업을 하면 손이 많이 가게 돼.

> a lot 어는 빨리 발음하면 a lotta
> 가 되는데 구어체에서는 이렇게
> 발음나는대로 표기하는 경우가
> 있다.

- **be like**   …와 같다

Thanksgiving with no turkey is like Fourth of July
with no apple pie. Or, or Friday with no two pizzas.
칠면조 없는 추수감사절은 애플파이 없는 독립기념일 혹은 피자 두판이 없는 금요일과 같아.

> 독립기념일에 종종 애플파이를
> 먹는 다는 점에서

- **If it means that much to you**
그게 네게 그렇게 중요하다면

If it means that much to you, you can have it.
그게 네게 그렇게 중요하다면 그거 가져라.

- **be a ton of leftover**   (음식 등이) 많이 남다

There will be a ton of food leftover after the party.
파티끝나면 아주 많은 음식이 남게 될거야.

> leftover는 형용사 혹은 명사로
> 남긴 남긴 음식이라는 뜻

- **You're telling me S+V?**   …라는 말야?

You're telling me you didn't try to hit him?
넌 걔를 치려고 하지 않았다는 말야?

You're telling me. I shouldn't have worn this jacket.
누가 아니래. 이 재킷을 입지 말았어야 했어.

> You're telling me는 누가 아니
> 래라는 의미이다.

sitting은 명사로 한번 앉은 자리
라는 의미

- **in one sitting** 한번 앉은 자리에서, 한번에
  John and I drank all the beer in one sitting.
  존과 나는 한번 앉은 자리에서 그 모든 맥주를 다 마셨어.

- **This is what we do** 우린 이렇게 해
  This is what we do before we visit a doctor.
  우리는 병원에 가기 전에 이렇게 해.

SCENE 02

모니카는 추수감사절 식사 준비를 하고 있고 챈들러는 미식축구를 보고 있는데 이때 피비가 들어온다.

이 문장을 영어로 말해보자면
Think about the fact there
will be a baby here with us
next year, and how it is hard
to imagine이 된다.

- **Isn't it weird to think about how S+V?**
  …라는걸 생각하면 이상하지 않아?
  Isn't it weird to think about how next year at this
  time, there'll be a little baby at the table?
  내년 이맘때에는 식탁에 아기가 있을거라는걸 생각하면 이상하지 않아?

where과 be at(장소)이 어울리
면 비유적으로 쓰일 수 있다.

- **Good to know where you're at**
  네 생각이 뭔지 알게 되어 좋아
  Good to know where you're at. I'm glad you stayed in
  touch. 네가 어디에 있는지 알게 되어 좋아. 너랑 연락이 되어서 기뻐.

- **You too!** 너도 그래!
  Phoebe: Happy Thanksgiving. 추수감사절 즐겁게 보내.
  Monica: You too! 너도!

- **Anything I can do to help?** 뭐 도와줄거 없어?
  You look stressed. Anything I can do to help?
  스트레스 많이 받은 것 같아. 뭐 도와줄거 없어?
  That's too bad. Is there anything I can do to help?
  안됐네. 뭐 도와줄 일 없어?

■ **help sb with~**　…가 …하는 것을 도와주다
Chandler usually helps me with this.
챈들러가 보통 이런 거 도와줘.
Excuse me. Can I help you with something?
실례지만 뭐 좀 도와드릴까요?

■ **be into sth**　…에 몰두하다
Yeah, she's into poetry from the 18th century.
그래. 걘 18세기 시에 심취되어 있어.

> I'm so into you하게 되면 상대방에게 완전히 빠져있다라고 하는 말

■ **bother**　귀찮게 하다
Don't bother me while I'm using the computer.
내가 컴퓨터 하는 동안은 날 귀찮게 하지마.
That's the one thing that bothered me.
그게 날 괴롭히는거야.

■ **help sb +V**　…가 …하는 것을 돕다
Can you help her find a desk to use?
걔가 이용할 책상찾는거 도와줄래?

> help는 help sb+V, help sb with~, help+V(…하는데 도움이 되다) 등의 패턴을 알아두면 된다.

■ **go across the hall**　복도 건너편에 가다
I'm going across the hall to see Barry.
난 배리를 보기 위해 복도 건너로 가고 있어.

■ **check on**　…을 확인하다
I left for a few minutes to check on the baby.
아이가 잘 있는지 확인하기 위해 몇분간 나가 있었어.

■ **not like that**　그런 식으로 말고, 그렇지 않아
You think that I'm selfish, but it's not like that.
넌 내가 이기적이라고 생각하지만 그건 그렇지 않아.

■ **We're not at a barn dance**
촌스런 댄스파티하는거 아니잖아
Just behave yourself. We're not at a barn dance.
처신 제대로 해. 우린 촌스런 댄스파티에 온게 아니잖아.

> barn dance는 컨츄리 음악에 맞춰서 주는 옛스런 댄스파티

- **Like S+V** ···했던 것처럼

Like I showed you at Christmas time.

내가 크리스마스 때 네게 보여줬던 것처럼.

- **It all just comes screaming back to me**

내게 소리지르는게 기억나

Monica: Remember? 기억나?

Phoebe: Yeah, it all just comes screaming back to me.

그럼, 내게 소리지르는게 기억나.

- **I have no idea** 몰라

They asked how to fix it, but I have no idea.

걔네들은 그걸 어떻게 수리하는지 물어봤지만 난 모르겠어.

I have no idea what you just said. 네가 무슨 말 하는지 전혀 모르겠어.

- **I'm pretending to+V** ···하는 척하고 있어

I'm just pretending to watch the game so I don't have to help out with stuff.

경기를 보는 척하고 있어 그래야 그 일을 안도와줘도 되거든.

- **I don't believe you!** 네 말을 못믿겠어!

I don't believe you. That can't be true.

난 네 말을 못믿겠어. 그게 사실일 리가 없어.

You're so full of crap. I don't believe you at all.

이런 뻥쟁이. 넌 전혀 못 믿겠어.

I don't believe you는 네가 하는 말을 못믿겠다는 것이고, I can't believe you는 뭔가 놀라운 소식을 듣고 하는 말이다.

- **Nope** 아니

Nope. We won't be getting any more of those.

아니. 우리는 그것들을 더 이상 얻을 수 없을거야.

Nope는 속어로 No

- **every once in a while** 가끔씩

Every once in a while, I just yell and scream stuff at the TV. 가끔씩 TV를 향해 소리를 질러.

- **score** 득점하다
  Anderson just scored again. 앤더슨이 또 득점했어.

- **I wanna get in on this** 나도 이렇게 해야겠다
  I wanna get in on this while there is still time.
  아직 시간이 있을 때 동참하고 싶어.

get in on sth은 …에 참여하다, 동참하다라는 의미

- **I don't think I can+V** …할 수 없을 것 같아
  I don't think I can help you after all. 결국 널 도와줄 수 없을 것 같아.
  I don't think I can go to your party. 네 파티에 못 갈 것 같아.

- **be on** 게임 등이 중계되다
  I didn't realize this game was on. 이 게임을 하는 줄 몰랐네.

그래서 오늘 밤에 TV에서 뭐해? 라고 물어보려면 What's on TV tonight?이라고 하면 된다.

- **my favorite bay** 내가 좋아하는 도시야
  Monica: You like Green Bay? 너 그린베이 좋아해?
  Phoebe: Well, it's only my favorite bay!
  어, 내가 유일하게 좋아하는 도시야.

피비는 좀 말을 이상하게 하는 캐릭터이다. 보통 "that's my favorite city" 혹은 "that's my favorite football team이라고 말하는 것이 정상이다.

- **I'm so glad that you came** 네가 와줘서 고마워
  I'm so glad you came to our wedding.
  우리 결혼식에 와줘서 정말 고마워.
  I'm so glad I could help. I'm happy for you.
  내가 도움이 돼서 정말 기뻐. 네가 잘돼 기뻐

- **those Subway Sandwiches commercials**
  그 서브웨이 샌드위치 광고들

  150 pounds. Yeah, I'm going to be in one of those
  Subway Sandwiches commercials.
  150파운드 뺐어. 그래, 서브웨이 샌드위치 광고 중의 하나에 나갈거야.

서브웨이는 건강식으로 살이 안 찌는 fast food임을 자처하는 회사이다. 그래서 뭘이 서브웨이를 먹어서 살이 많이 빠졌다는 광고에 모델로 한다는 내용이다.

앞서 나왔듯이 be into~는 …에 몰두하다

- **shake one's hand** 악수하다
  I'd shake your hand, but I'm really into the game.
  악수하고 싶지만 정말 이 게임에 몰두하고 있어서.

다시 말해서 브래드 피트 옆에 서
면 초라해질거라는 의미

■ **I think it'd be better for my ego if~**

…하는게 내 자아에 도움이 될 것 같아

Plus, I think it'd be better for my ego if we didn't
stand right next to each other.

게다가, 서로 옆에 서지 않는게 내 자아에 도움이 될 것 같아.

여기서는 피비가 위를 쳐다보면
서 Well done이라고 하는 건 하
느님에게 브래드 피트를 잘 만드
셨다고 칭찬하는 경우이다.

■ **Well done** 잘했어

Well done. Your plans were a complete success.

아주 잘했어. 네 계획은 정말 완벽한 성공이었어.

You made this report, didn't you? Well done.

자네가 이 보고서 작성했지? 잘했네.

■ **give sb a hand** 도와주다

You wanna give me a hand? 나 좀 도와줄래?

I can't figure out this math problem. Can you give me
a hand? 이 수학 문제 이해가 안돼. 좀 도와줄래?

I can't get over it[this] = That
shocked me

■ **I can't get over how~** 얼마나 …한지 놀라워

Monica, I can't get over how great you look.

모니카, 네가 얼마나 멋진지 놀라워.

■ **stunning** 굉장히 멋진, 매력적인

The underdog basketball team scored a stunning
victory. 그 약체 농구팀은 아주 놀랄만한 승리를 기록했어.

Lucky bastard! I wish I had a stunning girlfriend.

그놈은 운도 좋아! 나도 진짜 얼굴 예쁘고 매력적인 여자친구 하나 있었으면.

■ **incredible** 끝내주는, 믿을 수 없는

It's incredible that this nut was elected to the
presidency. 이런 미치광이가 대통령에 선출되다니 믿을 수가 없어.

I hear Betty's party was incredible. 베티네 파티 엄청났다면서.

■ **fit** 몸매가 끝내주는

Amanda is committed to living a fit lifestyle.

아만다는 건강한 몸매를 유지하고 살아가는데 전념하고 있어.

- **I meant to tell you,** 너한테 말하려고 했는데

I meant to tell you, um, Ross is coming.

너한테 말하려고 했는데 로스도 오고 있어.

I mean to+V는 …하려고 하다

- **be horrible to sb** …에게 못되게 굴다

She was horrible to me in high school.

고등학교 때 내게 못되게 굴었거든.

- **I'm in a good place** 난 괜찮아

I'm in a good place. And it might actually be fun to see her again. 난 이젠 괜찮아. 그리고 걔를 다시 보는게 재미있을 수도 있어.

I'm in a good place는 I'm okay now, or I feel happier now than I did back then이라는 의미

- **Might be fun to~** …하는게 재미있을지도 몰라

Might be fun to pop in and see what Ray is doing.

깜짝 방문해서 레이가 뭘하는지 보는건 재미있을지도 몰라.

주어 It이 생략된 경우

- **It's been a while since S+V** …한지 오래됐다

It's been a while since we've screamed something. Maybe we should. 소리지른지 오래됐으니까 한번 하자.

- **Damn you ref, you burn in hell**
망할 놈의 심판아, 지옥에나 가라

Damn you ref, you burn in hell after that lousy call.

망할 놈의 심판아. 그 말도 안되는 판정을 했으니 지옥에나 가라.

ref는 referee의 약자이다.

- **What are you doing?** 뭐하는거야?

What are you doing? You scared the crap out of me!

뭐하는거야? 간 떨어질 뻔 했잖아!

What are you doing? Are you out of your mind?

너 뭐하는 거야? 미쳤냐?

- **save room** 속을 비워둬야지

You gotta save room. 뱃속을 비워둬야 돼.

Save room for dessert after eating your meal.

식사를 한 후에는 디저트를 먹을 뱃속을 비워둬.

- **You've got sth to+V** 넌 …할 …가 있다, 넌 …을 …해야지
  You've got almost an entire turkey to eat.
  넌 칠면조 한마리를 다 먹어야지.

- **Let me explain to you how S+V**
  …가 어떤지 네게 설명해줄게
  Let me explain to you how the human body works.
  인체가 어떻게 작동하는지 네게 설명해줄게.

- **warm up** 준비운동을 하다, 몸을 풀다
  I have to warm up my stomach first. 먼저 내 위를 준비시켜야 돼.

get이 be를 대신해 쓰는 "get+ 형용사"(…해지다) 패턴

- **get full** 배부르다
  These days I get full after eating just a little.
  요즈음에는 조금만 먹어도 배가 불러.

- **talk about** …에 대해 얘기하다
  Actually, no one's talking about it. 실은 아무도 얘기하지 않는건데.
  You were talking about the presidential election.
  대통령 선거에 대해 얘기하고 있었어.

fill that void는 공허감을 채우다

- **I'm here to tell you something,**
  내가 한마디 해줄게,
  I'm here to tell you something, my friend, you can eat
  and eat and eat, but nothing can ever fill that void.
  내가 한마디 해줄게. 아무리 먹어도 그 공허함을 채울 수가 없을거야.

the hell은 강조삽입어구로 도대 체라는 말이다.

- **Who the hell is this guy?** 이 친구는 도대체 누구야?
  Who the hell is this guy? I don't know him.
  도대체 이 친구는 누구야? 난 모르는데.

오랜만에 만난 로스가 윌을 안으 면서 하는 말인데, 남자끼리 하기 에는 좀 남사스러워서 다시 한번 표정을 바꾸면서 Hot stuff라는 말을 한다.

- **Hot stuff!** 섹시하네!
  The products this factory makes are hot stuff!
  이 공장에서 만드는 제품들은 인기있어!

- ## It's good to see you, man   만나서 반가워
  It's good to see you, man. Been a long time.
  만나서 반가워. 정말 오래간만이야.

- ## You too!   나도 그래!
  Will: It's good to see you, man.   정말 만나서 반가워.
  Ross: You too! So, what are you up to?   나도 그래! 무슨 일해?

  여기서 You too는 It's good to see you too의 줄인 말이다.

- ## What are you up to?   뭐해?
  What are you up to? Mind if I tag along?   뭐해? 내가 따라가도 돼?
  Hi Jim, it's Rob. What are you up to?   안녕 짐. 나야 랍. 뭐해?

  문맥에 따라서는 네 속셈이 뭐냐, 무슨 수작이냐라고 물어보는 문장이 되기도 한다.

- ## I'm a commodities broker   상품 중개인이야
  I'm a commodities broker who works on Wall Street.
  난 월가에서 근무하는 상품중개인이야.

- ## That sounds interesting   재미있겠다
  That sounds interesting. Have you tried it before?
  재미있겠다. 전에 해본 적 있어?
  Sounds interesting. How is that going?   재미있겠다. 어때?

- ## I haven't seen you since~   …이래로 너 처음본다
  I haven't seen you since our graduation.   졸업한 후에 너 처음본다.

- ## That was such a fun night!   그날 저녁 정말 재미있었지!
  Our prom was great. That was such a fun night!
  우리 졸업파티 정말 멋졌어. 정말 재미있는 저녁였어!

  such a+형용사+명사는 명사를 강조하는 표현법.

- ## It would've been better if~   …했더라면 재미있었을텐데
  It would've been good if we had gotten in, but it was
  still really fun.   우리도 들어갔었으면 좋았을텐데, 그래도 재미있었어.

- ## lame   찌질한
  God, we were lame back then.   젠장. 그때엔 우리 찌질했지.

Do you remember how~?
우리가 어떻게 …했는지 기억나?

Do you remember how into dinosaurs we were?
우리가 얼마나 공룡에 빠졌는지 기억나?

Do you remember how to give a presentation?
프리젠테이션 어떻게 하는지 기억해?

직업으로 뭘 하냐고 물어보는 것
으로 좀 더 분명하게 말하려면
What do you do for a living?

What do you do now? 지금 뭐해
We used to work as engineers. What do you do now?
우린 예전에 엔지니어로 일했는데 지금은 너 뭐해?

Look at sb ~ing …가 …하고 있는거봐
Look at her standing there with those yams.
고구마 들고 저기 서 있는 쟤 좀 봐.

going on은 happening,
occurring이라는 뜻으로 여기서
는 쟤(He)이 다른 사람에게 풍기
는 인상을 뜻한다.

He's got ~ going on 쟤에게는 …하는 …가 있다
He's really got that sexy smoldering thing going on.
섹시함이 몸에서 배어나네.

Look at the way S+V …하는 것 좀 봐
Look at the way he's just staring at me. 쟤가 날 쳐다보는 것 좀 봐.

mouth는 동사로 입모양으로 말
하다

I think he's trying to~ …하려고 하는 것 같아
I think he's trying to mouth something at me.
나한테 입으로 뭐라고 말하려는 것 같아.

make out의 또 다른 의미로는
섹스하다, 애무하다가 있다.

make out 이해하다
I can't make it out. 난 그게 이해가 안돼.
It's difficult to make out what this text says.
이 텍스트가 뭘 말하는지 이해하는건 어려워.

Dinner's ready 저녁 준비 다 됐어
Dinner's ready. Come sit at the table.
저녁 다 됐어. 와서 식탁에 앉아라.

■ **solid effort** 최선의 노력
Chandler: Solid effort, solid effort. 최선을 다했어.
Monica: Oh, then who won? 그럼 누가 이겼어?

■ **Mermen** 반신반어, 남자모양의 인어
Well, the Lions technically won, but it was a moral
victory for the Green Bay...Mermen.
저기 라이온스 팀이 기술적으로 이겼지만, 도덕적으로는 그린베이, 인어들이 이겼어.

> Green Bay는 바닷가에 위치한 도시로 엉뚱한 피비는 그 팀 선수들을 Mermen이라고 부른 것임.

■ **Aren't you sweet?** 고맙기도 해라
This gift is for me? Aren't you sweet?
이거 내 선물이야? 고맙기도 해라.

■ **I gotta tell you though,** 그래도 솔직히 말해서,
I gotta tell you though, I don't believe it.
그래도 네게 말해야 되겠어, 난 그걸 못믿어.

> though는 문장 끝에서 많이 쓰이는데 이때 의미는 "그래도"

■ **have the hardest time ~ing** …하는데 정말 어려워
I have the hardest time choosing gifts.
난 선물을 고르는데 정말 어려워.

■ **place sb** …가 누구인지 알아보다, 생각이 나다
I am having the hardest time placing you!
네가 누군인지 전혀 기억이 나지 않아!

■ **Hang on!** 잠깐만!
Hang on, I think I remember you. Did we, did we fool
around at Lance Davis's graduation party?
잠깐, 생각날 것 같아. 우리 랜스 데이비스의 졸업파티 때 함께 놀지 않았어?
That's my call waiting. Can you hang on?
전화가 오는데 기다릴래?

> Hang on 다음에 a minute, a moment, a second를 붙여 써도 된다.

■ **Why don't you~?** …해라
Why don't you go inside and get the party started?
들어가서 파티를 시작해
Why don't you slow down a bit? 좀 천천히 가자

■ That's it? 이게 다야?

That's it? That is all you wanted to tell me?

그게 다야? 그게 내게 말하고 싶었던게 그게 다야?

칠면조를 혼자 다 먹기로 한 조이가 챈들러가 먹을 치킨을 자기가 먹을 칠면조로 착각하면서 큰 소리치는 장면

■ At least give me a challenge!

적어도 내가 도전하게 해주라고!

That is too easy. At least give me a challenge.

그거 너무 쉬어. 적어도 내가 도전하게 해주라고.

■ It's like me when S+V 내가 …할 때와 같네

It's like me when I was born! 내가 태어날 때와 같네!

■ I said S+V …라고 했어

I said it was typical. Typical of you. 전형적으로 너답다고 말했어.

That's enough! I said I'm sorry more than a thousand times!! 그만 좀 해! 수천번도 더 미안하다고 했잖아!!

불만이 없다. 즉 난 괜찮다라고 말하려면 I have no problem with that이라고 하면 된다.

■ Do you have a problem with me?

나한테 뭐 문제 있니?

Why are you so rude? Do you have a problem with me? 왜 그렇게 무례하게 구는거야? 나한테 뭐 문제 있어?

What's the matter? Do you have a problem with me? 왜 그래? 너 나한테 뭐 불만이라도 있니?

여기서 mean은 형용사이다.

■ be mean to sb …에게 못되게 굴다

Apparently, um, you were a little mean to him in high school. 네가 고등학교 때 재한테 좀 못되게 굴었어.

■ You made+N+adj 넌 …을 …하게 만들었어

You made my life miserable. 너 때문에 내 인생이 비참해졌어.

You made my weekend bad. 네가 내 주말을 망쳐놨어.

screw it up은 망치다, 그르치다

■ Screw it! 에라 모르겠다!, 젠장헐!

Screw it! I'm taking the day off from work.

젠장헐! 나 오늘 회사 하루 빠질래.

▪ I just want to say to you that~

정말이지 네게 …라고 말하고 싶어

I just want to say to you that I'm real sorry for, for
whatever I did to you in high school.

정말이지 고등학교 때 내가 네게 뭘했던 정말 미안하다고 말하고 싶어.

▪ join together to+V   …하기 위해서 함께 모이다

You all just joined together to hate me?

나를 미워하기 위해 너희들 모두 모였던 말야?

▪ I don't think he knew what it was

걔는 그게 뭔지 몰랐을거야

He found a condom, but I don't think he knew what it
was.   걔가 콘돔을 발견했는데 걔는 그게 뭔지 몰랐을거야.

> 딱딱해보이는 I think+부정문보
> 다는 I don't think+긍정문의 형
> 태가 주로 쓰인다.

▪ go out   데이트하다

We went out for two years and you never told me you
were in an "I Hate Rachel Club?"

우리가 2년간 사귀면서 네가 "레이첼 증오클럽" 회원이라는 걸 내게 말하지 않은거야?

This is your lucky day. I found someone I think you
should go out with.

오늘 운수 좋네. 네가 사귀기 좋은 사람을 찾았어.

▪ We had a pact   우리 약속 맺었잖아

We had a pact to protect each other.

우리는 서로를 보호하기로 약속맺었어.

▪ It's not like it was binding forever

평생 강제성이 있는 것은 아니잖아

That was in high school. It's not like it was binding
forever.   그건 고등학교 때 일이었잖아. 평생 강제성이 있는 건 아니지.

Not very much. It's not like we did a lot of fun things.

별로 그렇지 않아. 많이 재미있게 보낸 것은 아냐.

> It's not like S+V는 그건 …하는
> 것은 아닌거지

FRIENDS

구어체에서 why, how는 did와
축약되어 why'd, how'd라고 쓴
다.

- ## Why did it have~ in~? 그럼 왜 …안에 …가 있었겠어?
  Then why'd it have the word "eternity" in it?
  그럼 왜 영원이란 말이 들어있었던거야?

- ## I'm thinking of ~ing …할까봐
  I'm thinking of joining the ministry.
  난 성직자가 될까 생각하고 있어.
  I'm thinking of quitting my job. 일 그만둘까봐.

used to+V는 과거의 규칙적인
습관을 말하는 동사로 현재는 그
렇지 않다는 의미가 포함되어 있
다.

- ## Is that why you used to~? 그래서 네가 …하곤 했던거야?
  Is that why you guys used to go up to your bedroom
  and lock the door?
  그래서 너희들 침실에 들어가서 문잠그고 있었던거야?

- ## A little relieved, I got to say 좀 안심이 된다고 말해야겠군
  It was a surprise, but I'm a little relieved, I got to say.
  놀라웠지만 조금 안심이 된다고 말해야겠군.

say mean things about sb는
…의 욕을 하다

- ## get together and+V 모여서 …하다
  You guys would just get together and like, say mean
  things about me? 너희들 함께 모여서 뭐야. 내 욕을 한거야?
  We must get together and play sometime soon.
  우리 언제 한번 만나서 같이 놀아야지.

- ## What else did you do? 또 무슨 짓을 한거야?
  You met Becky, but what else did you do?
  넌 베키를 만났고 또 무슨 짓을 한거야?

- ## start a rumor 소문을 퍼뜨리다
  Will: We started a rumor. 우리가 소문을 퍼뜨렸어.
  Rachel: What rumor? 무슨 소문?

▪ Just take off your shirt and tell us!
상의를 벗고 우리에게 얘기해줘!

Oh come on Will! Just take off your shirt and tell us!
자 어서 윌! 상의벗고 우리에게 얘기해줘!

> 피비가 브래드 피트의 상체 벗은 몸을 보고 싶어서이다.

▪ It was no big deal 별거 아녔어
It was no big deal. Anyone could have done it.
그건 별거 아녔어. 누구라도 그렇게 했을거야.

▪ The rumor was that~ 소문은 …라는 거였어
The rumor was that you had both male and female reproductive parts.
소문은 네가 남녀생식기를 다가지고 있다는거였어.

> reproductive parts는 생식기

▪ flip a coin 동전을 정해서 결정하다
We said your parents flipped a coin, decided to raise you as a girl and you still had a hint of a penis.
우리는 네 부모님이 동전을 던져서 널 여자로 기르기로 결정했지만 아직 남자 성기의 흔적이 있었다고 말했어.

> hint는 여기서 징후, 기미, 흔적이라는 의미. 그리고 penis의 발음은 /피너스/이다.

▪ You heard that? 너도 들었어?
You heard that? Who told you about it?
너도 들었어? 누가 그거에 대해 말해줬어?

> You heard that?은 종종 상대방이 어떤 것얘기를 들었는지 놀라면서 물어볼 때 사용한다.

▪ hermaphrodite 자웅동체, 암수 한 몸
You were the hermaphrodite cheerleader from Long Island? 네가 롱아일랜드의 자웅동체 치어리더 였어?

▪ This is all making so much sense to sb
이 모든게 …에게 말이 되다

Oh my God, this is all making so much sense to me right now! 맙소사, 이제야 이 모든게 말이 되네.

> make sense to sb는 …에게 의미가 있다. 말이 되다라는 표현으로 여기서는 sense 앞에 so much라는 강조어구가 들어간 경우이다.

- **This is why S+V** 바로 그래서 …이구나
This is why everyone got angry at you.
바로 이래서 사람들이 모두 너한테 화가 난거야.
I guess that is why we're getting a divorce.
그래서 우리가 이혼하는거잖아.

- **go out with sb** …와 데이트를 하다
This is why Adam Carter wouldn't go out with me.
바로 그래서 아담 카터가 나와 데이트를 하려고 하지 않았구나.
I don't think you should go out with him.
너 걔랑 사귀지 않는 게 좋겠어.

레이첼이 암수 한 몸이기 때문에 데이트 상대가 가슴부위만 애무하고 밑으로는 내려가지 않았다는 말.

- **stay in this region** 이 쪽에만 머물다
This is why Billy Tratt would just stay in this region!
바로 그래서 빌리 트랫이 여기서만 머무르려고 했구나!

- **be not our fault** 우리의 잘못이 아니다
Billy Tratt is gay now, so that one isn't really our fault.
빌리 트랫은 지금 게이니까 그건 실은 우리 잘못이 아냐.
That's not fair! It's not our fault! 불공평해! 우리 잘못이 아니란말야!

How come S+V?는 왜 …했어?

- **How come you never told me that?!**
왜 내게 말하지 않았어?!
You are moving away? How come you never told me that? 너 이사간다고? 왜 내게 말하지 않았어?

- **I was afraid that S+V** …할까봐 두려웠어
I was afraid that you'd cry and then show it to me!
네가 울고 내게 그걸 보여줄까봐 두려웠어.

- **need proof** 증거가 필요하다
I'm afraid I'm gonna need proof. 난 증거가 필요해.

- **whip out** 꺼내다, 빼내다
It's time to whip out some money to pay for this.
이거 계산할 돈을 꺼낼 시간이야.

SCENE 03

같은 장소이지만 시간이 흘렀다. 조이는 칠면조의 반을 먹었고 다시 나머지 반을 먹기 시작한다.

You don't have to+V   …할 필요가 없다

You don't have to apologize for your behavior.
네 행동에 대해 사과할 필요는 없어.

I know just what you mean! You don't have to explain
it to me! 말하지 않아도 네가 무슨 말 하려는지 다 알아!

I'm the guy who~   난 …하는 사람야

I'm the guy who eats half a Power Bar and wraps up
the rest and puts in in the fridge?
파워바를 반만 넣고 나머지는 포장해서 냉장고에 집어넣는 사람이 되라고?

Power Bar는 에너지 바의 일종.
wrap up은 포장하다

What was I thinking?   내가 무슨 생각을 하고 있던거야?

I let her stay in my apartment. What was I thinking?
걔를 내 아파트에 지내게 했어. 내가 무슨 생각으로 그랬을까?

What was I thinking? What the hell am I doing here?
내가 무슨 생각으로 그랬을까? 내가 여기서 뭘 하고 있는거지?

What was I thinking?은 의문
문 형태이지만 자신의 과거행동
에 대한 후회와 한탄을 담은 문장
으로 "내가 왜 그랬을까?," "내가
무슨 생각으로 그랬을까?"라는
뜻이 된다

have no give   신축성이 없다

These pants are too tight because they have no give.
이 바지들은 신축성이 없이 너무 타이트해.

여기서 give는 명사로 신축성 탄
력성을 뜻한다.

More football for the Pheebster

Chandler: Honey, I'd love to, but the second game is
about to start. 자기야. 그러고 싶지만 두번째 게임이 이제 막 시
작하거든.

Phoebe: Oh, yeah, the second game. More football
for the Pheebster. 두번째 게임. 핍스터를 위해 게임을 더 해.

Pheebster는 피비의 닉네임으
로 그 이상의 다른 의미는 없다.
피비가 극중에서 좀 이상한 말을
많이 하는 캐릭터라는 것을 감안
해야 한다.

Did I say~ ?   내가 …라고 했어?

Did I say I'd attend the memorial service?
내가 추도식에 참석할거라고 말했어?

Did I say something funny?   내 말이 웃겨?

챈들러는 Gretzky(하키), Agassi
(테니스) 그리고 여자 선수 이름을
대려는 하는데 아는 선수가 없어
그냥 I'm a little pretty girl이라
고 말한 것임.

read sth into sth의 경우 다른
사람의 말이나 행동에 있지도 않
은 의미를 추가적으로 부여하다
라는 의미.

여기서는 레이첼의 penis를 뜻한
다.

- **I mean~** 내 말은 …라는거야
  I mean the groceries were put in the cupboards.
  내 말은 식료품들은 찬장에 넣어뒀어.
  I mean we can take it slow 내 말은 우리가 천천히 해도 된다고.

- **Name** …의 이름을 대라
  Name three players on that team. 그 팀의 3명 선수이름을 대봐.

- **I think you're just reading a little too much into it** 네가 좀 과잉반응하는 것 같아
  Maybe there's a problem, but I think you're just reading a little too much into it.
  아마 문제가 있을지도 모르지만 네가 너무 과잉반응하는 것 같아.

- **teeny weenie** 작은거
  Aw, she made me a teenie weenie birthday cake.
  걔는 아주 자그마한 생일케익을 만들어줬어.

- **What do you want me to do?** 나더러 어쩌라고?
  It's already finished. What do you want me to do?
  이미 끝났어. 나보고 어쩌라고?

- **You want me to call sb and tell sb~?**
  …에게 전화해서 …라고 말하라고?
  You want me to call every person in the entire school and, and tell them it wasn't true?
  학교다녔던 사람 모두에게 전화해서 그게 사실이 아니었다고 말하라고?

- **It was like a million years ago** 너무 오래된 얘기잖아
  I was in the military, but it was like a million years ago. 내가 군대에 있었지만 아주 오래된 얘기야.

- **I don't care how long ago S+V**
  얼마나 오래된 일인지 난 상관없어
  I don't care how long ago it was!
  그게 얼마나 오래된 일인지 난 상관없어!

- **You know what,** 저 말이야

You know what, maybe you should visit a doctor.

저 말이야. 너 병원에 가봐라.

You know what? Let me give you a ride home

저기 말야? 내가 집까지 태워다 줄게.

> You know what, = I want to tell you something

- **I just want to point out S+V** 난 …을 지적하고 싶어

I just want to point out the cost is too expensive.

난 가격이 너무 비싸다는 걸 말하고 싶어.

> point out은 지적하다

- **do not anything to~** …할 짓은 아무 것도 안했어

I never did anything to hurt you in high school.

난 고등학교 때 너희한테 상처를 입힌 적은 없어.

- **start the rumor about sb ~ing**

…가 …한다는 소문을 퍼트리다

You did start that rumor about Ross making out with Mrs. Alden, our fifty-year-old librarian.

네가 로스가 50살 된 도서관 사서인 알덴 부인과 잤다는 소문을 퍼트렸잖아.

> You did start~는 You started ~의 강조어법

- **make out with~** …와 섹스하다

Sure, I made out with her before I left.

물론, 난 떠나기 전에 그녀와 섹스를 했어.

I wanna make out with my girlfriend 애인하고 애무하고 싶어.

> make out은 이해하다 혹은 섹스 [애무]하다

- **How did you know that?** 그걸 어떻게 알았어?

How did you know that? It's a secret.

그걸 어떻게 알았어? 그건 비밀인데.

How did you know that I was feeling nervous?

내가 긴장하고 있는 줄 어떻게 알았어?

- **see sb ~ing** …가 …하는 것을 보다

I saw Alex playing soccer yesterday.

난 알렉스가 어제 축구하는 것을 봤어.

Don't lie to me. I've seen you flirt with him.

거짓말 마. 네가 그 남자랑 집적대는 걸 봤어.

FRIENDS

go at sb는 격렬하게 공격하다

go at sth 열정적으로 시작하다, 맹렬히 시작하다
I saw you two guys going at it behind the card catalog.
도서관의 카드색인 뒤에서 맹렬히 시작하는 것을 봤어.

photograph well[badly] 사진을 잘받다[잘안받다]
She didn't photograph well. 그녀는 사진발이 잘 안먹었어.
Renee is nice but she doesn't photograph well.
르네는 멋지지만 사진발이 잘 안먹혀.

oil paintings는 유화

be not familiar with~ …에 익숙하지 않다
She probably wasn't familiar with the procedure,
having to spend most of her life sitting for oil
paintings. 그녀는 그 과정에 익숙하지 않았을거야. 평생 대부분 유화를 그리는데 자리
에 앉아 있어야했기 때문이지.

How did this happen? 어쩌다 그랬어?
The food is all ruined. How did this happen?
이 음식 다 상했네. 어쩌다 그랬어?

early bird dinner 이른 저녁
Did she lure you to an early bird dinner?
그녀가 이른 저녁을 먹자고 꼬셨어?

It was just the two of us 우리 둘만 이었어
It was just the two of us until Danny showed up.
대니가 오기 전까지는 우리 둘 뿐였어.

one thing led to another 어쩌다보니
I thought we were friends, but one thing led to
another. 우린 어쩌다보니 친구가 되어버렸다고 생각했어.

If you must know, 알아야겠다면,
If you must know, Anita was very gentle and tender!
너희들이 알아야겠다면 아니타는 매우 점잖고 다정하셨어!

- # May she rest in peace 고이 잠드소서
  Grandma was wonderful, may she rest in peace.
  할머니는 대단하셨지, 고이 잠드소서.

  > Rest In Peace는 묘비에 쓰는 어구로 약어로 RIP로 쓴다.

- # I can't believe you told sb about sth
  네가 …에게 …에 대해 말할 줄 몰랐어
  I can't believe you told her about the affair.
  네가 걔에게 불륜에 대해 말할 줄 몰랐어.

- # Shall I call the meeting to order?
  회의를 시작할까?
  Everyone is here. Shall I call the meeting to order?
  다들 왔는데 회의를 시작할까요?

  > call ~ to order는 회의를 시작하다

- # be worse than~ …는 …보다 더 심하다
  What you did to me was way worse than what I did to you! 네가 한 짓은 내가 네게 한 짓보다 훨씬 심한거야!

- # You're just being silly! 바보같은 소리하지마!
  Stop getting upset. You're just being silly.
  그만 화를 풀어. 넌 바보 같은 소리를 하는거야.

  > silly는 바보같은, 어리석은

- # even with that~ …에도 불구하고
  Even with that rumor, Rachel, you were still one of the most popular girls in school.
  레이첼, 넌 그런 소문에도 불구하고 넌 학교에서 가장 인기있는 애중의 하나였어.

- # stuff A with B …에 …을 (쑤셔)넣다
  One girl even wanted to be like you so much, she stuffed her pants with a Tootsie Roll!
  한 여자애는 너와 너무 닮고 싶어서, 걘 자기 바지에다 초콜렛 캔디를 넣었어!

  > stuff가 여기서는 동사로 쓰인 경우

- # if it weren't for sth …가 아니었더라면
  If it weren't for Rachel's rumor, I mean, no one in high school would never know who you were!
  레이첼의 소문이 아니었다면 고등학교에서 아무도 너를 몰랐을거야!

put의 목적어로는 사람이나 사물
이 온다.

▪ put~ on the map 유명하게 만들다
She put you on the map! 걔가 너를 유명하게 만들었어!

▪ used to+V 과거에 …하곤 했었다
Mrs. Altmann was the kind of woman where you could tell she used to be pretty.
알트만 부인은 젊었을 때 예뻤다고 말할 수 있는 그런 여성이었어.

I used to bitch about the fact that there weren't any great girls out there. 멋진 아가씨들이 없다는 사실에 투덜거리곤 했어.

여기서 way는 강조어구

▪ way in the past 아주 오래전에
Hey guys, this stuff is just so way in the past!
이 일은 아주 오래된 옛날 일이잖아!

▪ be through 경험하다, 겪다
You've been through so much since then!
그 이후로 많은 일들을 겪어왔잖아!

▪ have got sth going on …가 일어나고 있다
And right now, you've got so much more important stuff going on in your life! 그리고 지금 많은 중요한 일들을 겪고 있잖아!

▪ let ~ go 잊어버리다, 잊다
Can't you just let this go? 이건 잊어버리자고.
Let it go. It was just a mistake. 그냥 잊어버려. 실수였잖아.

걔가 애를 낳았어는 She had a
baby라고 한다.

▪ have a baby 아이를 갖다
They plan to have a baby next year.
걔네들은 내년에 아이를 가질 계획이야.

Hang on과 같은 의미

▪ Hold on 잠깐만
Hold on, we can't go over there tonight.
잠깐만, 우리는 오늘밤에 그곳으로 갈 수 없어.

Hold on a minute. I have to go to the bathroom.
잠깐만 기다려. 화장실 좀 가야겠어.

FRIENDS

- **get sb pregnant** …을 임신시키다

  It was a big problem because he got Steph pregnant.
  걔가 스테프를 임신시켜서 큰일났어.

  Just so we're clear, if you get Jane pregnant, you will
  marry her 분명히 해두겠는데 제인을 임신시키면 결혼해야 돼.

- **knock sb up** 임신시키다

  You knocked her up, but you're not going to marry
  her. 쟤를 임신시키고 결혼은 하지 않는다.

- **It's exactly how I imagined it would be**
  내 예상과 같아

  This castle is beautiful. It's exactly how I imagined it
  would be. 이 성은 아름다워. 내 예상과 아주 똑같아.

- **I'm done** 다 끝냈다, 다 먹었다

  I'm done. It's time for me to go get some sleep.
  난 끝냈어. 이제 가서 잠 좀 잘 때야.

  I'm done with my choices. 선택을 했어.

- **Here come~** …가 오네

  Oh, here come the meat sweats. 육수가 흐르네.

- **Is there anything we can do for you now?**
  우리가 뭐 도와줄게 있어?

  Are you comfortable? Is there anything we can do for
  you now? 뭘 불편한거 없어? 우리가 뭐 도와줄게 있어?

- **What (do) you got there?** 그게 뭐야?

  What you got there? Is that a new necklace?
  그게 뭐야? 새로 산 목걸이야?

  What do you got there? Is that a pie?
  거기 뭐 있어? 파이야?

원래는 What have you got there? 혹은 What do you have there?이지만 속어에서는 have 대신에 do를 쓰거나 혹은 생략하기도 한다.

109

앞에 Do가 생략된 경우

■ **You want some?** 좀 먹을래?

This pie is delicious. You want some? 이 파이 맛있어. 좀 먹을래?

sliver는 잘라낸 조각

■ **cut me a little sliver** 조금만 자르다

Sure, just cut me a little sliver to eat. 물론. 먹게 조금만 잘라줘.

떨어진 것까지 말하려면 run out of~라고 한다. run short of~도 같은 의미.

■ **run out** 다 떨어지다

Ae you afraid you're gonna run out? 아까워서 그러는거야?

110

series

The Big Bang Theory

- SEASON 03 EPISODE 11
- SEASON 04 EPISODE 15
- SEASON 05 EPISODE 01

The Big Bang Theory

SEASON 03 EPISODE 11

The Maternal Congruence

Leonard Hofstadter의 어머니 Beverly Hofstadter가 출연하는 에피소드. 특히 레너드의 어머니인 베버리와 레너드의 여자친구인 페니의 술집 scene이 기억에 남는다.

SCENE 01

레너드, 페니 그리고 쉘든이 거실에서 함께 〈How the Grinch Stole Christmas〉를 보고 있다

tear up은 It makes me feel emotional or sentimental in a way that makes me cry라는 말이다.

■ **tear up** 감동적이다
I always tear up when the Grinch's heart grows three sizes. 그린치의 심장이 3배로 커지는 장면은 언제나 감동적이야.

appropriate는 적절한, 부적절한은 inappropriate

■ **seem appropriate** 당연하다
Just a small gift seems appropriate.
그냥 자그마한 선물이면 괜찮을 것 같아.
He's involved with an inappropriate woman.
걔는 부적절한 여자와 엮였어.

congestive heart failure는 울혈성 심부전

■ **lead to~** …을 초래하다
Enlargement of the heart muscle, or hypertrophic cardiomyopathy, is a serious disease which could lead to congestive heart failure.
심장근육의 확장은 다시 말해 비후형심장근육병증은 울혈성 심부전을 일으킬 수도 있는 중병이다.

- **You really didn't like it?** 정말 재미없었어?
You really didn't like it? I loved it. 너 정말 재미 없었어? 난 좋았는데.

- **on the contrary** 정반대야
On the contrary, everything is going great.
정반대야, 모든게 아주 좋아.

- **find ~ to be~** …가 …하다고 생각해
I found the Grinch to be a relatable, engaging character.
그린치는 공감이 가고 매력적인 인물이라고 생각했어.

- **I'm with sb right up to the point~**
…할 때까지는 …가 난 맘에 들었어
I was really with him right up to the point that he
succumbed to social convention and returned the
presents and saved Christmas.
그가 사회관념에 굴복하고 선물을 돌려주고 크리스마스를 살려내기 전까지는 정말 맘에 들었어.

succumb to~ …에 굴복하다

- **buzz-kill** 기분 잡치게 하는 것
What a buzz kill that was. 그 때문에 정말 기분 잡쳤어.

- **root for** 응원하다, 성원하다, 편들다
When we watch <Frosty the Snowman>, he roots for
the sun. 눈사람 프로스티를 볼 때는 걔는 태양을 응원해.

- **merely** 단지
Frosty is merely a bit of frozen supernatural ephemera
in a stolen hat.
프로스티는 단지 훔친 모자를 쓴 초자연적인 얼음 하루살이일 뿐이야.

ephemera 수명이 아주 짧은
거, 하루살이

- **bring to account** 책임을 묻다
A crime, by the way, for which he is never brought to
account. 그건 그렇고, 그건 범죄야. 그 대가에 대해 책임을 지지 않은.

for which 그 대가로

The Big Bang Theory

SCENE 02

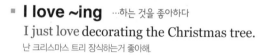

레너드 집 거실에서 레너드와 페니가 크리스마스 트리 장식을 하고 있다.

I like to[~ing] = I love to[~ing]
는 …하기를 좋아한다라는 의미
로 지금 …하고 싶다라는 의미의
I'd like~와 구분해야 한다.

■ **I love ~ing** …하는 것을 좋아하다

I just love decorating the Christmas tree.
난 크리스마스 트리 장식하는거 좋아해.

■ **It makes me feel like+N** …가 된 기분이야

It makes me feel like a little girl again. 다시 소녀가 된 기분이야.

■ **grow up** 자라다, 성장하다

We didn't have a tree when I was growing up.
내가 자랄 때는 크리스마스 트리가 없었어.

You have to grow up. 철 좀 들어요.

좀 형태를 바꿔서 Why not+N?
는 왜 …는 안돼?, 그리고 Why
not+V?는 …하는 게 어때?라는
의미

■ **Why not?** 왜 안해?, 좋아, 그러지 뭐

Why not? You did the same thing yesterday.
왜 안해? 어제도 똑같은 짓을 해놓고서.

Why not? I still have a few hours before I have to go
home. 좋죠. 퇴근하려면 몇 시간 더 있어야 하니까요.

■ **not so much A as B** A라기 보다는 B인

In my family, holidays weren't so much celebrated as
studied for their anthropological and psychological
implications on human society. 우리 가족은 휴일을 기념하기 보다는
인간사회에 끼치는 인류학적이고 심리학적인 의미가 무엇인지 공부를 했어.

앞에 It이 생략된 경우

■ **Sounds festive** 축제일 같이 들리네

Oh, sounds festive. Did you at least give presents?
축제일 같이 들리네. 적어도 선물은 주고 받았지?

focus group은 의견을 나누도
록 선발된 사람들. critique는 비
평(하다)

■ **in a way** 어떤 면에서는

In a way. We presented papers, and then broke off
into focus groups and critiqued each other.
어떤 면에서는. 우리는 논문을 제출하고 포커스 그룹으로 나누어져서 서로 비평을 했거든.

- ## What about you? 넌 어때?
  What about you? It's your turn. 넌 어때? 네 차례야.
  What about you? What do you think? 넌 어때? 네 생각은 어때?

How about~?와 같은 의미로
생각하면 된다.

- ## inflatable 공기를 주입한, 부풀린
  We had an inflatable Santa Claus with plastic reindeer
  on the front lawn.
  우린 앞마당에 공기주입식 산타클로스와 플라스틱 순록도 있었어.

- ## make~ jolly ⋯을 더욱 재밌게 하다
  Uncle Al makes every gathering jolly.
  알 삼촌이 모든 모임을 재밌게 해.

- ## induce~ seizures 정전을 초래하다
  There were so many blinking lights on the house they
  induced neighbourhood-wide seizures.
  집안에 온통 반짝이는 전구가 너무 많아서 동네 전체에 정전이 나기도 했어.

- ## So I take it S+V 그럼 ⋯하겠네
  So I take it you don't want to help us trim the tree.
  그럼 우리가 트리 가다듬는거 도와주지 않겠네.

trim the tree는 크리스마스 트리
를 가다듬다

- ## insist on ~ing ⋯을 고집하다
  If you insist on decorating a spider-infested fire
  hazard in my home I would request that you add this.
  너희들이 내 집에 거미가 득실대는 화재원인을 장식하겠다면, 난 이것도 추가하기를 바래.

~infested는 ⋯가 득실대는, a
fire hazard는 화재의 원인

- ## You're kidding, right? 농담하지마, 장난하는거지?
  You're becoming a nun? You're kidding, right?
  수녀가 되겠다고? 너 농담하는거지?
  You're kidding. They seem so well behaved.
  농담마. 그 사람들이 얼마나 모범적인데.

반대로 You're not kidding하면
정말 그렇네라는 뜻이 된다.

- ## bust 상반신상
  It's a bust of Sir Isaac Newton. 아이작 뉴턴의 상반신상이야.

The Big Bang Theory

The Big Bang Theory

Christmassy 크리스마스 분위기가 나는

■ Very Christmassy 크리스마스 분위기가 확 산다
It's much more Christmassy than anything you've put on the tree.
네가 트리에 장식하는 어떤 것보다도 훨씬 더 크리스마스 분위기가 나는거야.

■ Here we go   또 시작이다
Paul always gets drunk- here we go.
폴은 언제나 취해있어. 또 시작이다.

Here we go again. You are always complaining
또 그러네. 늘상 불평야.

그레고리력으로 대체되기 전까지 사용됐던 줄리어스 시저가 도입한 태양력, on the other hand 는 반면에

■ Julian calendar   율리우스력
December 25, 1642, Julian calendar, Sir Isaac Newton is born. Jesus, on the other hand, was actually born in the summer.   율리우스력으로 1642년 12월 25일 아이작 뉴턴 경이 태어났어. 반면에 예수님은 실제로는 여름에 태어나셨어.

■ be moved to coincide with~
…와 일치시키기 위해 옮기다
His birthday was moved to coincide with a traditional pagan holiday that celebrated the winter solstice with lit fires and slaughtered goats.   예수님의 생일은 불을 피고 도살된 염소로 겨울동지를 기념하던 전통적인 이교도 명절과 일치시키기 위해 옮겨졌어.

■ sounds like more fun than~
…보다 더 재미있게 들리다
Which, frankly, sounds like more fun than 12 hours of church with my mother followed by a fruitcake.
그건 솔직히 말해서 엄마와 교회에서 12시간 있다가 과일케익을 먹는 것보다 더 재미있을 것 같아.

쉘든이 12월 25일은 뉴턴의 생일이라고 주장하자 Christ 대신 Newton을 넣어서 만든 말.

■ Merry Newton-mas, everyone
모두 즐거운 뉴턴마스
Merry Newton-mas everyone, and a happy new year.
모두 뉴턴마스를 즐겁게 보내고 새해 복많이 받아.

▪ I sense that S+V …인 것 같아

I sense that's not sincere, although I have no idea why. 비록 그 이유는 모르겠지만 그 말에 진정성이 없는 것 같아.

▪ can go~ …로 가자, …에 두자

Sir Isaac can go right next to this little candy cane.
아이작 뉴턴은 막대사탕 옆에 두자.

▪ put sb on the top 최고로 하다

You dispute Newton's claim that he invented calculus and you want to put Gottfried Leibniz on the top.
넌 뉴턴이 미적분을 발견했다는 주장을 믿지 못하고 고트프리드 라이프니츠를 최우선 순위에 두잖아.

▪ You got me 네 말이 맞아, 내가 졌어

You got me. I have no idea what happened.
네 말이 맞아. 난 무슨 일이 일어났는지 모르겠어.

You got me. I'd like to find an extra job but it's difficult to do. 몰라. 부업을 찾아보고 싶은데 잘 안되네.

▪ talk some sense into sb …을 정신차리게 해주다

When your mother gets here, she'll talk some sense into you. 네 엄마가 여기 오면 널 정신차리게 해주시겠지.

▪ When were you going to tell me?

언제 말할 참이었어?

You're pregnant? When were you going to tell me?
임신했다고? 언제 말할 참이었어?

▪ keep ~ a secret …을 비밀로 하다

Why were you keeping this a secret? 왜 이걸 비밀로 한거야?
I can keep a secret. I promise I will never tell her.
비밀 지킬 수 있어. 걔한테 절대로 말 안할게.

가장 많이 쓰이는 용례는 「모르
겠다」(I don't know), 「내가 졌다」
(You beat me or I lose)라는 뜻
으로 쓰이는 경우이다.

117

The Big Bang Theory

interject는 말참견을 하다. 명사
형 interjection은 감탄사

▪ If I can interject here, 잠깐 끼어들자면
If I can interject here, obviously Leonard is concerned
that his mother won't approve of you as his mate.
잠깐 끼어들자면, 분명 레너드는 자기 엄마가 자기 짝으로 너를 인정하지 않을 걸 걱정하고 있는거야.

▪ come from~ ···출신이다
Leonard comes from a remarkably high-achieving
family, who have all chosen high-achieving partners.
레너드는 대단히 성공한 집안출신이고 다들 배우자 또한 매우 성공한 사람들이지.

it's doubtful that S+V는 ···가
의심스럽다

▪ be impressed with~ ···에 감동받다
He probably feels that it's doubtful that his mother
will be overly impressed with his dating a woman
whose most significant achievement is memorizing
the Cheesecake Factory menu. 걘 치즈 팩토리 메뉴를 외우는게 최고
의 성과인 여자와 데이트하는거에 감동을 받지 않을거라 생각한거지.

pile on은 덧붙이다, 더하다

▪ lame 변변치 않은
It's lame when I say it, it's just ridiculous when you
pile on. 내가 말해도 변변치 않은데 네가 더하니 우습다.

go out은 데이트하다, went out
은 데이트했다

▪ What did she say when you told her S+V?
···라니까 뭐라고 해?
So what did she say when you told her we were going
out? 우리가 데이트한다고 하니까 뭐라고 하셨어?

▪ You didn't tell sb~ did you?
너 ···을 말하지 않았구나, 그지?
You didn't tell her we were going out, did you?
우리가 사귄다고 말하지 않았구나, 그지?

▪ I'm no expert on~ 내가 ···에 대한 전문가는 아니다
I'm no expert on music, but I hate this song.
내가 음악전문가는 아니지만 이 노래는 정말 싫다.

- **calm oneself down** 침착해지다

I'm no expert on meditation, but if you're trying to calm yourself down, I believe the word is Om.

내가 명상에 전문가는 아니지만 침착해지려면 Om으로 발음해야 돼.

SCENE 03

차안. 레너드가 엄마를 픽업해서 집으로 가고 있다. 레너드가 운전하고 뒷좌석에는 쉘든과 레너드의 엄마가 타고 있다.

- **It was so nice of you to~** …하다니 정말 고마웠어

It was so nice of you to come all the way down to the airport to pick me up. 날 픽업하러 공항까지 오다니 정말 고마웠어.

> pick sb up은 픽업하다

- **No trouble at all** 별말씀을요

I will fix it up. No trouble at all. 내가 그거 고칠게. 별거도 아닌데.

- **I've been meaning to thank you for~**

…해줘서 고맙다고 말하려고 했어

I've been meaning to thank you for your notes on my paper disproving quantum brain dynamic theory.

양자두뇌역학 이론을 반대하는 내 논문에 코멘트 해줘서 고맙다고 말하려고 했어.

> I've been meaning to+V는 …하려고 했었다

- **You have a remarkable grasp of how~**

…에 대해 아주 대단히 이해하고 있다

For a non-physicist, you have a remarkable grasp of how electric dipoles in the brain's water molecules could not possibly form a Bose condensate.

비물리학자로서 뇌의 물분자의 전기쌍극자가 어떻게 보즈응축물을 형성하지 못하는지에 대해 대단히 잘 이해하고 있다.

- **carpal tunnel surgery** 수근관 수술

Right after her carpal tunnel surgery. 손목터널 수술하신 직후에.

- **Neither do I** 나도 안그래
  She doesn't like seafood, and neither do I.
  그녀는 수산물을 싫어하고 나도 싫어해.

What was all+N about?에
서 N자리에 레너드가 앞서 말한
wait, wait, wait를 넣은 문장

- **Then what was all that wait, wait, wait about?** 그런데 왜 이렇게 호들갑야?
  You're finished? Then what was all that wait, wait, wait about? 끝냈다고? 그럼 왜 이렇게 호들갑야?

- **I just don't understand why S+V**
  …을 이해못하겠어
  I just don't understand why he knows more about your life than I do.
  왜 걔가 나보다 엄마 생활에 대해 더 잘 알고 있는지 이해가 안돼요.

assume 추정하다

- **I would assume it's because S+V**
  …때문이겠지
  I would assume it's because Sheldon and I stay in touch due to mutual interest and respect.
  쉘든과 나는 상호관심과 존경 때문에 계속 연락을 취하고 지내기 때문이겠지.

unresolved 풀리지 않는

- **due to~** …때문에
  You avoid me, due to unresolved childhood issues.
  넌 풀리지 않는 유아기적 문제들로 해서 날 피하잖아.
  I suspect that your problems are due to a computer virus. 네 컴퓨터의 문제는 바이러스 때문인 거 같아.

- **It's what we think+V** 우리 생각으로는 바로 그게 …한 것 같아
  It's what we think caused your narcissistic personality disorder. 우리 생각으로는 그게 바로 너의 자기애적 성격장애를 가져온 것 같아.

- **at length** 자세하게
  We discussed it at length during our last video chat.
  우리는 마지막 화상채팅을 할 때 자세히 토의했어.

The Big Bang Theory

■ **baffling** 이해할 수 없는
How we got onto the subject of you is baffling.
어쩌다 네 얘기를 하게되었는지는 알 수 없어.

get onto the subject of~는 … 얘기를 하게 되다

■ **be on the subject** 그 얘기를 나누고 있다
We are on the subject, so I'm obliged to ask, Leonard,
how are you? 그 얘기를 하게 됐으니, 내 묻는데 레너드야 너 어떻게 지내니?

be obliged to+V는 할 수 없이 …하다

■ **Have you heard S+V?** …얘기 들었어?
Have you heard your brother has gotten engaged?
네 형이 약혼했다는 얘기 들었니?
Have you heard about Sandy's secret boyfriend?
샌디의 비밀 남친에 대해 들어봤어?

■ **Why didn't you tell me?** 왜 내게 말하지 않았어?
The store is closed? Why didn't you tell me?
가게가 문을 닫았다고? 왜 내게 말하지 않았어?

■ **My bad** 내가 잘못했어
My bad. I should have tried harder.
내가 잘못했어. 내가 더 열심히 했어야 됐는데.
I'm so sorry. That's my bad. My bad.
미안. 내가 잘못했어. 내 잘못야

앞에 That's가 생략되었다고 보면 된다.

■ **appeals court** 고등법원
The youngest appeals court judge in New Jersey and a
two-time Olympic bronze medalist.
뉴저지 최소 고등법원판사이자 두차례에 걸쳐 올림픽 동메달을 땄어.

■ **So, how about you?** 그런 넌 어때?
I'll have a shot of whiskey. So, how about you?
나 위스키 한잔 할건데, 넌 어때?

■ **be seeing sb** …와 만나다, 사귀다

Are you seeing anyone interesting? 괜찮은 사람 만나고 있어?

You have got to come clean with me. You're seeing other women. 내게 실토해. 딴 여자 만나고 있지.

---
pretend는 …인 척하다

■ **I will just pretend that S+V** …인 척할게

I will just pretend that Leonard's not withholding information. 레너드가 뭔가 숨기고 있다는 걸 모르는 척할게.

---
secretive behavioral tics 는 비밀스런 행동틱장애, accompany는 …와 동반하다

■ **I will point out that S+V** 내가 …을 지적할게

I will point out that I am a trained psychiatrist and you are exhibiting the same secretive behavioral tics that accompanied your learning to masturbate.

숙련된 정신과의사로서 넌 자위하는 것을 배울 때처럼 비밀스런 행동틱장애를 보이고 있다는 걸 말해줄게.

■ **How I envy you** 정말 부러워

You're young and beautiful. How I envy you.

넌 젊고 아름다워. 정말 부러워.

SCENE 04

쉘든 집의 거실. 레너드 엄마와 친구들이 다 함께 식사를 하고 있다.

---
latent는 잠재하는

■ **summon the courage to+V** …할 용기를 내다

So, Howard, have you and Rajesh finally summoned the courage to express your latent homosexual feelings toward one another? 하워드야, 너와 라지가 마침내 서로를 향한 잠재적인 동성애 감정을 표출할 용기를 냈니?

Honest to God은 신께 정직하다는 말로 '정말로,' '맹세코'라는 의미

■ **Honest to God** 정말로, 맹세코

Honest to God, I was not gonna say that.

정말로 난 그말 하려 하지 않았어.

I don't know what you're talking about
네가 무슨 말하는지 모르겠어

You know what? I don't know what you're talking about. 저 말이야. 네가 무슨 말을 하는지 모르겠어.

What do you mean ~ ? ···라는 그게 무슨 말이야?

What do you mean you don't know what I'm talking about? 내 말을 이해못하겠다는게 무슨 말야?

What do you mean the school will fire some staff?
학교에서 교직원 일부를 해고하려고 한다는 게 무슨 소리야?

Keep in mind that S+V ···을 명심해라

Keep in mind that the more passionately you stick to this construct, the more you're hurting your partner.
더 열정적으로 네 말에 집착할 수록 네 파트너는 상처를 받는다는 걸 명심해.

여기서 construct는 idea나 personal point of view를 뜻한다.

slash(/) ···겸 ···

Oh, yes, the waitress slash actress with the unresolved father issues. 그럼. 아버지 문제가 풀리지 않은 배우 겸 웨이트리스.

시즌 1에는 페니가 이사오기 전에 살던 여장남자를 말하기 위해 쉘든은 "We never invited Louis slash Louise over"라고 말한 적이 있다.

come to terms with~ ···와 타협하다, 적응하다

Has he finally come to terms with his little slugger growing breasts? 꼬마 야구선수의 자라나는 가슴에 적응하셨대?

아들을 원했던 페니의 아버지는 페니를 리틀야구에서 선수(little slugger)로 키웠지만 사춘기가 되어서 가슴이 자라나면서 야구를 못하게 되고, 아버지는 이런 상황에 적응을 했냐고 물어보는 문장이다.

If it helps, 도움이 된다면,

If it helps, we're all good with your breasts.
도움이 된다면 우린 모두 네 가슴에 만족하고 있어.

Classic overcompensation
전통적인 도를 넘은 과잉보상

Buying an expensive sports car is classic overcompensation.
비싼 스포츠카를 사주는 것은 전통적인 과잉보상이다.

Speaking of which는 그 말이 나와서 말인데, 말이 나왔으니 말인데

- ## speaking of~ ···얘기가 나와서 말인데
  Speaking of summer, did you go on vacation this year?
  여름 얘기가 나와서 그런데, 금년에 휴가갔다왔어?

  Speaking of which, are you ready to go to lunch?
  말이 나왔으니 말인데, 점심 먹으러 갈 준비됐어?

That reminds me of~는 그 말을 듣고 보니 ···가 생각나네

- ## that reminds me 그러고 보니 생각나네
  That reminds me. I have to confirm my appointment at the City Hall. 그러고 보니 시청에 약속을 확인해야 돼.

  That reminds me, I have got to call Robert.
  그 말을 듣고 보니, 로버트에게 전화해야 돼

cheat on A with B는 A몰래 B와 바람피우다

- ## cheat on sb ···몰래 바람피다
  The divorce happened because he cheated on her.
  그가 그녀몰래 바람을 피워서 이혼하게 됐어.

  My husband didn't cheat on me, I cheated on him.
  남편이 바람을 피운 게 아니라, 내가 바람을 피웠어.

- ## Can you believe it? 이게 말이 돼?
  They cancelled the entire trip. Can you believe it?
  걔네들은 전 여행을 취소했어. 이게 말이 돼?

  I was fired today. Can you believe that?
  나 오늘 잘렸어. 이게 말이 돼?

- ## No offense 악의는 아니었다
  No offense, but I hate the dress you're wearing.
  악의는 아니지만 네가 입고 있는 옷은 정말 맘에 안든다.

  No offense, but that sounds nothing like her.
  기분 나빠 하지마 하지만 걔답지 않아.

참고로 complement는 보완하다라는 의미

- ## It sounded like a compliment 칭찬같이 들렸어
  Maybe it was an insult, but it sounded like a compliment.
  그게 모욕일지도 몰랐으만 칭찬처럼 들렸어.

■ **When did this happen?** 언제 그런거야?
Dana was arrested? When did this happen?
데이나가 체포됐다고? 언제 그런거야?

■ **Let's see** 글쎄, 어디보자
Let's see, I can take the day off on Wednesday.
글쎄, 난 수요일에 휴가 낼 수 있어.

■ **I don't believe this** 말도 안돼
I don't believe this, they overcharged me!
말도 안돼, 걔네들이 내게 바가지를 씌웠어!
I don't believe this! I've lived here for eight years.
이건 말도 안돼! 내가 여기 산 지 8년째라구요.

I don't believe this는 사실이 아니라고 부정하는 것이고 I can't believe this는 놀라워 하는 말이다.

■ **Why am I the last to+V?**
왜 내가 가장 마지막에 …하는거야?
Why am I the last to know? 왜 내가 가장 늦게 아는거야?

■ **I am the one who~** …하는 사람은 나야
I am the one who's getting a divorce, Mitzy is the one who is dead. 이혼하는 사람은 나고, 죽은 것은 밋지야.
I'm the one who stole. I'm the one to blame, not you.
내가 훔친 사람이야. 네가 아니라 내가 비난 받을 사람이지

■ **make a fuss** 소란피우다
Why are you the one making a fuss? 왜 네가 소란피는거야?

■ **I'm way out of line!** 내가 지나쳤어!
If you don't like to be kissed, I'm way out of line!
네가 키스받는 것을 싫어한다면, 내가 지나쳤어!
I'm probably out of line here, but I think you don't work hard enough.
이걸 말해도 좋을지는 모르겠지만, 내 생각에 넌 일을 열심히 하고 있지 않다고 봐.

I'm probably out of line here는 이렇게 말해도 좋을지 모르겠지만

The Big Bang Theory

- **Not a damn thing** 하나도 없어
  Nothing is wrong with it. Not a damn thing!
  그건 아무것도 잘못된 것이 없어. 하나도 안그래!

SCENE 05

페니의 차안. 레너드의 엄마인 베버리를 태우고 호텔로 가고 있다.

unstable은 정서적으로 불안정한

- **I was going to+V** …하려고 했었다
  I was going to ask Leonard to do it, but he seemed a bit emotionally unstable.
  레너드에게 부탁할 생각이었는데 걔가 좀 정서적으로 불안해보였어.

  What would you say if I told you I was going to move to Paris? 내가 파리로 이사갈 거라고 하면 뭐라고 말할거야?

- **You don't want sb ~ing** 넌 …가 …하는 것을 원치 않잖아
  You don't want someone like that operating heavy machinery. 넌 그런 사람이 중장비(자동차)를 운전하게 하는 걸 원치 않잖아.

- **be on** …가 켜져있다
  Your check engine light is on. 네 차의 체크엔진이란 불이 켜져 있다.

- **put ~ over** …위에 …을 붙여놓다
  I gotta put a sticker over that. 그 위에 스티커를 붙여야겠어.

devastate는 완전히 파괴하다라는 의미로, devastated하게 되면 엄청난 충격을 받은이라는 의미가 된다.

- **be devastated about~** …으로 충격을 받다
  You must be devastated about your divorce.
  이혼으로 충격을 받았겠어요.

a bit은 약간, 좀, be subjected to~는 …을 받다

- **be distressed to~** …가 걱정된다
  I am a bit distressed to be in a vehicle that's not subjected to regular maintenance.
  정기점검을 받지 않는 차량에 타고 있는게 좀 걱정된다.

- ## You're not upset that S+V? …에 맘이 그렇지 않아요?
  I mean, you're not upset that your marriage is over?
  내 말은 결혼이 끝났는데 아무렇지도 않아요?

- ## akin to~ …와 유사한
  Well, initially I felt something akin to grief and
  perhaps anger. 처음에는 슬픔과 분노와 같은 것을 느꼈어.

- ## be betrayed by …에 배신당하다
  That's the natural reaction of the limbic system to
  being betrayed by a loathsome son of a bitch.
  그건 혐오스런 놈에게 배신을 당하면 대뇌의 변연계가 일으키는 자연스런 반응이야.

  limbic system은 대뇌의 변연계로 인간 기본 감정을 관장하는 신경계이다.

- ## be somewhat mitigated by the fact that S+V …라는 사실에 어느 정도 다행이다
  Thankfully, my shock was somewhat mitigated by the
  fact that I haven't had intercourse with him in eight
  years.
  다행스럽게도 나의 충격은 8년간 그와 섹스를 하지 않았다는 사실에 위로가 되었어.

  have intercourse with sb는 …와 성교하다

- ## That's nothing 그건 아무것도 아냐
  That's nothing. I once broke my leg in an accident.
  그건 아무것도 아냐. 난 한번은 사고로 다리가 부러졌었어.

  과거형은 That was nothing(아무 것도 아녔어)

- ## be responsible for …을 책임지다
  I've been responsible for my own orgasms since 1982.
  난 1982년부터 오르가즘을 스스로 해결했거든.

- ## Yikes 어머나, 아이구머니나
  Yikes, how did he get to be so weird?
  어머나, 어떻게 걔가 그렇게 이상해진거야?

- ## What's so funny? 뭐가 웃겨요?
  I heard you laughing. What's so funny?
  네가 웃는 소리를 들었어. 뭐가 웃긴거야?

▪ That's exactly what I say during~
…할 때 내가 하는 말이 바로 그거야

That's exactly what I say during orgasms. Yikes.
내가 오르가즘에 올라갈 때 하는 말이 바로 Yikes야.

could use+N은 …을 얻었으면
좋겠다라는 표현

▪ could use+N   …가 있었으면 좋겠다
I could use a drink. 술이 있었으면 좋겠어.

We could use coffee and something to eat.
커피와 먹을게 좀 있으면 좋겠어.

▪ Do you want to stop for a drink?
차세우고 한잔 마실래요?

Do you want to stop for a drink? We have time.
차세우고 한잔 할래? 우리 시간있어.

SCENE 06

레너드 방에 레너드가 누워있는데 쉘든이 노크를 한다.

▪ What is it? 무슨 일이야?
What is it? You can't keep interrupting.
무슨 일이야? 계속 말을 방해하면 안되잖아.

What is it? Let me see. 뭐야? 한번 보자

▪ Then why are you telling me?
그럼 왜 내게 얘기하는거야?

It's a secret? Then why are you telling me?
그게 비밀이라고? 그럼 왜 내게 얘기하는거야?

lousy는 미드에 자주 나오는 형
용사로 형편없는이라는 의미

▪ It's a conversation starter 대화를 시작하려고
That's a lousy conversation starter. 형편없는 대화시작인데.

▪ We're conversing. Checkmate.

우리 대화나누고 있으니 내가 이겼네

You said we'd never talk. We're conversing. Checkmate.

우리 절대 얘기안하기로 네가 말했는데 우리가 대화를 나누고 있으니 내가 이겼네.

checkmate는 장기용어로 우리 말로는 왕이 잡히게 된 상황인 '장군'이라는 의미.

▪ What I want is to+V 내가 원하는 것은 …하는 것이야

What I want is to be departing the Starship Enterprise in a one-man shuttle craft headed to the planetoid I rule known as Sheldon Alpha Five.

내가 원하는 것은 일인용 왕복기구를 타고 스타쉽 엔터프라이즈를 출발해 쉘든알파파이브로 알려진 내가 통치하는 미행성으로 향하는거야.

planetoid는 미행성

▪ That's not going to work at all 전혀 효과가 없네

That is the wrong software. That's not going to work at all. 그건 안좋은 소프트웨어야. 전혀 돌아가지가 않을거야.

work는 여기서 효과가 있다

▪ What you're experiencing is~

네가 겪고 있는 것은 …이다

What you're experiencing is a classic Jungian crisis in which the aging individual mourns the loss of the never-to-be realized ideal family unit.

네가 겪고 있는 것은 나이 든 개인이 다시는 이상적인 가정을 만들 수 없다는 상실감을 슬퍼하는 칼융이 말한 위기인거야.

▪ That's not the comforting part

그건 위로하는 부분이 아냐

That's not the comforting part. Let me tell you about that. 그건 위로하는 부분이 아냐. 내가 그거에 대해 얘기해줄게.

▪ The comforting part is that~ 위로하는 부분은 …야

The comforting part is that the Germans have a term for what you're feeling. Weltschmerz.

위로하려는 부분은 독일에서는 네가 겪고 있는 것을 벨트슈메르츠라는 용어로 불러.

arise from~은 …로 부터 발생하다

■ **as it is** 현상황에서는
It means the depression that arises from comparing the world as it is to a hypothetical, idealized world.
그건 현실세계와 가상의 이상적인 세계와 비교할 때 발생하는 우울증이다.

biological family는 친가족, surrogate는 대리의 그리고 where는 in the areas 혹은 at the times when

■ **where** …하는 부분에, …하는 때에
Just remember, Leonard, where your biological family has failed you, you always have me, your surrogate family. 레너드 이것만 기억해줘. 네 친가족이 널 실망시키고 있지만 너에게는 항상 너의 대리가족인 내가 있잖아.

If it's any consolation는 If it will make you feel any better

■ **If it's any consolation,** 위로가 좀 된다면
If it's any consolation, I'm not happy about it either.
위로가 좀 된다해도 나도 맘에 들지 않아.

SCENE 07

바에서 페니와 레너드의 엄마 베버리가 함께 술을 마시고 있다.

all at once = all of a sudden

■ **all at once** 한번에
Okay, now this time try drinking it all at once.
그래요, 이번에는 한번에 술을 마셔봐요.

이 문장은 she has been responsible for making herself interesting to others, in other words "creating a buzz", or making herself interesting for others to talk about

■ **buzz** 신나는 기분, 사람들과 관계맺기
I've been responsible for my own buzz since 2003.
난 2003년부터 사회에서 사람들과 어울리는 걸 내가 책임졌어.

■ **Another round for sb** …에게 한잔 더 주세요
Another round for me and my homegirl.
나하고 친구에게 한잔 더 주세요.

- **feel ~ through extremities** 몸전체로 …을 느끼다
I feel a spreading warmth through my extremities.
몸전체로 따뜻함이 전해진다.

> extremities는 몸의 사지를 뜻한다.

- **feel it running down~** 흘러내리는 것을 느끼다
As long as you don't feel it running down your pants,
you're fine. 바지를 적시는 느낌을 갖지 않는 한 괜찮아요.

> as long as는 …하는 한, 그리고 이 문장은 술마시며 앉아서 소변을 누지 않는 한이라는 의미이다.

- **I'm noticing~** …을 느끼겠어
I'm noticing an immediate lowering of my inhibitions.
나의 억압들이 바로 풀리고 있는 것을 느끼겠어.

- **I'm considering asking sb to~**
…에게 …해달라고 부탁하고 싶어져
I'm seriously considering asking that busboy to ravish
me in the alleyway while I eat cheesecake.
난 정말 저 접시닦이에게 내가 치즈케익을 먹는 동안 뒷골목에서 나를 범하라고 하고 싶어져.

> busboy는 접시닦이, ravish는 범하다, in the alleyway는 뒷골목에서

- **What do you think?** 네 생각은 어때?
I like it just fine. What do you think?
난 그거 아주 좋아. 네 생각은 어때?
What do you think? Should we show them the room?
네 생각은 어때? 걔네한테 방을 보여줘야 돼?

- **be known for~** …으로 유명하다
We are known for our cheesecake. 우린 치즈케익으로 유명해요.

- **Hit us again** 우리 술 좀 따라줘요
Hey bartender, go ahead and hit us again.
바텐더, 어서 우리 술 좀 따라줘요.

> 여기서 hit은 술을 따르다

- **If a little is good, more must be better**
조금이 괜찮으면 더 많으면 더 좋을거야
With medicine, if a little is good, more must be better.
약의 경우, 조금이 괜찮으면 더 많으면 더 좋을거야.

The Big Bang Theory

뭔가 새로운 정보를 이야기해줄
때

- ## Guess what? 저기 말야, 그거 알아?
  Guess what? Danny has been elected to the Senate.
  저기 말야. 대니가 상원의원으로 선출됐어.
  Guess what? I'm being promoted to manager at work.
  저 말야. 회사에서 매니저로 승진했어.

주로 아직 결혼 전이나 외도할 때
쓰이는 표현

- ## sleep with sb …와 자다
  You're never going to be able to sleep with her.
  넌 절대로 그녀와 잠을 잘 수 없을거야.
  Truth is I was dying to sleep with him.
  사실은 내가 걔랑 자고 싶어 죽겠었어

turn out = prove

- ## How did ~ turn out? …은 어땠니?
  How did his penis turn out? 걔 물건은 어땠니?

Fair enough = That's okay
with me

- ## fair enough 좋아, 됐어
  Fair enough, let's get down to business. 좋아. 본론으로 들어가자.
  Fair enough. I really need your help.
  좋아요. 당신 도움이 정말 필요해요.

- ## What can you tell me about~ ?
  …에 대해 뭐라고 해줄 수 있어?
  What can you tell me, if anything, about that busboy's
  penis? 있다면 저 접시닦이의 물건에 대해 뭐라고 해줄 수 있어?

- ## didn't want to tell sb S+V
  …는 …에게 …라는 것을 말하는 것을 원치 않았어요
  Leonard did not want to tell you we were dating.
  레너드는 우리가 사귀고 있다는 것을 말씀드리지 않으려고 했어요.

He's in one은 He's in a
romantic relationship이라는
말이다.

- ## be embarrassed about~ …을 창피해하다
  He's either embarrassed about the relationship or he
  doesn't care enough about his mother to tell her he's
  in one. 걔는 너와의 관계를 창피해하거나 혹은 데이트하고 있다는 걸 말하지 않을 정도
  로 엄마를 신경쓰지 않거나이다.

132

The Big Bang Theory

■ **Either way** 어떤 경우이든
Either way, one of us should be insulted.
어떤 경우이든 우리 둘 중 하나는 모욕을 당하는거다.

> either는 /이더/ 혹은 /아이더/라고 발음한다.

■ **Let's go+V** 가서 …해보자
Well, let's go find out who. 그럼 가서 누군인지 알아보죠.
I don't see why not. Let's go get some ice cream.
그럼, 가서 아이스크림 좀 먹자

> find out은 뭔가 추상적인 사실을 알아내다

■ **slip ~ into** …에 …을 넣다
I'm gonna slip my business card into that busboy's
back pocket, cupping his firm, right buttock as I do so.
난 접시닦이의 뒷주머니에 내 명함을 밀어넣으면서 동시에 탄탄한 오른쪽 엉덩이를 감쌀테니.

> cup은 손으로 감싸다, as I do so는 명함을 넣을 때

SCENE 08

술에 취한 페니와 베버리는 한밤중에 레너드의 집에 찾아온다.

■ **You're in trouble** 너 큰일났다
You're in trouble. These sales figures are all wrong.
너 큰일났다. 이 판매액 수치가 틀렸어.
I think you will get in trouble if you do.
그렇게 하면 문제가 생길텐데.

■ **Why didn't you tell me S+V?** 왜 …라고 말하지 않았어?
Why didn't you tell me you were tapping my homegirl?
왜 내 절친하고 섹스했다고 내게 말하지 않았어?

> tap은 속어로 fuck을 의미한다.

■ **Did I say that right?** 내가 제대로 말했나?
This is Mr. Yuchigama. Did I say that right?
이분은 유쉬가마 씨야. 내가 제대로 말했나요?

- **not bad** 괜찮다, 나쁘지 않다

  Yeah, not bad, not bad. 네, 나쁘지 않아요, 괜찮아요.

  The pasta you made was not bad. I want some more.
  네가 만든 파스타는 나쁘지 않아. 좀 더 줘.

  Not bad. We are always busy with something.
  그리 나쁘지 않아. 항상 바빠.

참고로 I hope not은 그러지 말 았으면 좋겠다

- **I hope so** 그러기를 바래, 그러면 좋겠어

  They say tomorrow is going to be sunny. I hope so.
  내일 날씨는 맑을거라고 하던데 그러면 좋겠어.

  I hope so too. It sounds like fun! 나도 그랬으면 좋겠어. 재미있겠다!

- **Why would we have+pp?** 왜 우리가 …했겠어?

  Otherwise, why would we have stopped at Del Taco?
  그렇지 않으면 우리가 왜 델 타코에 갔다 왔겠니?

be in a relationship with~는 …와 사귀다

- **How could you not tell me S+V?**

  어떻게 …을 말하지 않을 수 있어?

  How could you not tell me you were in a relationship with this lovely, charming young woman?
  넌 어떻게 이런 사랑스럽고 매력적인 젊은 여자와 사귀고 있다는 것을 말하지 않을 수 있어?

trapped in~은 …에 갇힌, menial은 하찮은

- **Is it because S+V?** …때문이야?

  Is it because she's uneducated, trapped in a menial service position?
  걔가 교육을 못받고 하찮은 서비스 업종에서 일하고 있기 때문이야?

How come S+V? = Why~?

- **How come you didn't tell me that S+V?**

  어째서 …을 내게 말하지 않았어?

  How come you didn't tell me that you and Father were getting a divorce? 왜 아빠와 이혼한다는 얘기를 안했어요?

intimate은 친밀한

- **What I hear you saying is that S+V**

  네 말은 …라는거구나

  What I hear you saying is that you want a more intimate mother-son relationship.
  네 말은 넌 더욱 친밀한 모자관계를 원하는거구나.

■ **I'm getting sth ~ing** …가 …하다
I'm getting a warm feeling spreading through my heart. 심장에 따뜻한 감정이 퍼지는구나.

■ **bang one's head against~** 머리를 …에 박고 있다
Why is Leonard softly banging his head against his bedroom door? 왜 레너드가 침실문에 머리를 박고 있는거예요?

■ **I'd rather+V** …가 낫겠다
I'd rather have the busboy. 접시닦이가 낫겠어.
I think I'd rather go to the beach this weekend than go hiking. How about you?
이번 주말에 등산보다는 해변에 가는 게 나을 거 같아. 네 생각은 어때?

여기서 d는 would이다.

SCENE 09

다음날 아침 역시 레너드가 운전해서 엄마를 공항까지 데려다준다. 뒷좌석에 엄마와 쉘든, 조수석에는 페니가 앉아 있다.

■ **I am very hungover** 숙취가 매우 심하다
I am very hungover and in no mood to satisfy your need for approval.
내 숙취가 심해서 너의 인정받으려는 욕구를 만족시켜줄 기분이 아니다.

be in no mood to~ …할 기분
이 아니다

■ **forgive sb for~** …한거에 대해 …을 용서하다
I do hope you'll forgive me for my inappropriate behavior last night. 지난밤 나의 부적절한 행동에 대해 용서해주길 바래.

inappropriate는 부적절한

■ **I don't blame you** 그럴 수도 있죠
I don't blame you. You were intoxicated.
그럴 수도 있죠. 취했잖아요.
I don't blame you. It's cold outside.
어쩔 수 없죠. 바깥 날씨가 추우니.

여기서 blame을 고집스럽게 사
전적으로 비난하다라고 해석할
필요는 없다.

The Big Bang Theory

상대방의 얘기가, 이해가 되지 않
거나, 아님 놀람과 당혹감을 주었
을 때, 혹은 과도하게 신경을 거스
릴 경우에 사용하는 표현이다

- ## What are you talking about? 그게 무슨 말이야?
  What are you talking about? That's not true.
  그게 무슨 말이야? 그건 사실이 아냐.

  Jessy is dead? What are you talking about?
  제시가 죽었어? 그게 무슨 말이야?

- ## I think it's best that S+V ...하는게 최선이야
  I think it's best that you not know. 네가 모르는게 나아.

take very good care of~ ...
을 아주 잘 돌보다

- ## I want you to+V ...해라
  I want you to take very good care of this young woman.
  이 여자애를 아주 잘 돌봐줘라.

  I want you to have your homework done in an hour.
  Understood? 한 시간내로 숙제 마쳐라. 알았어?

- ## She doesn't have much in the way of~
  ...하는 길에 가진게 별로 없다
  She doesn't have much in the way of career prospects.
  직장 경력에 별로 전망이 없다.

as well은 또한

- ## Don't make her responsible for~
  ...을 스스로 책임지게 하지마라
  Don't make her responsible for her own orgasms as
  well. 또한 오르가즘은 혼자 해결하도록 하지마라.

- ## Remember when I was complaining that~
  내가 ...라고 불평했었잖아
  Remember when I was complaining that you don't
  communicate with me enough?
  나하고 소통이 부족하다고 내가 불평했던거 기억하죠?

- ## I'm over it 극복했어, 이젠 괜찮아
  I was depressed a while but I'm over it.
  난 잠시 우울했지만 이젠 괜찮아.

136

The Big Bang Theory

SEASON 04 EPISODE 15

The Benefactor Factor

레너드가 후원금을 얻기 위해 스폰서 부인과 하룻밤을 보내는 에피소드. 스폰서 부인과 하룻밤을 보낸 후 아주 지친 상대로 옷을 풀어헤치고 계단을 올라 집으로 들어가기 직전 페니와 마주치는 장면이 압권이다.

SCENE 01

대학교 구내식당. 라지가 좀비에 관한 질문을 던진다.

- **Here's what I wonder about~**

  …에 관해 궁금한게 있어

  Here's what I wonder about zombies. 좀비에 관해 궁금한게 있어.

  > wonder about~은 …을 궁금해하다

- **What happens if S+V** …한다면 어떻게 돼?

  What happens if they can't get any human flesh to eat? 좀비들이 먹을 인간의 육체를 못구하면 어떻게 돼?

- **starve to death** 굶어죽다

  They can't starve to death, they're already dead.

  이미 죽었는데 굶어 죽을 수는 없잖아.

- **You take this one** 네가 이거 맡아

  She needs help again. You take this one.

  걔가 다시 도움이 필요해. 이건 네가 맡아.

  > 여기서 take는 맡다

The Big Bang Theory

- **spend ~ on how~** 어떻게 …하는지에 관해 …을 보내다
I spent an hour last night on "How do vampires shave when they can't see themselves in the mirror?"
뱀파이어들이 거울로 자신들을 볼 수 없는데 어떻게 면도를 하는지에 관해 지난밤에 한시간을 보냈어.

well-groomed는 잘 차려입은

- **meet in pairs** 둘씩 짝을 지어 만나다
Well-groomed vampires meet in pairs and shave each other. 잘 차려입은 뱀파이어들이 짝을 지어 만나 서로 면도를 해주는거야.

- **Case closed** 사건 종료, 얘기 끝
You will never be allowed to do that. Case closed.
넌 절대로 그렇게 할 수 없을거야. 얘기 끝.

depend on~은 …에 달려있다

- **I guess it depends on~** …에 달려있는 것 같아
I guess it depends on the zombies, Raj.
라지, 그건 좀비에 달려있는 것 같아.

about이 꼭 들어가야 된다고 배웠지만 구어체에서는 종종 about을 생략하기도 한다.

- **Are we talking (about)~?** …을 말하는거야?
Are we talking slow zombies, fast zombies?
느린 좀비를 말하는거야, 빠른 좀비를 말하는거야?

like는 별 의미없이 말하는 습관의 하나로 우리 말로 치면 음… 어… 이런 정도이다

- **Like,** 저, 뭐,
Like, in 28 Days, if those zombies didn't eat, they starved. 저기. 28일에서는 좀비들은 먹지 못하면 굶어죽었어.

28 Days Later는 28일 후라는 좀비영화이고 28 Days는 산드라 블록 주연의 다른 영화이다.

- **You're thinking of~** …을 생각하는거지
You're thinking of 28 Days Later. 넌 28일후를 말하는거지.

rehab은 재활센터, put ~ into an undead state는 좀비처럼 관객들을 기분안좋게 만들다라는 의미

- **~ is where~** …는 …하는거야
28 Days is where Sandra Bullock goes to rehab and puts the audience into an undead state.
28일은 산드라 블록이 재활센터에 가는 영화로 관객들을 완전히 죽지 않은 상태로 만들지.

138

- **bag on** 비판하다, 비난하다
  Hey, don't bag on Sandra Bullock! 야, 산드라 블록을 비난하지마!

- **You think it makes you look~, but~**
  …처럼 보인다고 생각하겠지만
  You think it makes you look cultured, but you just
  come off as bitter.
  그러면 네가 교양있는 것처럼 보이겠지만 그냥 화난 사람으로 보일 뿐이야.

  come off as~는 …로 보이다

- **slum** 평소 자기가 다니던 곳보다 누추한 곳에 다니다
  Why's the president of the university slumming in the
  cafeteria? 왜 대학총장께서 누추한 구내식당에 나타나셨을까?

  특이하게도 slum이 동사로 쓰인 경우이다.

- **emulate** 흉내내다
  Perhaps he's emulating Shakespeare's Henry V, who
  dressed as a commoner and mingled among them, to
  find out how he was being perceived by his subjects.
  아마도 헨리 5세를 흉내내려는거겠지. 평민복을 하고 평민들 속에 들어가 자기의 평이 어떤지
  알아내려고 했던.

  commoner는 평민, mingle
  among~은 …속으로 섞이다.
  find out은 알아내다. 그리고
  subject은 국민을 말한다.

- **save oneself the trouble** 수고를 덜다
  Of course, if he'd have read any of the thirteen
  hundred e-mails I've sent him on the subject of his
  administration, he could have saved himself the
  trouble. 물론 내가 총장의 운영방침이란 주제로 보낸 1300개의 메일 중 하나라도 읽었
  더라면, 이런 수고는 하지 않아도 됐을텐데.

- **Or maybe he heard~** 혹은 …을 들었을지도 모르지
  Or maybe he heard it's Tator Tot Tuesday.
  혹은 화요일 메뉴가 감자튀김인 테이터 탓이라는 걸 들었을지 모르지.

- **That's why I'm here** 그래서 내가 여기 있잖아
  You wanted to see me, and that's why I'm here.
  네가 나 보고 싶어해서 내가 여기 왔어.

  That's why the boss seems so mad today, huh?
  그래서 사장님이 오늘 그렇게 화가 나 보이는거군, 그렇지?

  That's why S+V는 그래서 …하
  다

The Big Bang Theory

■ **How are we doing today?** 오늘 기분이 어떤가?

How are we doing today? Everything okay?

오늘 기분이 어때? 다 괜찮아?

---
plan on ~ing는 …을 계획하다,
fondle은 애무하다, 만지다

■ **That depends** 상황에 따라 다르다, 경우에 따라 다르다

That depends, how much longer do you plan on fondling my shoulder? 경우에 따라 다르죠. 얼마동안 내 어깨를 만질건가요?

That depends. What exactly do you need?

상황에 따라 다르죠. 정확히 어떤 게 필요하신데요?

■ **I forget S+V** …을 깜박 잊었어

I forgot you have a touch phobia.

네가 접촉공포증이 있다는 걸 깜박 잊었어.

---
put on~은 …을 입다, 신다, 끼
다, hernia는 탈장

■ **If you'd like to go+V** 가서 …을 하고 싶다면

If you'd like to go put on a pair of latex gloves, I'll let you check me for a hernia.

가서 라텍스 장갑을 끼시겠다면, 내 탈장검사를 하게 해줄게요.

■ **Who's up for~ ?** 누가 …에 올거야?

Who's up for a little party this Saturday night?

토요일 저녁 파티에 누가 올거야?

---
good eats는 Food is
available and it tastes good
이라는 말이다.

■ **good eats** 맛난 음식

Open bar, good eats, might even be a few pretty girls.

오픈바이고 음식도 좋고 예쁜 아가씨들이 좀 있을 수도 있고.

I'm in = I will do it = Count me
in

■ **I'm in!** 갈게요!

If you are going to Las Vegas, I'm in!

네가 라스베거스에 갈거라면 나도 갈래!

■ **Just because~** 단지 …하다는 이유로

Just because the nice man is offering you candy, doesn't mean you should jump into his windowless van. 착한 남자가 사탕을 준다는 이유로 창문도 없는 밴에 뛰어들어가서는 안돼.

140

The Big Bang Theory

- **What's the occasion?** 무슨 행사인데요?, 무슨 날예요?
You look great. What's the occasion?
너 아주 멋져 보여. 무슨 날이야?

occasion은 특별한 날, 행사를 말한다.

- **-stained** ···자국이 있는
The tear-stained air mattress in the back of the van.
밴의 뒷좌석에 눈물 자국있는 매트리스가 있네.

- **reticence** 과묵함, 조심스러움
I understand your reticence. 자네의 조심스러움은 이해하네.

- **the hard facts are~** 확실한 건 ···야
The hard facts are we have to shake a few hands and
kiss a few butts to raise money for our research.
확실한 건 연구비를 모으기 위해서 우리는 손을 잡아야 하고 아부도 해야 돼.

- **I don't care** 난 관심없어
I don't care, it's demeaning. 난 상관없어요. 천한 짓이잖아요.
I don't care. Anything in the fridge will be fine.
신경안써. 냉장고 있는거 아무거나 좋아.

demeaning은 천한, 모욕적인

- **trot out** ···을 대중에게 보이다
I refuse to be trotted out and shown off like a prize
hog at the Texas State Fair.
텍사스 박람회의 상인 돼지처럼 강제적으로 사람들 앞에 나서거나 보여지는 것을 싫어해요.

- **Which is something S+V** 그건 ···할 것이라고
Which, by the way, is something you don't want to
attend wearing a Star Trek ensign's uniform.
그건 그렇고 스타트렉 제복을 입고서도 너희들은 참석하기 싫어할 곳이야.

by the way는 그건 그렇고

- **put it this way** 이런 식으로 말해보다
All right, let me put it this way. 좋아. 그럼 이렇게 말해보자고.
I must decline his invitation politely. How should I
put it? 난 그 사람 초대를 정중하게 거절해야 해. 어떻게 말해야 하지?

put it = express

put on~ …을 입다
You're gonna put on a suit, you're gonna come to this party. 정장을 입고 이 파티에 오라고.

a bunch of~ 많은
You're gonna explain your research to a bunch of old people. 많은 노인들에게 네 연구에 대해 설명하라고.
I had to take a test with a bunch of losers.
난 일단의 머저리들과 테스트를 해야 됐어.

blind는 눈을 멀게 하다

I swear to God, 맹세컨대,
I swear to God, I'll blind you with a hot spoon, like they did to that little boy in Slumdog Millionaire.
내 맹세하건대 뜨거운 숟가락을 네 눈을 멀게 할거야. 마치 Slumdog Millionaire에서 작은 소년이 당했던 것처럼.

Oh, you don't want that 그건 원치 않을거야
Oh, you don't want that. It's terrible.
어, 넌 그걸 원치 않을거야. 아주 끔찍해.
You don't want to know. It went very badly.
모르는 게 나아. 정말 안 좋았어.

It's gonna be off the hook 은 It's going to be crazy, in a good and fun way.

It's gonna be off the hook 아주 재미있을거야
So, Saturday night! It's gonna be off the hook.
그럼 토요일 저녁이야! 아주 재미있을거야.

Get over it 극복하라고
You lost, it's finished, get over it. 넌 졌어. 끝났어. 극복하라고.
Well, he's a big boy, he'll get over it.
그 사람도 다 큰 어른이니까, 잘 이겨낼거야.

SCENE 02

레너드는 파티에 참석하기 위해서 옷을 입는데 넥타이를 페니가 매주고 있다.

- ## There you go   이제 됐다, 여기 있어
  There you go, a special gift for Father's Day.
  여기 있어요, 아버지날의 특별한 선물예요.
  There you go. Your resume should be ready to submit
  to the company now.   여기 있어. 이젠 그 회사에 이력서 제출해야 하잖아.

The Big Bang Theory

> There you go는 이제 됐다 혹
> 은 물건을 건네며 여기 있어

- ## tuck ~ in   …을 …안으로 집어넣다
  Yeah, just tuck that part in your pants; you'll be fine.
  그래, 그 부분만 바지안으로 집어넣으면 괜찮을거야.

- ## smooch   키스하며 껴안다
  Okay, let's go smooch some rich, wrinkled tochis.
  그래서, 가서 돈많고 주름진 엉덩이에 키스하러 가자.

> tochis는 엉덩이 = tockus =
> tokus

- ## pick out   고르다, 선택하다
  My girlfriend doesn't pick out my clothes. My mother
  does.   내 여친은 내 옷을 골라주지 않아. 엄마가 하지.

- ## We should get going   우리 가야겠다
  We should get going or we'll miss our flight.
  우리 서둘러 가지 않으면 비행기 놓칠거야.
  We're going to be late for the party. Let's get going.
  파티에 늦겠어요, 어서 갑시다.

> get going은 좀 늦어진 것을 「다
> 시 시작하기 위해서 움직인다는
> 의미로 주로 약속장소에 늦거나
> 비행기 시간이 빠듯한 상황 등에
> 서 「지금이라도 빨리 서둘러서 가
> 자」는 의미로 많이 쓰인다

- ## employ   이용하다, 사용하다
  Tell him Dr. Cooper feels that the best use of his time
  is to employ his rare and precious mental faculties to
  tear the mask off nature and stare at the face of God.
  쿠퍼박사가 느끼기에 자기 시간을 가장 잘 활용하는 것은 희귀하고 소중한 지능을 이용하여 자
  연의 가면을 벗기고 신의 얼굴을 응시하는 것이라고 그에게 말해줘.

> mental faculties는 지능, tear
> the mask off~는 …의 가면을
> 벗겨내다

- **do laundry** 세탁하다, 빨래하다
Sheldon, it's Saturday night, you'll be doing laundry.
쉘든, 토요일 저녁은 세탁할거잖아.

이미 앞서 얘기가 나온 것을 간단히 뭉뚱그려 얘기할 때 ~thing이라고 한다.

- **~thing**
Don't tell him that, tell him the mask thing.
그건 얘기하지 말고, 마스크 얘기만 해.

SCENE 03

연구비 모금 파티가 열리는 곳.

- **Reminds me of~** …가 떠오른다
Nice place. Reminds me of my parents' house back in New Delhi. 집 멋지다. 뉴델리에 있는 부모님 집이 떠오르네.

- **You're kidding** 농담마
You saw Gary kissing Carrie? You're kidding!
게리가 캐리에게 키스하는 것을 봤다고? 농담마!
You're kidding! How did you get chosen for that?
정말! 어떻게 나가게 된거야?

let sb+V는 …가 …하도록 하다

- **make the mistake of~** …하는 실수를 저지르다
You see, in India, we don't make the mistake of letting our poor people have dreams.
저기 인도에서는 가난한 사람들이 꿈을 갖게 하는 실수를 하지 않아.

brainiac은 괴짜, 천재

- **one's band of~** 소수의…, 일단의…
There's my band of brainiacs. 우리 천재들이 여기 있네.

the board of directors는 이사회, beautiful mind는 뛰어난 지성

- **insist (that) S+V** …라고 주장하다
The board of directors insists he has a beautiful mind.
이사회는 그가 뛰어난 지성을 가졌다고 주장해.

- **banana** (슬랭) 미친사람
I think he's just bananas. 그는 미친 사람같아.

- **Let me introduce you to sb**
...에게 여러분들을 소개해줄게
Let me introduce you to one of the university's leading donors. 우리 대학의 주요 기부자 중 한 분을 소개시켜줄게.

- **be misled** 유인되다, 속다
I think we were misled about the cute girls.
귀여운 여자들에 대해서는 우리가 속은 것 같아.

- **I'd like you to meet~** ...을 소개해드리죠
I'd like you to meet three of our outstanding young researchers. 우리 걸출한 젊은 연구원 중 세명을 소개해드리죠.

outstanding은 뛰어난, 걸출한

- **stick with it** 고수하다, 꾸준히 밀고 나가다
Couldn't stick with it long enough to get your PhD?
박사학위를 딸만큼 충분히 매진할 수 없었어요?
Stick with it. You'll make a lot of money.
포기하지마. 돈을 많이 벌거야.

stick with은 중단없이 계속하다

- **don't bother with sth** ...에 신경쓰지 않다
Most engineers don't bother with a PhD.
대부분 엔지니어들은 박사학위에 신경쓰지 않아요.
Your criticisms don't bother me at all.
네가 시비 걸어도 난 눈 하나 깜짝 안해.

- **You may be interested to know S+V**
...을 알면 흥미로울거다
You may be interested to know I designed the zero-gravity waste-disposal system for NASA.
나사를 위해 무중력 폐기물처리 시스템을 만든 걸 아시면 흥미로우실 겁니다.

앞에 주어 I가 생략된 경우로 이때 get의 의미는 understand이다.

▪ Got it 알았어

You need more time to decide. Got it.
넌 결정하는데 시간이 더 필요하구나. 알았어.

I got it. It's no problem because my report is nearly finished. 알겠습니다. 문제 없습니다. 거의 다 됐거든요.

hit the bar는 I'm going to the bar to drink.

▪ hit the bar 술마시러 바에 가다

I'm gonna go hit the bar. 바에 가서 술을 마실거야.

▪ I think you'll really enjoy ~ing
…을 좋아할 것 같아요

I think you'll really enjoy hearing about his fascinating work. 그의 매력적인 연구에 대해 들으면 좋아할 것 같아요.

be about to+V는 막 …하려고 하다

▪ wet oneself 오줌을 지리다

They're cute when they're about to wet themselves, aren't they? 오줌을 지리려고 할 때 보면 귀여워요, 그렇지 않아요?

▪ I'll make it easy for you 내가 쉽게 해줄게요

Just come visit me. I'll make it easy for you.
그냥 날 찾아와봐. 내가 편하게 해줄게.

arrive at~은 …에 도착하다

▪ turn on 켜다

When you arrive at the lab in the morning, what sort of machine do you turn on?
아침에 실험실에 도착하면 무슨 기계를 켜나요?

▪ You're up 네 차례야

Everyone else has had a turn. You're up now.
다른 사람들 다 자기 차례를 겪었어. 이제 네 차례야.

tinkle은 주로 어린이들이 쓰는 혹은 어린이들에게 쓸 때 하는 단어이다.

▪ tinkle 오줌누러가다(pee)

It's Koothrappali. I have to tinkle.
쿠르라팔리입니다. 쉬하러 가야겠어요.

SCENE 04

쉘든의 거실. 쉘든이 컴퓨터로 에이미와 화상채팅을 하고 있다.

■ **do a load of whites** 하얀색 빨래감을 세탁하다

Instead of bowing to pressure, and going to that pointless soiree, I stayed right here and did a load of whites. 압력에 굴복해서 의미없는 파티에 가는 대신에 난 여기 남아서 빨래를 많이 했어.

■ **macho rebellious attitude toward~**

…에 대한 남성적이고 반항적인 태도

I respect your macho rebellious attitude toward The Man. 권위있는 사람에 대한 남성적인 반항적인 태도를 존경해.

The Man is slang for people in power or authority figures.

■ **make a foolish mistake** 어리석은 실수를 하다

In this case, I think you've made a foolish mistake.
이 경우는 네가 어리석은 실수를 한 것 같아.

You've made six simple mistakes this morning. What's the matter with you?
오늘 아침에 간단한 일을 여섯번이나 실수했어. 무슨 일이니?

■ **Unlikely** 그럴리가

Unlikely that you'll ever see her again.
네가 그녀를 다시 볼 수는 없을 것 같아.

■ **Make your case** 정당함을 증명해봐

Alright Mark, you have five minutes to make your case. 좋아, 마크. 몇분안에 네 주장을 증명해봐.

make the case는 입증하다, 주장하다라는 의미

■ **Keeping in mind that S+V** …을 명심하면서

Keeping in mind that your critical attitude is ruining our Saturday night together.
너의 비판적인 태도가 우리의 토요일밤 저녁을 망치고 있다는 점을 명심하면서.

ruin our Saturday night은 토요일 밤을 망치다

be above+N[~ing]은 너무 착해서 …하지 않는다

- ## be not above ~ing ···하고도 남을 사람이다
I'm not above minimizing your window.
난 네 채팅창을 최소화하고도 남을 사람이야.

- ## like it or not 좋든 싫든
Like it or not, she's going to be your boss for a while.
좋든 싫든, 그녀는 한동안 네 보스가 될거야.

upload ~ into는 ···을 ···에 업로드하다, equipped with~는 ···가 장착된, ···를 갖춘, 그리고 cloaking device는 보이지 않는 위장장치를 말한다.

- ## manage to+V 간신히 ···하다
Until you manage to upload your intelligence into a self-sustaining orbiting satellite, equipped with high-speed Internet and a cloaking device, you will be dependent on other members of the human race.
초고속 인터넷과 보이지 않은 위장장치를 갖춘 자급자족의 궤도 위성에 너의 지성을 올리기전까지는 넌 인류의 다른 사람들에게 의존하게 될거야.

- ## That's it 바로 그거야
That's it, I'm tired and ready to go home.
바로 그거야. 난 피곤해서 집에 갈 준비가 됐어.

That's it! Thank God you found it!
바로 그거야! 네가 찾아내다니 아이고 고마워라!

I'm not done이라고 해도 된다.

- ## I'm not finished 내 말 아직 안끝났어
Just wait a few minutes, I'm not finished.
잠깐만 기다려줘. 나 아직 안끝났어.

- ## How do you think I paid for my lab?
내 실험실 비용을 내가 어떻게 냈다고 생각해?
I got extra money. How do you think I paid for my lab?
여분의 돈이 있어. 내가 내 실험실 비용을 어떻게 냈다고 생각해?

have an interest in = be interested in

- ## have an interest in ···에 관심이 있다
I went to Saudi Arabia and met with a prince who had an interest in neurobiology.
난 사우디아라비아에 가서 신경생물학에 관심있어하는 왕자를 만났어.

- ## be funded by~
Your lab is funded by some Middle-Eastern dilettante?
너의 실험실 자금이 한 중동의 호사가에 의해서 충당된다고?

dilettante는 호사가

- ## state-of-the-art 최신의
I do have a state-of-the-art two-photon microscope and a place to stay in Riyadh for the winter.
최신의 이광자현미경이 있고 겨울에 머물 장소가 리야드에 있어.

two-photon microscope는 이광자현미경

- ## That explains~ …가 설명이 된다
That explains those puzzling camel race photos on your Facebook page.
네 페이스북 페이지에 알수 없는 낙타경주사진들이 이제 설명이 된다.

I wondered where it came from. That explains it.
어디서 온건가 그랬어. 이제 알겠구만.

- ## Consider this, 이걸 생각해봐
Consider this, he might have been lying to us.
이걸 생각해봐. 걔는 아마 우리에게 거짓말을 했을지 몰라.

- ## Without you to+V 네가 …하지 않으면
Without you to make the case for the physics department, the task will fall to people like Leonard and Rajesh.
네가 물리학과의 주장을 하지 않는다면, 그 일은 레너드나 라제쉬 같은 사람들에게 떨어질거야.

make the case for~ …의 주장을 하다

- ## Are you trying to scare me? 날 겁주려는거야?
Are you trying to scare me? 'Cause you're succeeding.
날 겁주려는거야? 왜냐면 성공하고 있으니까.

scare sb는 …을 겁주다, 무섭게 하다

- ## Prepare to be terrified 놀랄 준비해
Well, then prepare to be terrified. If your friends are unconvincing, this year's donations might go to, say, the geology department.
그럼 놀랄 준비를 해. 네 친구들이 설득을 하지 못하면 금년도 기부금은 지질학과로 갈 수도 있어.

The Big Bang Theory

- **liberal arts** 교양학부
  Or worse, it could go to the liberal arts.
  아니면 더 최악으로 교양학부로 갈 수도 있어.

- **be showered on~** …로 쏟아져 내리다
  Millions of dollars being showered on poets, literary theorists and students of gender studies.
  엄청난 돈이 시인과 문학이론가 그리고 성별이론을 연구하는 학생들에게 쏟아져 내린다고.

- **humanities** 인문학
  She spent several years in university studying humanities. 걔는 대학에서 몇년간 인문학을 공부했어.

SCENE 05

다시 연구모금 파티가 열리는 장소.

fund-raiser는 기금모금행사

- **On the bright side** 낙관적으로 보면
  On the bright side, I don't think President Siebert will be making us go to any more fund-raisers.
  낙관적으로 생각하면 시버트 총장이 다른 연구모금 파티에 더는 우리를 가게 하지 않을 것 같아.

- **bar mitzvah** 유대교에서의 성년식
  It was so much easier at my bar mitzvah.
  내 성년식이 훨씬 쉬웠어.

- **hand sb a savings bond** …에게 저축성 채권을 건네주다
  The old people just came up to you, pinched your cheek and handed you a savings bond.
  나이드신 분들이 다가와서 볼을 꼬집고는 저축성 채권을 건네주셨어.

150

■ Oh, don't be such gloomy Gusses
너무 비관적으로 행동하지마

Oh, don't be such gloomy Gusses. Look at the size of these shrimp! 너무 비관적으로 생각하지마. 이 새우들 크기를 보라고!

A gloomy Gus is someone who acts sad and can depress others because he sees the negative side of things. The speaker is saying don't be so gloomy or pessimistic

■ At what point do we start calling~?
어느 때부터 …라고 부르기 시작하는거야?

At what point do we start calling them lobsters?
어느 때부터 그것들을 랍스터라고 부르기 시작하는거야?

■ Face it 현실을 직시해라

Face it, Raj, we crashed and burned tonight.
현실을 직시하라고 라지. 우리는 오늘밤 제대로 못했어.

Let's face it. Our business is going to fail.
현실을 직시하자고. 우리 사업은 망할거야.

carshed and burned은 we failed, we did poorly

■ You didn't do that badly 그렇게 나쁘지 않았어

You didn't do badly, so don't be hard on yourself.
넌 그렇게 나쁘지 않았어. 그러니 너무 자책하지마.

■ no longer 더 이상 …하지 않다

I no longer care, dear. 난 더 이상 신경쓰지 않아.

■ I really enjoyed ~ing 정말 …해서 즐거웠어

Don't worry, I really enjoyed meeting you this evening. 걱정마. 난 정말 오늘 저녁에 너를 만나서 즐거웠어.

I never enjoyed working here anyhow.
어쨌든 나도 여기서 일하는 거 좋아한 적이 없으니까.

■ That was good for you? 그게 좋았다구요?

That was good for you? I didn't like it much.
그게 네게는 좋았어? 난 그렇게 좋지는 않았는데.

feel ill at ease 불편하다

- ## There's nothing I like better than ~ing
  난 …하는 것을 가장 재미있어해

  There's nothing I like better than making smart people feel ill at ease.
  똑똑한 사람들을 불편하게 만드는 것을 가장 재미있어해요.

- ## It's one of the fun things you get to do when~ …하면 하게 되는 재밌는 일들 중의 하나야

  It's one of the fun things you get to do when you have lots of money. 돈을 많이 갖고 있게 되면 할 수 있는 재밌는 일들 중의 하나야.

- ## Who said you could~ ? 누가 네가 …해도 된다고 했어?

  Who said you could eat that shrimp?
  누가 그 새우를 먹어도 된다고 했어?

germy hands는 세균이 득실대
는 손

- ## shake sb's germy hands
  세균이 득실거리는 손과 악수하다

  I don't want to shake anyone's germy hands.
  난 세균이 득실거리는 손과 악수하기 싫어요.

SCENE 06

쉘든의 거실, 쉘든은 시버트 총장과 대화를 나누고 있다.

- ## I must confess S+V …라고 말해야겠네요

  I must confess I don't understand you, President Siebert. 시버트 총장님 정말 이해를 못하겠네요.

not go anywhere near~는
…의 근처에는 얼씬도 하지 않다

- ## You say you want me to+V
  내가 …하기를 바란다고 말하다

  First you say you want me to appear at your fund-raisers, but now you say you never want me to go anywhere near your fund-raisers.
  처음에는 모금행사에 나와달라고 하더니 이제는 모금행사에는 근처에도 오지 말라고 하네요.

- **Forgive me, but~** 죄송하지만…

Forgive me, but that sounds like a mixed message.
죄송하지만 메시지가 분명치가 않네요.

What's it going to take for you to forgive me? I'll do anything you want. 어떻게 해야 날 용서하겠니? 네가 원하는 뭐든지 할게.

- **Here we go again** 또 시작이군

Here we go again. You complain about everything I do. 또 시작이군. 당신은 어떻게 내가 하는 일마다 불만이야.

Oh, here we go again. You are always criticizing the president. 아. 또 시작이구나. 넌 맨날 사장님을 헐뜯더라.

> 이미 여러 번 경험한 불쾌한 일이나 귀에 못이 박히도록 들어온 잔소리가 시작되려고 할 때 「또 시작이로군」이라는 의미로 사용되는 표현

- **there's no talking to sb** …에게 할말이 없다

If there's simply no talking to me, why did you call?
내게 할 말이 없으시다면서 왜 전화하셨어요?

- **sb be on the other line** 다른 전화가 오다

I'm sorry, someone's on the other line.
미안하지만 다른 전화가 와서요.

There's someone on the other line. 다른 전화가 와 있어.

- **Why don't you ~?** …하는게 어때?

Why don't you see if you can organize your thoughts, and we'll try again later.
당신 생각이 정리되거든 나중에 얘기하는게 어떻겠어요?

Why don't you go out with him? 걔랑 데이트 한번 하지 그래?

> organize one's thoughts는 …의 생각을 정리하다

- **Cooper-Hofstadter residence. Go for Cooper** 쿠퍼와 호프스태터 거주지입니다. 쿠퍼입니다.

Why don't you see if you can organize your thoughts, and we'll try again later. Cooper-Hofstadter residence. Go for Cooper. 당신 생각을 정리할 수 있는지 보시고 나중에 얘기합시다. 쿠퍼 호프스태터 거주지입니다. 쿠퍼입니다.

> 쉘든이 군인이나 경찰이 하는 무선통신용어로 전화를 받는 장면이다.

dole out (조금씩) 나눠주다

A woman well past her prime seeking to augment her social status by doling out her late husband's ill-gotten gains. 죽은 남편의 부당한 이득을 조금씩 나누어주면서 사회적 지위를 올리려고 하는 한물간 부인이잖아요.

> ~ well past her prime은 자신의 전성기가 훨씬 지난, 한물간, 그리고 augment one's social status는 …의 사회적 지위를 올리다

have me tested 내가 테스트를 받도록 하다

I'm not crazy, my mother had me tested. 난 미치지 않았어요. 엄마가 테스트를 시켜봤다구요.

> 사역동사가 쓰인 것은 다른 사람, 즉 의사가 테스트란 행위를 했기 때문이다.

the drive-thru at Jack in the Box 잭인더박스에서 드라이브 쓰루

Where you going, the drive-thru at Jack in the Box? 어디가는데, 잭인더박스에서 드라이브 쓰루하게?

> Jack in the Box는 패스트푸드 체인점

send a car to+V 차를 보내 …하다

Well, wherever we're going, she's sending a car to pick me up. 어딜 가든, 나를 픽업하러 차를 보낸데.

I see what's happening 어떻게 되는지 알겠어

I see what's happening. You're making fun of me. 어떻게 되는지 알겠어. 너 나 놀리고 있지.

stature 위상, 지명도

My stature intimidates her, so she's using you to get to me. Crafty old gal. 나의 위상에 무서워서, 너를 이용해 내게 접근하는거지. 교활한 노친네같으니라구.

> intimidate는 겁을 주다

dissertation 논문

I've been published in peer-reviewed journals, I received a Dissertation of the Year award for experimental particle physics. 난 전문가들이 검토한 저널에 발표도 했고, 실험입자물리학 부분 올해의 논문상을 받기도 했어.

- **That can't be it** 그럴 리가 없어
This is the address? That can't be it.
이게 그 주소야? 그럴 리가 없어.

- **Since you seem to have forgotten,**
네가 잊어버린 것 같아서 그런데
Since you seem to have forgotten, the reason we live together is we're best friends.
네가 잊어버린 것 같아서 그런데, 우리가 같이 사는 이유는 절친이기 때문이야.

> seem to+V는 …한 것 같다

- **I got your back, jack** 내가 네 뒤를 봐줄게
I've got your back, okay? You're not alone.
너 뒤를 봐줄게. 넌 혼자가 아냐.

> 여기서 jack은 별 의미없이 back와 운율을 맞추기 위해서 쓴 단어.

SCENE 07

후원자인 레이썸 부인이 차안에서 레너드와 함께 있다.

- **I'm glad you enjoyed it** 즐겼다니 좋으네요
I wrote that song, and I'm glad you enjoyed it.
내가 그 노래 가사를 썼어. 네가 즐거웠다니 기뻐.

- **The only time S+V is when~**
…하는 유일한 때는 …할 때이다
The only time I eat this well is when my mom's in town and she takes me out to dinner.
이렇게 잘 먹을 때는 엄마가 오셔서 외식시켜주실 때 뿐예요.

> take sb out to dinner는 …을 데리고 나가 저녁을 먹다

- **Is that so?** 그래요?
Is that so? I never thought he would agree to it.
그래? 난 걔가 그거에 동의하리라고는 생각못했는데.

kind of = sort of = 조금, 약간

• **You remind me of~** 널 보니 …가 생각나

You kind of remind me of her. She enjoys making people uncomfortable, too.

부인을 보니 엄마가 생각나요. 엄마도 사람들 불편하게 하는 걸 좋아하거든요.

놀랐을 때(정말?), 남들 다 아는 얘기를 지금 알았다는 상대방에게(너 농담하냐), 내 말을 강조할 때(진심이야), 그리고 동의할 때(맞아) 등 다양하게 쓰이는 표현이다.

• **No kidding** 설마, 정말, 너 농담하냐, 진심이야

No kidding. Sandy has really gotten fat.

진심이야. 샌디는 살이 쪘어.

No kidding. It has a very interesting flavor.

설마. 맛이 너무 좋은데.

• **How are you feeling about ~ing?**

…하는거에 대해서 어떻게 생각해요?

Speaking of money, how are you feeling about helping the physics department get a cryogenic centrifugal pump and molecular sieve? 돈 얘기가 나왔으니 그런데요. 물리학과가 극저온 원심분리기 펌프와 분자체를 구입하는데 도와주는거에 대해 어떻게 생각해요?

I must say,는 …라고 말해야겠군요

• **make a very persuasive case for~**

…에 대해 매우 설득력있는 주장을 펴다

I must say, you make a very persuasive case for it.

그거에 대해 매우 설득력있는 주장을 폈어요.

• **take it to the next level** 다음 단계로 …넘어가다

I'm seriously considering taking it to the next level.

진지하게 다음 단계로 넘어갈 생각을 하고 있어요.

SCENE 08

쉘든의 거실. 산드라 블록이 나오는 〈28일〉이란 영화를 보고 있는데 레이썸 부인에게 키스를 당한 레너드가 들어온다.

sober는 술에 취하지 않은 상태인

• **It's a shame~** …은 안됐다

It's a shame, all that work she's doing to get sober, only to be torn apart and eaten alive. 알콜중독에서 벗어나기 위해 온갖 노력을 하는데 결국 갈기갈기 찢겨져 산채로 먹히는게 안됐다.

The Big Bang Theory

■ **swell** 대단한, 멋진
Swell. I need a drink. 대단했어. 술 좀 마셔야겠어.

> swell은 동사로 붓다라는 의미로 자주 쓰인다. 여기서는 형용사로 쓰인 경우.

■ **stick one's tongue down one's throat**
혀를 …목구멍에 집어넣다
Then she stuck her tongue down my throat.
그리고 나서, 자기 혀를 내 목구멍에 집어 넣었어.

■ **keep ~ing** 계속해서 …하다
We can't keep explaining everything. Read that book we got you. 계속해서 모든 걸 설명해줄 수는 없잖아. 우리가 준 책 읽어봐.
Just keep trying to fix it. 계속해서 고쳐보도록 해.

■ **She hit on me** 나를 유혹했어
She hit on me when we were at the conference.
그녀는 우리가 회의할 때 나를 유혹했어.

> hit on sb는 …을 유혹하다

■ **Are you telling us that S+V?** …라는 말이야?
Are you telling us that old lady wanted to have sex with you in exchange for giving your department millions of dollars?
그 노부인이 네 과에 수백만 달러를 주는 대가로 너와 섹스를 하고 싶어했다는거야?
Are you telling me that you want to quit, or what?
그만두고 싶다는 얘기가 아니고 뭡니까?

> in exchange for~ …의 교환으로

■ **You lucky duck** 이 운좋은 자식
Howard: Are you telling us that old lady wanted to have sex with you in exchange for giving your department millions of dollars?
너희 부서에 수백만 달러를 기부하는 대가로 그 노부인이 너랑 섹스하고 싶다고 말하는거야?
Leonard: I think so. 그런 것 같아.
Howard: You lucky duck. 이 운좋은 놈같으니라고.

> You lucky duck은 You are fortunate라는 말로 주로 어린 아이들이 쓰는 말이다.

■ **broken toy** 어린 시절에 상처를 받은 사람, 정신적으로 문제가 있는 사람
You're really a broken toy, aren't you?
너 정말 정신적으로 문제가 있구나, 그렇지 않아?

157

The Big Bang Theory

- **get out of~** …에서 벗어나다, 빠져 나오다

  I was able to get out of there before anything else happened, but she wants to see me again tomorrow night.

  무슨 일이 벌어지기 전에 거기서 빠져 나올 수 있었지만 내일 저녁에 다시 보자고 하네.

plan on ~ing 혹은 plan to+V 는 앞으로 …할 생각이다라는 의미

- **What are you planning to+V?** 뭘…할거야?

  What are you planning to wear? 뭘 입을거야?

be an expert on ~ing는 …하는데 전문가이다, trade A for B 는 A를 주고 B를 받다

- **walk sb through sth** …에게 상세하게 설명하다

  Penny, you're an expert on trading sexual favors for material gain, walk him through this.

  페니, 넌 성적호의를 베풀고 물질적 이득을 얻는데 선수니까 재한테 자세히 설명해줘봐.

- **Forget it!** 잊어버려!, 됐어!

  Forget it! There's no way that's going to happen.

  잊어버려! 그렇게 될 일은 전혀 없어.

  Forget it! All you want is help doing your homework.

  됐네! 네 숙제 도와줬으면 하는 거잖아.

- **It's not gonna happen** 그런 일 없을거야

  Well, forget it! It's not gonna happen. 잊어버려! 그런 일 없을거야.

  Listen to me. Don't worry about that, okay? Nothing is gonna happen. 내 말 들어봐. 그 문젠 걱정하지마, 알았어? 아무 일 없을거야.

- **Come now** (재촉) 자자, (놀람) 이런, 저런

  Come now, we need to behave in a respectful manner.

  자자, 우리는 공손하게 행동해야 돼.

make a contribution to~는 …에 공헌하다

- **make a real contribution to~**

  …에 진정한 공헌을 하다

  Well, come now, Leonard, this may be your only chance to make a real contribution to science!

  이런, 레너드, 이건 네가 과학에 진정으로 공헌할 유일한 기회일지도 몰라!

158

- ## What was all that about sb ~ing?
  …가 …한다는 얘기는 뭐였어?

  What was all that about me trading sexual favors for
  material gain? 내가 성적호의와 물질적 이득을 바꾼다는게 무슨 얘기였어?

- ## It was a compliment 그건 칭찬의 말이었어
  It was a compliment, so you should be flattered.
  그건 칭찬였으니 우쭐해도 돼.

  compliment는 동사, 명사 동일
  형이다.

- ## give credit where credit is due
  합당하게 평가하다, 칭찬받을 사람에게 칭찬하다
  I believe in giving credit where credit is due.
  난 칭찬받을 사람에 칭찬을 해준거야.

SCENE 09

다음날 저녁 추근대는 스폰서 노부인 레이썸의 전화를 쉘든이 받는다.

- ## I won't be too late 일찍 올거야
  I need to do some more work, but I won't be too late.
  난 일을 좀 더 해야 되지만 그렇게 늦지는 않을거야.

  won't의 발음은 [wount]

- ## make a final pitch for~
  …에 대해 마지막으로 열내서 설득하다
  I'm just gonna make a final pitch for the funding and
  then say good night.
  기금에 대해 마지막으로 설득을 하고 그리고 나서 작별인사를 할거야.

- ## procure from~ …로부터 조달하다, 취득하다
  There's, uh, baby oil, condoms and, uh, a little something
  I procured from the school of pharmacology.
  베이비 오일, 콘돔 그리고 내가 약학과에서 구한 작은거야.

The Big Bang Theory

주로 학생들이 M&M의 초록색이
비아그라와 같은 효능이 있다는
소문을 말함.

- ## A is to B as C is D A와 B의 관계는 C와 D의 관계와 같다
  They say it is to Viagra as Viagra is to a green M&M.
  그거와 비아그라와의 관계는 비아그라와 초록색 M&M의 관계와 같대.

- ## overcome one's reluctance 마지못해 하다
  Maybe this will overcome your reluctance.
  아마도 이게 네가 하기 싫은 마음을 없애줄지도 몰라.

get A ~ing는 …가 …하도록 하
다, hum은 활기가 넘치다

- ## go on the Internet 인터넷을 뒤지다
  I went on the Internet and found a photograph of a
  25-year-old Mrs. Latham to get your libido humming.
  너의 성욕이 넘치게 하도록 하기 위해 인터넷을 뒤져서 25살 때의 레이썸 부인의 사진을 찾았어.

- ## Are you insane? 너 정신나갔니?
  Are you insane? You can't insult our boss!
  너 정신나갔어? 우리 사장을 모욕하면 안되지!
  Are you insane? You'll get arrested! 너 미쳤니? 잡힐거야!

- ## prostitute oneself 몸을 팔다
  I'm not going to prostitute myself just so we can get
  some new equipment. 난 새로운 장비를 얻기 위해 내 몸을 팔지 않을거야.

self-abuse는 masterbation을
말한다.

- ## Given~ …을 고려해볼때
  Given how much time you spend engaging in pointless
  self-abuse, you might consider, just this once, using
  your genitalia to actually accomplish something!
  네가 의미없는 자위하면서 보내는 시간을 고려해볼 때, 이번 단 한번 실제로 뭔가 성취하기 위
  해 네 생식기를 써보는 걸 고려해봐.

- ## shack sb …와 자다
  He still won't shag the old lady, huh?
  걔가 아직도 그 노부인과 안자려고 해?

160

SCENE **10**

레이썸 부인의 차안.

- ## make sb uncomfortable …을 불편하게 하다
  I made you uncomfortable last night. I'm so sorry.
  어젯밤에 나 때문에 불편했군요. 미안해요.

- ## make the donation to~ …에 기부하다
  I'm making the donation to your department regardless
  of what happens between us.
  우리들 사이에 무슨 일이 있건 간에 당신 학과에 기부할거예요.

  regardless of~는 …에 상관없이

- ## quid pro quo 하나 주면 하나 받는 것
  There's no quid pro quo here. 이 부분에서는 주고 받는게 아녜요.

  라틴어로 유명하게 쓰인 quid pro quo은 영화 〈양들의 침묵〉에서 존 홉킨스가 조디 포스터에게 범인의 힌트를 하나씩 알려줄테니 자기의 질문에도 하나씩 답변을 하라고 할 때이다.

- ## do remarkable research 놀라울 만한 연구를 하다
  You and your colleagues are doing remarkable research,
  and you deserve the money.
  당신과 당신 동료들은 대단한 연구를 하고 있고 당신은 돈을 받을 만해요.

- ## take a shot 한번 해보다, 한번 찔러보다
  I took a shot, sue me. 한번 찔러 본 것이니. 고소해요.
  Come on. Just give it a shot. If you don't like it we'll
  do something else. 그러지 말고 한번 해봐. 네가 만약 싫어하면 다른 걸 하자.

  give it a shot 역시 한번 해보다

- ## be interested in~ …에 관심을 갖다
  It was foolish of me to think someone your age might
  ever be interested in someone like me.
  당신같은 나이대의 사람이 나와 같은 사람에게 관심을 가질거라고 생각한 내가 바보같았어요.

  be interested in = have an interest in

- ## Don't say that 그런 말 마세요
  Don't say that. It's not very nice. 그런 말 말아요. 그렇게 좋지 않네요.

The Big Bang Theory

- **Well, aren't you sweet?** 참 고맙네요
  You brought these flowers? Well, aren't you sweet.
  이 꽃들을 가져왔어요? 참 고맙네요.

for the rest of your life는 네 남은 평생

- **Just for the record,** 참고로 말하자면,
  Just for the record, you'd remember a night with me for the rest of your life.
  참고로 말하자면, 나와 함께한 밤은 평생동안 기억할거예요.

- **land sb** …을 차지하다
  How do you think I landed such a rich husband?
  내가 어떻게 그런 부자 남편을 차지했다고 생각해요?

반대로 생각을 많이 했다고 할 때는 I've given it a lot of thought 라고 한다.

- **I hadn't really given it much thought**
  그 생각은 많이 안해봤는데요
  The exam is Monday but I haven't really given it much thought. 시험이 월요일에 있지만 그 생각은 많이 안해봤어.

여기서 that은 그 정도로

- **I'm that good** 그 정도로 잘해
  I will double your profits. I'm that good.
  네 수익을 두배로 늘려줄게. 난 그 정도로 잘해.

- **what the hell** 에라 모르겠다
  What the hell? I thought this was all taken care of.
  알게 뭐람? 난 이게 다 관리되고 있는 줄 알았어.
  Look at all those police cars. What the hell?
  저 경찰차들 봐. 도대체 뭐야?

162

SCENE **11**

레이썸 부인과 격렬한 섹스를 하고 아침에 옷을 풀어헤친 채 집에 올라오다 페니와 만난다.

- **walk of shame** 간밤에 섹스를 해서 풀어헤쳐진 모습
I recognize the walk of shame when I see it.
내가 보면 그런 모양새는 알아보지.

- **All you're missing is~** 네게 없는 거라고는 …이다
All you're missing is a little smeared mascara and a purse with panties wadded up in it.
네게 없는 거라고는 번진 마스카라와 팬티를 구겨넣은 핸드백 뿐이야.

  wad sth up은 …을 똘똘 뭉치다

- **That's a good sign, right?** 좋은 신호, 맞지?
She texted me twice. That's a good sign, right?
걔가 내게 문자를 두번이나 보냈어. 그거 좋은 신호, 맞지?

- **I'm so proud of you!** 네가 정말 자랑스러워!
I'm so proud of you for giving up smoking!
난 네가 금연을 한 것에 대해 네가 정말 자랑스러워!
Did you hear that?! My dad's proud of me!
너 들었지? 아빠가 날 자랑스러워 하신대!

- **sell oneself out** 몸을 팔다
You sold yourself out like a common streetwalker!
창녀처럼 몸을 팔았구나!

  common streetwalker는 흔한 거리의 창녀

- **stiff** 줄 돈을 떼먹다, 속이다
She stiffed you? (몸만 팔고) 돈은 못받은거야?

- **I believe that's what~** …한게 바로 그거일거야
I believe that's what your roommate did to her.
네 룸메이트가 그녀에게 한 짓이 바로 그거일거야.

  여기서 did는 stiffed를 뜻한다.

The Big Bang Theory

■ **Get paid up front** 선불로 받았어
If you work for that company, get paid up front.
그 회사하고 일을 할 때는 먼저 선물로 받아라.

knack은 재주나 요령을 뜻한다.

■ **have a real knack for~** …에 일가견이 있다
I think you have a real knack for gigolo work, Leonard. 레너드, 넌 정말 창남짓에 일가견이 있는 것 같아.

■ **get one's rest** 쉬다
She said she needs to get her rest tonight.
걔는 오늘밤 쉬어야겠다고 말했어.
You need to go home and get some rest. 집에 가서 좀 쉬어.

여기서 Daddy는 쉘든 자신을 말한다.

■ **There are a lot more+adj.~** 많은 …가 있다
There are a lot more rich old ladies out there, and Daddy needs a new linear accelerator.
세상에는 돈많은 노부인들이 많고 나는 새로운 선형 가속기가 필요해.

■ **learn ~ from** …로부터 …을 배우다
I thought he didn't learn anything from his relationship with you.
걔가 너와의 관계에서 아무 것도 배우지 못한 줄 알았어.

SCENE 12

대학교 구내식당으로 레너가 들어온다.

■ **There he is!** 저기 오네!
Ron told us he'd be here, and there he is!
론은 여기 올거라고 말했어, 저기 오네!

■ **The man of the hour!** 화제의 인물!
This party is to honor Jason, the man of the hour!
이 파티는 화제의 인물, 제이슨을 기념하기 위한거야!

- **He took one for the team!** 전체를 위해서 몸을 바쳤다!

Doug is working overnight on the project. He took one for the team.
더그는 그 프로젝트 건으로 밤새 일하고 있어. 걘 전체를 위해 몸을 바쳤어.

take one for the team은 전체를 위해 희생하다

- **keep telling yourself that** 계속 그렇게 생각해

Keep telling yourself that, it makes it easier. Trust me, I know. 계속 그렇게 생각해. 그러면 좀 더 쉬워져. 내가 알아.

keep ~ing는 계속해서 …하다

- **That's awesome!** 대단하다!

Apparently we're getting a raise. That's awesome!
분명히 우리는 급여인상이 될거야. 대단하다!

The Big Bang Theory

SEASON 05 EPISODE 01

The Skank Reflex Analysis

페니와 라지가 그만 술에 취해 레너드의 방에서 하룻밤을 지새고 일어나 놀라서 대충 옷을 걸쳐입고 나가는데 거실에는 다들 모여서 이 모습을 본다. 이때 페니는 It's not what it looks like라는 변명을 하게 되고 이 말을 받아 쉘든이 What does it look like?라는 명언을 하게 되는 장면, 그리고 라지가 페니에게 그날밤 일을 고백하는 장면 등이 기억에 남는다.

SCENE 01

시즌 5의 에피소드 1이라서 지난 시즌의 간략한 이야기가 먼저 나오며, 시즌 5의 첫장면으로 라지와 페니가 함 침대에 누워있다.

have a crush on sb는 ···에 (일시적으로) 빠지다

■ **have got a big crush on sb** ···에 푹 빠지다

My brother-- he's got a big crush on Bernadette.
내 오빠가 버나뎃에게 푹 빠졌어.

I had a crush on you when I first met you!
내가 널 첨 봤을 때 너한테 반했어!

go on = happen

■ **What's going on?** 무슨 일이야?

What's going on? You just disappeared for a while.
무슨 일이야? 넌 잠시 없어졌던데.

Okay, you are scaring me. What the hell is going on?
좋아, 네가 무서워지는데, 도대체 무슨일이야?

■ **It's not what it looks like** 보이는 것처럼 그렇게 아냐

Don't get the wrong impression, It's not what it looks like. 잘못된 느낌은 받지마, 보이는 것처럼 그렇게 아냐.

- ## What does it look like? 보이는 게 뭔대?
  We've run out of money. What does it look like?
  우리는 돈이 떨어졌어. 어떻게 보이겠어?

SCENE 02

구내식당에서 쉘든이 페니가 한 말 It's not what it looks like의 의미를 몰라 되새기고 있다.

- ## grind 파고들다, 깊이 생각하다
  What are you grinding about? 뭘 그렇게 골똘이 생각하고 있는거야?

  > grind about은 "What are you thinking deeply about?," "What has you so preoccupied?"로 생각하면 된다.

- ## brain teaser 머리를 써야 풀 수 있는 난제, 수수께끼
  Penny's brain teaser this morning.
  페니가 오늘 아침에 말한 수수께끼.

  > strip teaser가 옷을 벗으면서 남자들의 호기심을 자극하는 스트립퍼를 뜻하듯, brain teaser는 뇌를 자극하여 풀게 만드는 수수께끼 난제를 말한다.

- ## emerge from~ ...에서 나오다
  She and Koothrappali emerge from your bedroom.
  그녀와 쿠트르팔리가 네 침실에서 나왔어.

- ## disheveled 머리가 헝클어진
  She is disheveled, and Raj is dressed only in a sheet.
  그녀는 머리가 헝클어져 있었고, 라지는 쉬트만 걸치고 있었어.

- ## Just let it go 그냥 잊어버려
  Just let it go. Don't let it bother you.
  그냥 잊어버려. 그 때문에 신경쓰지 말고.

  Let it go. It was just a stupid date.
  잊어버려. 유치한 데이트 정도였잖아.

  > let it go = forget

- ## I shan't 그렇게 하지 않을거야
  If I could, I would, but I can't, so I shan't.
  내가 그럴 수 있으면 그렇게 하겠지만 그럴 수가 없어서 그렇게 하지 않을거야.

  > I shall not의 축약형으로 그렇지 않겠다는 주어의 고집을 뜻한다.

■ **engage in coitus** 성교하다

Now, knowing Penny, the obvious answer is, they engaged in coitus.

페니를 알기 때문에, 명백한 답은 걔네들이 성교를 했다는거야.

■ **rule ~ out** 배제하다

But since that's what it looked like, we can rule that out. 하지만 그건 그렇게 보이는 것이기 때문에 제외해야 돼.

■ **put on one's thinking cap**
신중히 생각하다, 진지하게 생각하다

Let's put on our thinking cap, shall we?

우리 진지하게 생각해보자 그럴래?

■ **such as~** …와 같은

Parasitic infections are common, such as pinworms.

요충같은 기생충 감염이 흔하지.

■ **crawl out of~** …에서 기어나오다

The procedure for diagnosing pinworms is to wait until the subject is asleep, and the worms crawl out of the rectum for air. 요충들을 진단하는 절차는 감염자가 잠들 때까지 기다리는거야 그리면 기생충들이 공기를 마시기 위해 항문으로 나오지.

■ **Just like that** 바로 그렇게, 그냥 그렇게

And Robert quit his job. Just like that.

그리고 로버트는 직장을 그만뒀어. 그냥 그렇게.

Yeah, everything was normal, then we got hit. Just like that! 네, 모든 게 다 정상이었는데, 그런데 누가 우리 차를 들이받았죠. 그냥 그렇게요!

■ **could have+pp** …했을 수도 있었다

Penny could have been inspecting Raj's anal region for parasites. 페니가 기생충이 있나 라지의 항문쪽을 검사했을 수도 있었을거야.

- **true blue** 진정한, 충직한
  Amy is true blue. You can put your trust in her.
  에이미는 충직한 사람이야. 걔를 믿어도 돼.

- **Don't I look silly ~ing?** …하는게 어리석게 보이지 않아?
  Don't I look silly sitting here wearing this?
  내가 이거 쓰고 앉아있는데 한심하게 보이지 않아?

진지하게 생각하자는 표현인 put on one's thinking cap을 말하면서 쉘든은 모자를 쓰는 시늉을 했기 때문에 아직도 모자를 쓰고 있다는 가정하에서 하는 말이다.

SCENE 03

쉘든과 레너드가 있는 구내식당에 라지와 하워드가 앉는다.

- **lay one's head** 머리를 누이다, 자다
  Leonard, is it awkward for you knowing that one of your dear friends had sexual intercourse with a woman you used to love in the very place you lay your head? 레너드, 절친 중의 하나가 네가 사랑했던 여자와 네가 자는 바로 그곳에서 섹스를 했다는 걸 알고 나니 어색하지?

have sexual intercourse with sb는 …와 성교를 하다, used to+V는 과거에 …하곤 했다

- **disregard** 무시하다
  I'm going to disregard it, because I have an agenda-- paintball. 난 그걸 무시할거야. 왜냐면 내게는 페인트볼이라는 얘기할 의제가 있어서.

- **establish a chain of command** 지휘체계를 세우다
  In order to function better as a fighting unit, I thought we should establish a chain of command.
  전투부대로서 제대로 기능하기 위해서, 난 우리가 지휘체계를 세워야 한다고 생각했어.

fighting unit은 전투부대

- **It goes without saying that S+V**
  …은 말할 것도 없이 당연하다
  It goes without saying that I would outrank the three of you, but the question remains, by how much?
  내가 너희들 셋보다는 계급이 높은 것은 당연한데, 문제가 얼마나 높냐는거야.

The Big Bang Theory

HQ= headquarters는 본부, ride a desk는 책상에 앉아 일하다

▪ see sb as~ …을 …보다, …을 …로 생각하다

I don't see me as some four-star general, back at HQ riding a desk and playing golf with the Secretary of Defense.

난 본부에 남아 책상을 앉아서 일하고 국방장관과 골프를 치는 4성장군으로 생각하지 않아.

sergeant은 하사, regular Joe 는 평범한 병사

▪ lead sb to think of me as~

내가 …하다고 …가 생각하게 하다

I can't be Sergeant Cooper, because that might lead you to think of me as just a regular Joe.

난 쿠퍼하사도 될 수 없어. 왜냐면 그럼 너희들이 나를 평범한 병사로 생각하게 될테니까.

As you were는 군대 구호로 제자리로, 원위치로

▪ take some thought 좀 더 생각이 필요하다

This might take some thought. As you were.

이거 생각 좀 더 해봐야 될 것 같아. 원위치로.

the hell은 강조삽입어구

▪ What the hell is wrong with you?

넌 도대체 뭐가 문제인거야?

What the hell is wrong with you? That was a stupid thing to do. 넌 도대체 뭐가 문제인거야? 그렇게 하는 것은 정말 멍청한 짓이었어.

▪ How could you do that? 어떻게 그럴 수가 있어?

How could you do that? It caused so many problems.

어떻게 그럴 수가 있어? 그건 많은 문제들을 초래했어.

How could you do that, after you promised me?

내게 약속해놓고 어떻게 그럴 수가 있냐?

▪ What is it to you? 너랑 무슨 상관이야?

What's it to you? That is my own business.

그게 너랑 무슨 상관야? 그건 내 일이라고.

get one's back은 …의 뒤를 봐주다로 의미는 I'll protect or help him if he has troubles or is threatened.

▪ I got his back 난 걔 편이니까

Raj: What is it to you? 네가 무슨 상관이야?

Howard: I got his back. 난 걔의 편이니까.

- **turn out S+V** ···로 판명나다

  You're just jealous because it turns out I'm Penny's number two choice after Leonard.

  넌 레너드 다음으로 내가 페니의 두번째 선택이 되니까 질투가 나는거지.

  The next guy you see could turn out to be Mr. Right.

  네가 보는 옆 사람이 너의 이상형이 될 수도 있어.

  > jealous는 질투나는

- **be engaged to~** ···와 사귀다, 교제를 하다

  If I wasn't engaged to Bernadette, that totally could have been me. 내가 버나뎃과 사귀지 않았더라면 그건 나였을 수도 있어.

- **would have+pp** ···였을 수도 있을거야

  Sheldon would have been before you, and he might not even have genitals!

  쉘든이 고자일지 몰라도 걔가 너희들보다 앞섰을 수도 있을거야!

  > genitals는 생식기, 쉘든이 이상하고 섹스에 관심이 없을지라도 하워드보다 쉘든을 먼저 선택했을거라는 말

- **Why do you care so much?**

  왜 그렇게 신경을 쓰는거야?

  It doesn't matter. Why do you care so much?

  그건 상관없어. 왜 그렇게 신경을 쓰는거야?

- **if I may interject,** 잠깐 끼어들자면

  If I may interject, I've decided my rank will be captain.

  잠깐 끼어들자면, 난 내 계급을 대위로 결정했어.

  > interject는 말하는 도중에 끼어들다

- **be good enough for~** ···에게 좋다

  If it's good enough for Kirk, Crunch and Kangaroo, it's good enough for me.

  커크와 크런치 그리고 캥거루가 대위라면 나도 대위되기에 충분하다.

  I don't think Carrie will ever marry you. You're just not good enough for her.

  캐리가 너하고 결혼해줄지 모르겠다. 너한텐 과분한 여자인데.

  > Captain Kirk, Captain Kangaroo은 TV shows, 그리고 Captain Crunch는 어린용 시리얼의 광고캐릭터이다.

- **shoot sb with~** ···에게 ···을 쏘다

  The god Kamadeva has shot us with his flowery arrows of love. 사랑의 신께서 우리에게 꽃으로 만발한 사랑의 화살을 쏘신거야.

  > Kamadeva 인도의 사랑의 신

171

The Big Bang Theory

Come on in은 어서 들어오라는 말.

■ **Come on** 어서, 그러지마, 제발

Come on, that's just ridiculous. 그러지마. 그건 그냥 말도 안돼.

Oh, come on. I think you must be mistaken about that. 야. 왜이래. 너 뭔가 잘못봤겠지.

Come on sweetheart, just stay a little bit longer.
자기야 제발, 조금만 더 있다 가자.

■ **fall in love with sb** …와 사랑에 빠지다

You fall in love with any girl who smiles at you.
너한테 미소를 보내는 여자 누구에게라도 사랑에 빠지잖아.

Well, maybe he is really in love with her.
저기, 아마 걔를 정말 사랑하나봐.

talk rubbish는 쓸데없는 소리를 하다. rubbish는 쓰레기라는 단어

■ **He's talking rubbish** 헛소리를 하는거야

Don't listen to him, he's talking rubbish.
걔 얘기 듣지마. 헛소리를 하는거야.

■ **play one's clarinet** 오랄섹스를 하다

Oh, Bernadette, please play my clarinet.
오 버나뎃. 오랄섹스를 해줘요.

■ **That could have been about anyone**
아무에게나 할 수 있는거였어

The rumor doesn't make sense. That could have been about anyone. 그 소문은 말도 안돼. 누구에게도 그럴 수 있었을거야.

dusky half는 까무잡잡한 반쪽. 라지의 얼굴 색을 의미함.

■ **have nothing to worry about~**
걱정할 것이 아무 것도 없다

You have nothing to worry about, because now I'm the dusky half of Koothrapenny.
넌 이제 걱정할 필요가 없어. 왜냐면 난 쿠트라페니의 까무잡잡한 반쪽이거든.

■ **For the record,** 참고로 말해두는데,

For the record, I do have genitals. They're functional and aesthetically pleasing.
참고로 말해두는데 난 고자가 아니야. 제대로 기능하고 미적으로도 뛰어나.

172

American Dramas
Vocabulary Notes

SCENE 04

페니의 집. 속이 상한 페니는 술을 마시려고 컵을 찾고 있는데 노크소리가 들린다.

- **handle** 손잡이
  Wine glasses should have handles. 와인 잔은 손잡이가 있어야지.

- **keep track of~** ···을 기록하다, ···을 잘 파악하고 있다
  Keeping accurate track of your alcohol intake. Smart
  idea considering how trampy you get when you've had
  a few.
  알콜 섭취량을 정확히 잘 파악하고 있어. 술취하면 여러 남자와 자는 버릇이 있잖아.

  > 이 예문은 달리 표현하자면 Be careful of how much you drink because you tend to sleep with various men when drunk.

- **You heard what I did?** 내가 무슨 짓을 했는지 들었어?
  You heard what I did? Does everybody know?
  내가 무슨 짓을 했는지 들었어? 다들 알고 있어?

  > 이 말에 에이미는 네가 누구랑 했는지 들었대(I heard who you did)고 말장난을 한다.

- **I screwed up everything** 내가 다 망쳤어
  I'm so sorry, I screwed up everything.
  정말 미안해. 내가 다 망쳐놨어.
  I really screwed up. I forgot to tell Erica that the game
  was canceled.
  내가 일을 완전히 망쳤어. 에리카한테 경기가 취소됐다는 얘기를 깜박 잊고 안했지 뭐야.

  > screw up은 망치다

- **What is wrong with me?** 난 뭐가 잘못된걸까?
  I get upset so easily. What is wrong with me?
  난 너무 쉽게 화를 내. 내가 뭐 잘못된걸까?

- **I feel like+N** 난 ···처럼 느껴져
  I feel like two totally different people-- Dr.Jekyll and
  Mrs.Whore. 난 두명의 다른 사람으로 느껴져 지킬박사과 창녀말야.
  I feel like we don't belong here. 우리 잘못 온 것 같아.

The Big Bang Theory

173

The Big Bang Theory

be hard on~은 …에게 모질게 대하다

Don't be so hard on yourself　너무 자책하지마

Don't be so hard on yourself. It wasn't your fault.
너무 자책하지마. 네 잘못이 아냐.

Don't be so hard on yourself. You are a good person.
넌 자책마. 넌 좋은 애야.

intricate은 복잡한, intimate relations는 친밀한 관계로 여기 서는 섹스를 의미한다.

feel randy　성적으로 흥분하다

When she was feeling particularly randy, she used an intricate system of pulleys to have intimate relations with a horse.
그녀는 아주 성적으로 흥분했을 때, 복잡한 지렛대 시스템으로 말과 은밀한 관계를 가졌어.

have to do with~　…와 관계가 있다

What does this have to do with me?　그게 나와 무슨 상관이야?

engage in~은 …을 하다

engage in interspecies hanky-panky
종간 접목으로 문란한 성생활을 하다

She engaged in interspecies hanky-panky, and people still call her "Great."
그녀는 종간 접목으로 문란한 성생활을 했지만 사람들은 아직도 그녀를 "여제"라고 불러.

shag sb　섹스하다

I'm sure your reputation can survive you shagging a little Indian boy.　네가 작은 인도애와 섹스를 해도 네 명성은 살아있을거야.

174

SCENE 05

라지의 집에 버나뎃이 따지기 위해 온다.

- **You jerk face!** 이 나쁜 놈아!
  You jerk face, you ruined the whole gathering!
  이 나쁜 놈아. 네가 모임 전체를 망쳐놨어!

- **Did you say S+V?** …라고 말했어?
  Did you say there was something going on between us? 우리 둘 사이에 뭔가 있었다고 말했어?
  Did you say that Harry was going to run for mayor?
  해리가 시장 선거에 출마할 거라고 했니?

  > go on = happen

- **freak out** 질겁하다, 난리를 피다
  He's completely freaking out! 걔는 완전히 난리피고 있어!
  My boyfriend freaked out when I broke up with him.
  나랑 깨질 때 내 남자친구, 제정신이 아니었어.

  > 여기서 freak out은 자동사로 방방뛰다. 난리를 피다라는 의미

- **What the hell is wrong with you?!**
  너 도대체 왜 그러냐?!
  What the hell is wrong with you? You should never do that! 너 도대체 왜 그러냐? 너 절대로 그렇게 해서는 안돼!

  > the hell은 강조삽입어구로 우리말로는 '도대체'에 해당된다.

- **Damn right** 빌어먹을 당연하지
  Damn right. I have a lot of experience with this.
  제기랄 당연하지. 난 이거에 많은 경험이 있어.

- **have a shot with sb** …와 가능성이 있다
  Do you think I have a shot with Penny?
  내가 페니와 가능성이 있다고 생각해?

- **cute pie** 귀여운 사람
  You're a cutie pie! Any girl would be lucky to have you! 너 귀여워서 너랑 사귀게 되면 어떤 여자라도 운이 좋은 걸거야!

The Big Bang Theory

SCENE 06

다시 페니의 집. 페니와 에이미가 대화를 나누고 있다.

- **I've done this before** 전에도 이런 적 있었어
  Don't stress out, I've done this before.
  너무 스트레스 받지마, 나 전에 이런 적 있었어.
  I've never done this before. I don't know what I'm
  doing. 이거 해본 적 한번도 없어. 어떻게 해야 할지 모르겠어.

recess는 쉬는 시간, by the time S+V는 …할 때즈음에, 그리고 be engaged to sb는 …와 약혼하다

- **be supposed to** …하기로 되어 있다
  I was supposed to marry Jason Sorensen at recess,
  but by the time my class got out there, he was already
  engaged to Chelsea Himmelfarb.
  난 쉬는 시간에 제이슨 소렌슨과 결혼하기로 되어 있었는데, 수업이 끝날 때가 되니까 걘 첼시 히멜팝과 약혼했더라고.
  Now what? Are we supposed to go outside?
  이제 어쩌지? 밖으로 나가야 하는거야?

- **let sb+V** …가 …하도록 하다
  Hung upside down from the monkey bars, let all the
  boys see my underpants.
  정글짐에 거꾸로 매달려서 다른 모든 남자아이들이 내 팬티를 보게 했어.

- **You can't blame yourself** 자책하지마
  You can't blame yourself, he's just an idiot.
  자책하지마, 걘 그냥 멍청일 뿐이야.

prefrontal cortex는 전두엽 피질

- **reward sb with** …에게 …을 보상으로 주다
  When your prefrontal cortex fails to make you happy,
  promiscuity rewards you with the needed flood of
  dopamine. 너희 전두엽 피질이 널 행복하게 해주지 못할 때, 난잡한 성행위가 너에게 필요한 도파민의 홍수로 보상해줄거야.

- **skank reflex**   난잡한 반응
We neurobiologists refer to this as the "skank reflex."
우리 신경생리학자들은 이걸 "난잡반응"이라고 불러.

- **see sb naked**   …의 나체를 보다
Somewhere where no one's seen me naked.
내 나체를 본 사람이 없는 곳으로.

- **strong suit**   장점, 강점
Subtlety isn't her strong suit, is it?   섬세함은 걔의 강점이 아냐, 그지?

  subtlety 세심한, 섬세함

- **sleepover**   슬립오버
Hey, you wanna have a sleepover tonight?
야, 오늘밤 슬립오버할까?

- **I'm gonna go pack a bag**   가서 짐을 쌀게
I'm gonna go pack a bag so I can spend the night.
밤을 지낼 수 있도록 가서 가방을 쌀게.

  go+V는 가서 …을 하다

SCENE 07

쉘든의 거실. 쉘든은 컴퓨터를 하고 있고 레너드가 페인트볼 복장을 하고 등장한다.

- **wear this camouflage crap to+V**
…하기 위해 이 망할 위장복을 입다
Do we really have to wear this camouflage crap to play
paintball?   페인트볼을 하기 위해 이 빌어먹을 위장복을 정말 입어야 돼?

  paintball은 우리에게는 서바이벌 게임으로 알려져 있는 모의전투게임

- **Who said that?**   누가 말하는거야?, 누가 그랬어?
Jason is a thief? Who said that?   제이슨이 도둑이라고? 누가 그랬어?

  여기서는 레너드가 위장복을 입었기 때문에 안보인다면서 누가 말하는거냐고 내숭떠는 문장

- **I'm not in the mood** 나 그럴 기분이 아냐

No sex tonight. I'm not in the mood.

오늘밤에는 섹스하지말자. 그럴 기분이 아냐.

I'm not really in the mood to talk about my mom.

엄마얘기를 할 기분이 아냐.

- **be upset about~** ...로 화가 나다, 속이 상하다

I know you're upset about recent events, and I have someone here to help.

네가 최근 일로 심기가 안좋다는 걸 알아 그래서 널 도와줄 사람이 여기 있어.

What was Steve so upset about this morning?

뭣 때문에 스티브가 오늘 아침에 그렇게 화를 낸 거예요?

이 예문은 You don't need to tell me something we both know is true와 같은 말이다.

- **caption the obvious** 다 아는 얘기를 하다

Is it really necessary to caption the obvious?

뻔한 걸 말해야겠어?

toddler는 어린이

- **have been like that since~** ...이래로 저랬어

He's been like that since he was a toddler.

걔는 어릴 때부터 저랬어.

emotional upheaval은 정서적인 격변기

- **experience an emotional upheaval**

정서적으로 격변기를 겪다

Sheldon informed me that you're experiencing an emotional upheaval, and I'm here to help.

쉘든이 알려줬는데 네가 정서적으로 격변기를 겪고 있다고 해서 도와주려고 한다.

- **We're back to the obvious** 또 다 아는 얘기네

And we're back to the obvious. Now, what's up?

또 다 아는 뻔한 얘기네. 무슨 일이야?

- **get back together** 다시 사귀다

I don't want to get back together with Penny.

난 다시 페니와 합치기를 원치 않아요.

We're on a break. I don't know if we'll get back together.

잠시 냉각중인데 다시 사귈지 모르겠어.

- **It didn't work** 제대로 되지 않았다
We tried it, it was crazy, it didn't work.
우리는 그렇게 노력했지만 미친 짓이었고 제대로 되지도 않았어요.

- **I can't deal with the fact that S+V**
…라는 사실을 받아들일 수가 없다
I can't deal with the fact that she slept with my friend Raj. 걔가 라지와 섹스한 사실을 받아들일 수가 없어요.

deal with는 다루다, 처리하다, 감당하다

- **I find out that S+V** …을 알게 되다
I find out that Raj's sister Priya, who I've been going out with for eight months, is moving back to India.
8개월간 사귄 라지의 동생 프리아가 인도로 돌아간다는 것을 알게 됐어요.

move back은 이사해 돌아가다

- **Got any advice?** 조언해줄게 있어요?
My boyfriend is upset with me. Got any advice?
남친이 내게 화나 있어. 조언해줄게 있어?
Do you have any advice for my interview?
나 인터뷰하는데 뭐 조언해줄 거 있어?

- **Buck up** 힘내라, 기운내라
Buck up. Bad times don't last forever.
기운내라. 안좋은 시기가 계속되지는 않아.

- **All you've got is~ ?** …할게 그것 밖에 없냐?
You're a world-renowned expert in parenting and child development, and all you've got is "Buck up?"
세계적인 명성의 부모아동발달 전문가이면서 해줄 말이 "기운내"라는 것뿐예요?

world-renowned expert는 세계적으로 저명한 전문가

- **Buck up, sissy pants** 기운내라, 계집애 같은 애야
Buck up sissy pants, try and be brave.
기운내라, 계집애 같은 애야, 용감해지도록 해.

- **be available on~** …에서 구할 수 있다
  If you need any more help from me, my books are available on Amazon.
  내게서 더 도움이 필요하면 아마존에서 내 책들을 사봐라.
  She's not available right now. 걔는 지금 시간 안돼.

log on의 반대말
- **log off** 연결을 끊다
  Hold on, let me log off of my e-mail account.
  잠깐만, 내 이멜계정을 끊을게.

SCENE 08

에이미의 집에 온 페니. 에이미가 페니의 금발머리를 빗으로 빗어주고 있다.

waterfall of liquid gold는 페니의 긴 금발머리를 말한다.
- **It's like~** …같아
  It's like a waterfall of liquid gold. 금속액체 폭포 같아.
  Why are you acting so weird? It's like you're hiding something. 왜 그렇게 이상하게 행동해? 뭔가 숨기는 것 같아.

- **I don't even know what the point of me ~ing is** 내가 왜 …하고 있는지 조차 모르겠어
  I don't even know what the point of me staying in L.A.is. 내가 왜 LA에 머물고 있는지도 모르겠어.

hemorrhoid은 치질
- **I got a callback~** …라는 답신 전화가 오다
  The closest I came was last month, I got a callback for a hemorrhoid commercial.
  내가 가장 근접한 거라고는 지난달에 치질광고 답신전화가 온거였어.

광고에 나오는 배우는 상품의 얼굴이다. 따라서 페니가 치질광고를 하는 것은 치질의 얼굴이 된다는 의미로 쓰인 말이다.
- **the face of hemorrhoids** 치질의 얼굴
  I could so see you being the face of hemorrhoids.
  난 네가 치질의 얼굴이 되는 것을 볼 수 있겠네.

■ **move back to~**   …로 다시 이사가다
Maybe I should just move back to Nebraska.
네브라스카로 다시 돌아가야 될까봐.

■ **I can't let you do that**   그렇게 못하게 할거야
You want to pay for my ticket? I can't let you do that!
내 티켓값을 내겠다고? 그렇게 못하게 할거야!

■ **Why not?**   왜 안되는데?
You won't give me permission to leave? Why not?
내가 떠날 허락을 하지 않겠다고? 왜 안되는데?

Why not? You've got nothing to lose.
안할 이유가 어딨어? 밑져야 본전인데, 뭐.

여기서는 글자 그래도 왜 안되는데?라는 의미지만 비유적으로 발전하여 왜 안되겠어?, 그럼이라는 의미로도 쓰인다.

■ **For the first time ever,**   태어나서 처음으로,
For the first time ever, I have a thriving social life.
태어나서 처음으로 풍요로운 사교생활을 하고 있어.

■ **no pressure**   부담주는 것은 아냐
And no pressure, but it kind of lives and dies with
you.   부담주는 것은 아니지만, 내 사교생활은 너와 함께 살거나 죽거나 할거야.

여기서 it은 앞서 나온 에이미의 social life를 뜻한다.

■ **Can I talk to Penny?**   페니하고 얘기할 수 있어?
Can I talk to Penny? Is she at home?
페니하고 얘기할 수 있을까? 집에 있어?

Can I talk to you for a second?   잠깐 얘기 좀 할까?

이때 라지가 술을 마시면서 에이미의 집에 찾아온다.

■ **it does get better**   더 좋아졌다
A guest in my trundle bed and a boy at my door? I
wish I could tell 13-year-old me "it does get better."
바퀴달린 침대 위의 손님과 문앞에서 남자아이? 13살의 나에게 "더 좋아졌다"라고 말하고 싶네.

I wish I could+V는 …라고 할 수 있으면 좋을텐데

■ **How did you know S+V?**   …을 어떻게 알았어?
How did you know I was here?   내가 여기 있는 것을 어떻게 알았어?
How did you know that I would be eating in this
restaurant?   내가 이 식당에서 식사할거라는 걸 어떻게 알았어요?

■ be all over~ …에 온통 있다

It's all over her Facebook page.
걔의 페이스북 페이지에 잔뜩 올라와 있어.

I spilled wine all over your dress.
와인을 당신 옷에다 온통 쏟아버렸네요.

take sth to~는 …을 …로 옮기다

■ clear out …을 비우다

I'll take your stuff to the bedroom and clear out a drawer. 짐은 침실로 가져가고 서랍은 비워둘게.

No sweat이라고 해도 된다.

■ No problem 문제없어

No problem, I'll just make some extra food.
문제없어. 내가 좀 여분의 음식을 만들게.

No problem. I'll call back later. 괜찮아요. 나중에 다시 전화하죠.

Try to+V라고 쓸 수도 있다.

■ Try and+V …하도록 해봐

Try and get some more exercise and eat healthier.
운동을 좀 더 하고 좀 더 건강식을 하도록 해.

That'll teach me to try and be clever.
그 덕에 내가 똑똑해지려고 할거야.

■ keep it in your pants

성욕을 참다. 섹스하려는 욕구를 억누르다

Try and keep it in your pants, okay? 섹스 안하도록 참아봐.

■ I was wondering if S+V …가 궁금해서

I was wondering if you're free Friday. 금요일날 시간있나 해서.

I was wondering if I could take tomorrow off.
내일 쉬어도 돼요?

다음에 나오는 Hall & Oates, Katrina and the Waves and three-fifths of Kajagoogoo는 80년대에 유행한 밴드이름들이다.

■ have a Totally '80s Night 완전한 80년 대의 밤을 갖다

They're having a Totally '80s Night at the Greek.
그리크라는 극장에서 완벽한 80년대의 밤이 열리거든.

- ## make a huge mistake 커다란 실수를 하다
  I was really drunk and made a huge mistake last night. 내가 정말 취해서 커다란 실수를 지난밤에 했어.
  If you ask me, she is making a big mistake.
  내 생각에, 그 여자는 큰 실수를 하는 것 같아.

  be drunk는 술이 취한

- ## It's what+V 그게 바로 …하는거야
  It's what ruins friendships. 그게 바로 우정을 깨트리는거야.

  ruin sth은 …을 망치다, 깨트리다

- ## That's like ~ing 그건 …하는 것과 같아
  That's like trying to ruin ice cream with chocolate sprinkles. 그건 아이스크림을 망칠려고 초콜릿을 뿌리려는 것과 같은거야.

- ## go back to the way~ …하던 대로 돌아가다
  I want to go back to the way we were before.
  난 우리의 예전으로 돌아가고 싶어.

- ## in the conventional sense 전통적인 의미로
  As your friend, you might like to know that we didn't have sex in the conventional sense.
  친구로서 말하는데 우리는 전통적인 방식으로 섹스를 하지 않았다는 것을 알고 싶어할 것 같아.

  As your friend는 친구로서, might like to know~는 …을 알고 싶어할지 모르다

- ## pull some crap on sb …에게 이상한 짓을 하다
  Did you pull some weird Indian crap on me?
  카마수트라와 같은 이상한 인도식으로 섹스를 한거야?

- ## have protection 콘돔을 갖고 있다
  After we got undressed and jumped in bed, you asked if I had protection.
  우리가 옷을 벗고 침대로 올라갔을 때 내가 콘돔을 갖고 있냐고 물어봤어.

  get undressed는 옷을 벗다

- ## I'm always packing 항상 지니고 다녀
  Of course. I'm always packing. 물론. 항상 갖고 다녀.

have trouble ~ing …하는데 힘들어하다

I had trouble putting it on and you tried to help and that was all she wrote.

그걸 끼는데 힘들어했고 너는 도와주려고 했는데 그걸 끝이었어.

That was all she wrote 그걸로 끝이었어

The car hit my vehicle and that was all she wrote.

그 차가 내 차를 박았고 그걸로 끝이었어.

Promise me S+V …하겠다고 약속해줘

Please promise me you won't tell anybody about this.

이 얘기 아무한테도 하지 않겠다고 약속해줘.

Can I tell people that S+V?

내가 사람들에게 …라고 말해도 돼?

너무 열정적이어서 바로 식어 버렸다는 얘기. Candle in the Wind는 숙어이자 엘튼 존의 노래 제목이다.

Can I tell people that our love burned too bright and too quickly? Kind of a "Candle in the Wind."

우리들 사랑이 너무 눈부시고 너무 빠르게 타버렸다고 말해도 돼? "바람속의 촛불"처럼 말야.

Deal? 그렇게 할래?

(It's a) Deal?은 그럴래?, (It's a) Deal은 좋아, 그렇게 하자라는 의미.

Neither one of us will be critical. Deal?

우리 중 누구도 비난하지 않을거야. 그렇게 할래?

I want to extend it from one year to two years. Deal?

1년에서 2년으로 연장하고 싶은데요, 그렇게 하실래요?

Can I say that S+V? …라고 말해도 돼?

fall apart는 망쳐지다. rock and roll은 흥겹게 놀다. 그리고 be tied down은 묶이다

Can I say it fell apart because you were all, "I want to have your babies" and I was like, "I'm too rock and roll to be tied down"? 네가 내 아기를 갖고 싶어했지만, 난 가정에 묶이기에는 너무 노는 걸 좋아해서 헤어졌다고 말해도 돼?

ruin 망치다

조크로 인도인으로 섹스테크닉이 뛰어나 이후로는 백인에게 만족 못한다는 얘기

Can I say I ruined you for white men?

네가 나 이후로는 백인에게 만족 못한다고 말해도 돼?

Use your head! I'm not going to let you ruin my family!

머리를 좀 써봐! 네가 내 가정을 망치게 놔두지 않을거야!

American Dramas
Vocabulary Notes

The Big Bang Theory

- ## just the candle thing
  You don't need to change much, just the candle thing
  on the birthday cake.
  많은 것을 바꿀 필요는 없어. 단지 생일케익의 초에 관한거만.

- ## I'll see you around 또 보자
  I'll see you around when you get back from Japan.
  너 일본에서 돌아오면 다시 보자.

- ## It's getting beautiful again 다시 아름다워질려고 그래
  Penny: Thank you for being my fried. 내 친구가 되어줘서 고마워.
  Raj: Penny? It's getting beautiful again.
        페니? 다시 딱딱해지려고 해.

달리 말하자면 It's getting hard
again. 여기서 get hard는
erect란 의미.

SCENE 09

페인트볼을 하기 위해 군복을 입고 쉘든이 지시를 내리고 있다.

- ## All right 알았어, 좋아, 그래
  All right, let me see if she will agree to it.
  좋아. 걔가 그거에 동의하는지 보자고.

  All right, enough is enough. I'm not buying it.
  좋아. 이젠 그만. 난 안 믿어.

All right then은 좋아 그럼. All
right already는 좋아 알았다구,
이제 됐어라는 의미이다.

- ## field of battle 전장
  This is a Google Earth view of the field of battle.
  이건 전장터를 보여주는 구글지도야.

- ## Give it a second to load 로딩할 때까지 조금만 기다려봐
  The software is starting, give it a second to load.
  소프트웨어가 시작하고 있어. 로딩할 때까지 좀 기다려봐.

185

AT&T는 우리의 SKT처럼 미국의 대형 통신사

- ## Whenever you're ready, AT&T!
  AT&T야 너만 준비되면 돼!
  We can get started whenever you're ready.
  너만 준비되면 우리는 시작할 수 있어.

- ## Here we go 자 간다, 여기 있다
  Here we go. This is the beginning. 자 간다. 이건 시작이야.

- ## To the south is~ 남쪽에는 …가 있다
  This is us here. To the south is Professor Loomis and the Geology Department.
  여기가 우리가 있는 곳이고 남쪽으로는 루미스 교수와 지질학과가 있어.

Twitter feed(트위더 피드)는 블로그 등의 글을 자동으로 트위터로 전송해주는거, hug는 바짝 붙어서 가다. 그리고 melanoma 피부암의 일종인 흑색종을 말한다.

- ## be out of~ …이 부족하다
  According to their Twitter feed, they're out of sunblock, which means they'll have to hug the tree line or risk melanoma.
  걔네들 트위터피드에 따르면, 선블록이 부족하대. 그 말은 걔네들은 나무들을 따라 바짝 붙어오게 될거야 그렇지 않으면 흑색종에 걸릴 위험을 감수해야 될거야.

edge는 강점 우위

- ## That's our edge 그게 우리의 장점이야
  Our design is secret. That's our edge.
  우리 디자인은 비밀이야. 그게 우리의 강점이야.

ridge는 산등성이, rock-worshipping은 바위를 떠받드는(지질학과 평하하는 것임), pasty-faced는 창백한 얼굴의, 그리고 not know what hit sb는 낭패를 보다, 어쩔 줄 모르다

- ## All we have to do is+V 우리는 …을 하기만 하면 된다
  All we have to do is move quickly over this ridge, the rock-worshipping pasty-faced bastards won't know what hit them! 우리는 빨리 이 산등성이로 이동하기만 하면, 바위나 떠받드는 창백한 얼굴의 지질학과 놈들이 낭패를 볼거야.

- ## All right, let's move out 그래, 나가서 움직이자
  Everything is ready. All right, let's move out.
  모든게 다 준비됐어. 좋아 나가서 움직이자.

The Big Bang Theory

Hang on 잠깐만

Hang on, I think I forgot something.
잠깐만, 내가 뭐 좀 잊은 것 같아.

Hang on a minute. I have to get my jacket.
잠깐만, 재킷을 가져와야 해.

How could you not tell me S+V?

어떻게 …을 얘기하지 않을 수 있어?

How could you not tell me your sister was moving back to India?
네 여동생이 인도로 간다는 얘기를 어떻게 내게 말하지 않을 수 있어?

How could you not tell me you worked here?
여기서 일한다는 말을 왜 내게 말하지 않을 수 있어?

> move back to~는 원래 살던 곳으로 이사가다

be busy ~ing ⋯하느라 바쁘다

Maybe he was too busy writing clumsy penis metaphors about my fiancee.
내 약혼녀에게 어설픈 성기은유를 하느라 너무 바빴겠지.

> writing clumsy penis metaphors는 앞서 나온 라지가 버나뎃을 향하여 "Oh, Bernadette, please play my clarinet"이라는 부분을 말한다.

Screw you! 엿먹어라!

Screw you, I've had enough of your insults.
엿먹어, 네 모욕적인 언행에 지겹다.

What do you say S+V? ⋯하자

What do you say we just bag it? 그냥 그만두는게 어때?
What do you say we call it a day? 오늘 일은 그만하는 게 어때?

> 여기서 bag은 가방에 짐을 싸듯 그만두다라는 의미.

You can't quit 넌 그만두면 안돼

You can't quit. We need you to stay here.
넌 그만두면 안돼. 우리는 네가 여기에 남아있어야 돼.

court-martial offense 군법회의에 회부될 범죄

That's a court-martial offense. 그건 군법회의에 회부될 죄야.

The Big Bang Theory

- **It's just not a good time for ~ing**
  …하기에 좋은 때가 아니다

  It's just not a good time for playing games.
  게임하기에는 좋은 때가 아냐.

- **This is ~ to you?** 이게 너에게는 …야?

  This is a game to you? Uh, was the Battle of Antietam a game? Huh? Was the sack of Rome a game?
  이게 너에게는 게임야? 앤티텀 전투가 게임였어? 응? 로마의 약탈이 게임였어?

Battle of Antietam은 앤티텀 전투, sack of Rome은 로마의 약탈

- **I just want you all to know that S+V**
  너희들 모두 …을 알아주길 바래

  I just want you all to know that I forgive you.
  내가 너희들 모두를 용서한다는 것을 알아주기 바래.

- **be one's fault** …의 잘못이다

  This mutiny isn't your fault, it's mine.
  이 반란은 너희들의 잘못이 아니라, 내 잘못이야.

  I'm not blaming you. I'm just saying it wasn't my fault. 널 비난하는게 아냐. 내 말은 단지 내 잘못이 아니라는거지.

mutiny는 반란

- **I haven't earned~** 난 이것들을 받을 자격이 없어

  I haven't earned these bars. 난 이 계급장을 받을 자격이 없어.

bar는 여기서 캡틴 계급장의 막대기를 말한다.

- **make up for** 보상하다

  Although what I lack in leadership, apparently I more than make up for in sewing.
  비록 내가 리더쉽이 부족한 것을 내가 바느질하는데서 그 이상으로 보상을 받는 것 같네.

lack in은 …이 부족하다. *여기서는 캡틴 계급장을 군복에서 떼려고 해도 안떼어지는 것을 보고 리더쉽이 부족했지만 바느질이 그 부족한 것 이상으로 보상해주었다는 이야기

- **Let it go** 잊어버려

  Don't stay so angry. Let it go. 그렇게 화나 있지마. 잊어버리라고.
  It's not too late to let it go and start over.
  잊어버리고 새로 시작하기에 늦지 않았어

American Dramas
Vocabulary Notes

The Big Bang Theory

▪ I'll get you sth …을 (사)줄게
I'll get you a Jamba Juice on the way home.
집에 가는 길에 잠바주스를 사줄게.

> Jambe Juice는 다양한 스무디와 주스를 파는 전세계 체인점을 말한다.

▪ That's what S+V 그게 바로 …야
That's what we're going to be. 우리가 되려는 것이 바로 그거야.
Think nothing of it. That's what friends are for.
별거 아닌 걸 뭐. 그래서 친구가 있는거지.

▪ Following in the footsteps of~
…의 발자국을 따라 걷다
Following in the footsteps of Kirk, Crunch and
Kangaroo. 커크, 크런치 그리고 캥거루 대위의 발자국을 따라 걷는거지.

▪ Let's get'em 가서 죽이자
Damn those sons of bitches! Let's get'em! Eat paint!
빌어먹을 개자식들! 죽여버리자! 페인트나 먹어라!

> get'em은 죽여라, go get'em은 가서 차지해라 혹은 성공해라

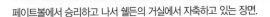

SCENE 10
페이트볼에서 승리하고 나서 쉘든의 거실에서 자축하고 있는 장면.

▪ I'd like to propose a toast to sb
…에게 건배를 하자
I'd like to propose a toast to the man whose noble
sacrifice inspired our victory, Captain Sheldon
Cooper. 숭고한 희생으로 승리를 이끈 쉘든 쿠퍼 대위을 위해 건배를 하자.

▪ Hear, hear 자자, 그래
Hear, hear. That is exactly correct. 그래 그래. 그게 정확히 맞아.

> 동의하면서 건배할 때 쓰는 어구.

189

The Big Bang Theory

- **awarded myself** 스스로 수여하다

  It's Major Sheldon Cooper. With my last breath, I awarded myself a battlefield promotion.

  쉘든 쿠퍼 소령이야. 나의 마지막 죽음과 함께 난 전쟁터에서의 승진을 스스로 수여했어.

kind of = sort of

- **It's kind of a big deal** 중요한 일이야

  He is receiving an award. It's kind of a big deal.

  걘 상을 받을거야. 아주 중요한 일이지.

  It's not that common! It doesn't happen to every guy! And it is a big deal!!

  그리 흔한 일은 아니지! 누구한테나 그런 일이 생기는 건 아니라구! 이건 아주 큰 일이라구!!

- **I wanted to apologize to sb for sth**

  …에게 …에 대해 사과하고 싶었어

  I wanted to apologize to the rest of you for, you know, everything. 난 너희들 모두에게 이런 저런 모든 일들에 대해 사과하고 싶었어.

  I just want to apologize for that. 내 사과할게.

call to mind는 되새기다. feel blue는 우울해하다

- **We've decided to let ~ be**

  We've decided to let our crazy, wonderful night together be just one of those memories you have and can call to mind when you're feeling blue or you're in the shower. 우리는 우리의 미치도록 아름다운 함께 보낸 밤을 우리들 기억의 하나로 남겨두기로 했고 우울할 때나 샤워할 때 돌이켜보기로 했어.

quick draw는 속어로 전희나, 오럴섹스 혹은 본게임시 참지 못하고 바로 사정해서 상대방을 실망시키는 조루를 말한다.

- **quick draw** 조루

  Hey, what you doing, Quick Draw? 야. 조루야. 뭐하는거야?

- **Go on** 계속해

  Go on, tell us another story about your past.

  계속해. 네 과거에 대해서 얘기 하나 더 해줘.

  Go on. We're almost at the end of it.

  계속해. 거의 끝까지 왔는데.

▪ take a (long) hard look at~
뭐가 잘못됐는지 진지하게 살펴보다

I wanted you guys all to know that I've been taking a really hard look at things and come to the conclusion I have to stop kidding myself. 난 정말 뭐가 잘못되었는지 살펴보았고 난 주제파악을 해야 한다는 결론에 다다렸다는 것을 너희들이 알아주기를 바래.

> come to the conclusion은 결론에 다다르다. kid oneself는 자만하다, 착각하다

▪ suck at   ...에 서투르다
Steve sucks at giving people advice.
스티브는 사람들에게 조언을 하는데 서툴러.

You suck at this. Why not try another sport?
정말 소질이 없네. 다른 운동하지 그래?

> 난 관계맺기에 서툴러는 I suck at relationship이라고 하면 된다.

▪ move back to~   ...로 돌아가다
It's time for me to move back to Nebraska.
네브라스카로 돌아가야 할 때인가봐.

▪ You're leaving?   떠난다고?
You're leaving? I thought you were staying till midnight. 간다고? 난 자정까지는 남아있을 줄 알았는데.
What are you doing? Are you leaving? Wait.
뭐하는거야? 가는거야? 기다려.

▪ I hope you're not doing this because of~
...때문에 네가 이러지를 않기를 바래

I hope you're not doing this 'cause of you and me, because I have a girlfriend, and you're a single woman.
'너와 나 때문에' 네가 그러지 않기를 바래. 난 여친도 있는데 너는 혼자잖아.

> because는 속어체에서 'cause 라고 쓰기도 한다.

▪ You're kidding   정말야
You have had plastic surgery? You're kidding!
성형수술을 했다고? 정말야!

Oh, my gosh 맙소사

Oh my gosh, I forgot about my doctor's appointment.
맙소사, 병원예약을 깜박했네.

Gosh, Chris spent a lot of money for his wedding.
아이고, 크리스가 결혼식 비용으로 돈을 너무 많이 썼어.

반면 I don't believe it은 상대방
이 말한 사실을 못믿겠다는 문장

I can't believe it! 말도 안돼!

I can't believe it! Annie agreed to go out with me.
말도 안돼! 애니가 나와 데이트하기로 했어.

앞에 to를 붙여서 to hell with~
가 맞는 표현법이다.

to hell with~ …는 알게 뭐야

Oh, to hell with Nebraska. 네브라스카는 알게 뭐야.

Have you ever thought of ~ing?

…할 생각을 해봤어?

Have you ever thought of teaching physics?
물리학을 가르칠 생각을 해봤어?

SCENE 11

쉘든의 거실. 페니의 치질 광고를 함께 모여 보고 있다.

act up 아프다, 병이 도지다

Hemorrhoids acting up again? 치질이 또 도졌어?

참고로 You don't know the
first thing about it은 쥐뿔도 모
르면서라는 의미

You don't know the half of it!

얼마나 심각한지 아직 몰라서 그래요!

It's been hard. You don't know the half of it.
그건 어려웠어. 넌 그게 얼마나 어려웠는지 몰라.

You don't know the half of it. She's going to have to sell everything she owns.
그 정도가 아니야. 가지고 있는 걸 다 팔아야 할 판이라구.

- **Try a dab of this** 이거 좀 발라봐

  Try a dab of this. It will get rid of the rash.

  이거 좀 발라봐. 발진이 없어질거야.

  > dab은 크림의 소량

- **Here comes~** …가 나온다

  Here comes my joke. 이제 내 조크가 나온다.

- **How you doing?** 어때?

  How you doing? Are you new here? 안녕하세요? 여기 처음인가요?

  How are you doing? Do you mind if I join you?

  잘 지내? 내가 껴도 돼?

  > 원래는 How're you doing? 인데 빨리 발음하면 How you doing?이 되어 발음나는대로 표기하는 경우임

- **Sittin' pretty** 좋은 상태이다.

  Actress: How are you doing? 어때?

  Penny: Sittin' pretty. 좋은 상태예요

  > I'm in good condition. It is a pun, since severe hemorrhoids make sitting uncomfortable.

Sex and the City

- SEASON 01 EPISODE 01
- SEASON 01 EPISODE 07

Sex and the City

SEASON 01 EPISODE 01

The Maternal Congruence

섹스앤더시티의 첫 시즌 첫 에피소드. 주인공 캐리는 신문에 섹스앤더시티라는 칼럼을 연재하고 있다. 그 첫번째 소재는 여자가 남자처럼 섹스하는 것에 대한 실험을 하는 것이다. 다시 말하자면 감정에 얽매이지 않고 쿨하게 섹스만을 즐기는 것을 말한다.

SCENE 01

〈섹스앤더시티〉란 칼럼을 연재하고 있는 캐리의 나레이션으로 시작한다.

hook up하면 요즘은 대개 have sex를 뜻하는 경우가 많다.

- **hook up with** …와 사귀다
  You'll never be able to hook up with her.
  넌 절대로 걔와 잠자리를 하지 못할거야.
  I think I need to hook up with a woman right now.
  여자하고 바로 좀 해야 할 것 같아

- **eligible** 돈많고 매력적이어서 배우자로서 좋은, 멋진
  There are a lot of eligible men here.
  여기에 배우자로서 멋진 남자들이 많은데.

- **well-liked** 잘 알려진, 인기있는
  Tom is not well-liked at his workplace.
  탐은 직장에서 인기가 없는 사람이야.

- **in typical New York fashion** 전형적인 뉴욕식으로

They met one evening, in typical New York fashion, at
a gallery opening.

그들은 어느날 저녁 갤러리 오프닝에서 전형적인 뉴욕식으로 만났다.

in~ fashion은 …의 방식으로

- **It was love at first sight** 첫눈에 빠진 사랑이었다

I met my wife years ago. It was love at first sight.

난 몇년전에 아내를 만났는데, 그건 첫눈에 빠진 사랑이었어.

Is it still possible to believe in love at first sight?

아직도 첫눈에 반했다는 걸 믿을 수 있나?

- **snuggle** 바싹 달라붙다

Let's just hop into bed and snuggle.

침대에 들어가서 바싹 달라붙어 있자.

- **share the most intimate secrets**

가장 은밀한 비밀들을 함께 하다

The ladies shared the most intimate secrets while
drinking. 그 부인들은 술을 마시면서 가장 은밀한 비밀들을 공유했어.

- **How about if S+V?** …하는게 어때요?

How about if we start at the top and work our way
down? There are four bedrooms upstairs.

위층부터 시작해서 내려오면 어떨까요? 위층에는 4개의 침실이 있어요.

work one's way down은 윗층
을 둘러보고 난 후에 아래층으로
내려오다

- **pop the question** 갑자기 질문하다, 청혼하다

You'll need to pop the question about buying a new
apartment. 넌 새 아파트를 사는거에 대해 기습질문을 해야 될거야.

1차적으로는 갑자기 질문을 꺼내
다. 비유적으로는 청혼하다라는
의미

- **How would you like to+V?** …할래요?

How'd you like to have dinner with my folks Tuesday
night? 화요일 저녁에 우리집 식구들과 저녁먹을테야?

How would you like to go out for pizza?

나가서 피자 먹는게 어떨까?

I'd like to라고 해도 된다.

- **I'd love to** 나도 그러고 싶어
  I'd love to stay around and see what happens.
  난 남아서 일이 어떻게 되는지 보고 싶어.
  I'd love to have a big meal of steak and lobster right
  now. 지금 스테이크과 랍스터가 나오는 식사를 하고 싶어.

feel well은 건강이 좋다

- **not feel well** 건강이 좋지 않다
  My mother's not feeling very well. 어머니 건강이 좋지 않으셔.
  I'm not feeling well. I'm going home 기분이 별로야. 집에 갈래.

- **Oh, gosh** 저런
  Oh, gosh, did that cause you a problem?
  저런, 그 때문에 네게 문제가 생긴거야?
  Gosh, this suitcase is really heavy. 어휴, 이 가방 정말 무겁네.

rain check은 경기가 우천으로
연기시 다음 경기를 볼 수 있도록
해주는 확인표.

- **take a rain check** 약속을 미루다= Let's do it later
  Could we take a rain check? 약속을 다음으로 미루어도 될까?
  I'm busy today, but I'll take a rain check.
  오늘 바빠. 하지만 다음에 가자.

- **Tell sb I hope S+V** …에게 …을 바란다고 말해줘
  Tell your mum I hope she feels better.
  어머님보고 나으시기를 바란다고 전해줘.

- **That's an awfully long rain check**
  지나치게 약속을 미루네
  Wait until next year? That's an awfully long raincheck.
  내년까지 기다리라고? 그건 너무 지나치게 약속을 미루는거네.

- **be up to one's ears** 엄청 바쁘다
  He said he was up to his ears and that he'd call her the
  next day. 그는 너무 바쁘다면서 담날 전화하겠다고 했어.

would have+pp …했었을거야
In England, looking at houses together would have
meant something.
영국에서 집을 함께 보는 건 뭔가 의미가 있는거였을거야.

Welcome to the age of~ …의 시대에 온 걸 환영해
Welcome to the age of texting and Twitter.
문자와 트위터의 시대에 온걸 환영해.

참고로 You're welcome to
do~는 편히(마음대로) …해라

affairs to remember 기억에 남는 연애
No one has "affairs to remember."
아무도 기억에 남는 연애를 하지 않는다.

close the deal 거래를 끝내다
Self-protection and closing the deal are paramount.
자기를 보호하고 관계를 끝내는게 최고다.

paramount는 가장 중요한

fly the coop 달아나다
They were hired last month and already want to fly
the coop. 걔네들은 지난달에 고용되었는데 벌써 달아나고 싶어해.

get into this mess 이런 엉망인 상태에 빠지다
How the hell did we get into this mess?
우리는 어쩌다가 이렇게 된 것일까?

the hell은 의문사 다음에 삽입되
어 문장을 강조하게 된다.

tens of thousands of~ 아주 많은
There are maybe tens of thousands of women like this
in the city. 이 도시에는 이런 여성들이 수많이 있을지도 모른다.

It's like~ …와 같다
It's like the riddle of the Sphinx. Why are there so
many great unmarried women and no great unmarried
men? 그건 스핑크스의 수수께끼와 같아. 멋진 미혼 여성이 그렇게 많은데 멋진 미혼 남자
는 없는걸까?

Sex and the City

be devoured by~는 …가 물
고 늘어지다

By the time S+V …할 때 쯤이면
So by the time you're an eligible man in your 30s, you feel like you're being devoured by women.
30대에 멋진 남자가 되면, 여자들이 물고 늘어진다고 느낄거야.

---

flip the power는 파워스위치를
누르다라는 뜻으로 power flip하
게 되면 비유적으로 권력의 이동
으로 생각할 수 있다.

hold all the chip 모든 주도권을 쥐다
Suddenly, the guys are holding all the chips. I call it the mid-30s power flip.
갑자기 남자들이 모든 주도권을 쥐게 돼. 난 이걸 30대 중반의 권력이동이라고 불러.

I mean, 내말은,
I mean, if you want to get married, it's to have kids, right? Not with someone older than 35, 'cause you have to have kids right away and that's about it.
내 말은 결혼하기를 바란다면, 그건 아이를 갖는다는거죠, 그렇죠? 35세 이상의 여성과는 안되는게 바로 아이를 가져야 되기 때문예요. 그런거죠.

So, why don't you just do it? I mean, what are we waiting for? 그럼 그냥 해봐. 내 말은 뭘 기다리냐고?

특히 앞에 나열한 후에 ~that's
about it하게 되면 "뭐 그런거야"
라는 의미가 된다.

That's about it 그런거야, 그렇게 되는거야
I just want to get some sleep. That's about it.
난 좀 잠을 자고 싶을 뿐야. 그런거야.

I have a friend who~ …하는 친구가 있어
I have a friend who lives in Southern California.
난 남부 캘리포니아에 사는 친구가 있어.

참고로 데이트 신청하다는 ask
sb out, ask sb out on a date
라고 한다.

go out with …와 데이트하다
I have a friend who'd always gone out with extremely sexy guys and just had a good time.
항상 엄청나게 섹시한 남자들하고 데이트하면서 즐거운 시간을 보내는 친구가 있어.

---

move back to~ 원래 살던 곳
으로 다시 이사가다

have a physical breakdown 신경쇠약에 걸리다
She had a complete physical breakdown, couldn't hold her job and moved back to Wisconsin to live with her mother. 걘 완전히 신경쇠약에 걸려서 일을 할 수가 없어 위스컨신으로 돌아가서 엄마와 살고 있어.

- **Trust me,** 정말이야,
  Trust me, this is not a story that makes men feel bad.
  정말이지, 이건 남자들의 마음을 아프게 하는 얘기는 아냐.
  Trust me, you got nothing to worry about, all right?
  날 믿어, 걱정하나도 하지 말고, 알았지?

- **be threatened by~** …을 두려워하다
  Most men are threatened by successful women.
  대개의 남성은 성공한 여성을 두려워해.

- **keep one's mouth shut** 입을 다물다
  If you want to get these guys, you have to keep your mouth shut and play by the rules.
  이런 남자들을 구하려면 입을 다물고 규칙에 따라야 해.

- **play by the rules** 규칙에 따르다
  You won't get anywhere if you play by the rules.
  넌 규칙에 따르면 어떤 성과도 내지 못할거야.

- **love conquers all** 사랑을 모든 것을 정복한다, 사랑이면 다 된다
  I totally believe that love conquers all.
  난 사랑이 모든 것을 극복한다고 철썩같이 믿고 있어요.

- **give it a little space** 그거에 약간의 공간을 남겨두다
  Sometimes you just have to give it a little space and that's exactly what's missing in Manhattan, the space for romance. 가끔은 사랑에 약간의 공간을 남겨두어야 해요. 맨하탄에 없는 것이 바로 그거예요, 사랑할 공간요.

  sometimes은 때때로, 가끔. sometime은 언젠가, 그리고 some time은 얼마 동안

- **settle for** …에 만족하다
  The problem is expectations. Older women don't want to settle for what's available.
  문제는 기대감이죠. 나이든 여자는 자기가 구할 수 있는 것에 만족하지 않으려 해요.

reach~ (나이 등이) …에 다다르다

By the time you reach your mid-30s, you think, "Why should I settle?"

나이가 30 중반이 되게 되면, "내가 왜 정착을 해?"라는 생각을 하게 돼.

by the time S+V는 …할 때쯤에는

keep ~ down …을 낮추다

It's like the older we get, the more we keep self-selecting down to a smaller and smaller group.

우리가 나이가 들면 들수록 우리는 우리의 선택의 폭을 더 좁히는 것과 같아.

self-selecting 자기 선택

What ~ wants is~ …가 원하는 것은 …이다

What women really want is Alec Baldwin.

여자들이 정말로 원하는 것은 알렉 볼드윈이야.

turn down 거절하다

There's not one woman in New York who hasn't turned down 10 wonderful guys because they were too short or too fat or too poor. 뉴욕에서, 너무 키가 작다거나 너무 뚱뚱하다거나 혹은 너무 가난하다며 멋진 남자 10명을 거절하지 않은 여자는 한 명도 없을거야.

have been out with sb …와 사귀다

I have been out with some of those guys the short, fat, poor ones. 난 키가 작거나, 뚱뚱하거나 가난한 사람들과 사귀어봤다.

현재완료를 쓰면 경험이나 아직까지 사귀고 있는 경우이지만, went out with sb하게 되면 과거에 사귀었지만 지금은 사귀는지 여부가 문장에 포함되어 있지 않다.

It makes absolutely no difference

아무런 차이가 없다

It makes absolutely no difference if you apologize.

네가 사과를 해도 아무런 차이가 없어.

self-centered 이기적인

They are just as self-centered and unappreciative as the good-looking ones. 그 사람들은 잘생긴 남자들처럼 이기적이고 교만하지.

unappreciative는 고마워하지도 않는

▪ Why don't S+V? 왜 …하지 않는거야?

Why don't these women just marry a fat guy? Why don't they just marry a big, fat tub of lard? 왜 이 여자들은 뚱뚱한 남자와 결혼을 하지 않는거야? 왜 그 사람들은 뚱뚱보와 결혼을 안하는거야?

Why don't we hire a manager or something?
매니저나 뭐 그런 사람 고용하자.

tub of lard는 뚱뚱보

▪ prefer a nice celebratory conference call
축하전화를 선호하다

We would all have preferred a nice celebratory conference call. 우리는 축하전화를 모두 선호했을 수도 있었다.

30세 이후에도 결혼하지 못한 여자친구들은 직접 만나기 보다는 전화통화로 축하해 줄게 있으면 할 수도 있었더라는 말

▪ You were saying? 무슨 얘기였지?

Ken told me you lied, so you were saying?
켄은 네가 내게 거짓말했다고 했어. 그래 무슨얘기였지?

▪ bang one's head against the wall
무지하게 고생하며 노력하다

If you're a successful single woman in this city, you have two choices: You can bang your head against the wall and try and find a relationship or you can say "screw it," and just go out and have sex like a man.
뉴욕에서 성공한 독신녀라면 두가지 옵션이 있어. 무지 고생하며 진지한 관계를 찾거나 혹은 빌어먹을이라고 하고 나가서 남자처럼 섹스를 하는거야.

screw it은 젠장, 빌어먹을

▪ You mean with~ ? …을 말하는거야?

You mean with all of these people watching?
네 말은 이 모든 사람들이 쳐다보는데서 라는거야?

▪ inspiration 화신

Samantha was a New York inspiration.
사만다는 뉴욕의 화신이었다.

routinely는 정기적으로, in one's 20s는 20대

sleep with 자신이 결혼하지 않은 여자와 섹스하다
She routinely slept with good-looking guys in their 20s. 그녀는 멋진 20대의 남자들과 정기적으로 섹스를 했다.
You're not allowed to sleep with any of your students.
네 학생 누구와도 자면 안돼.

Remember sb S+V? …한 …가 기억나?
Remember that guy I was going out with? Oh, God, what was his name? 내가 사귀던 남자 기억나? 맙소사, 걔 이름이 뭐였지?

Alexander the Great(알렉산더 대왕), Jack the Ripper(연쇄살인범 잭)에서 보듯, 사람에게 명칭을 부여해서 말할 때는 사람이름+the+명칭[칭호]의 형태로 써주면 된다.

Drew the sex god 섹스의 신 드류
Drew the sex god has found yet another lover.
섹스의 신 드류는 다른 연인을 찾았어.

forget about~ …을 잊다
I completely forgot about him after that.
난 그 이후에 걜 완전히 잊었어.
It's one of those things...just forget about it.
어쩔 수 없는 일이야… 그냥 잊어버려.

Are you sure that S+V? …가 확실해?
Are you sure that isn't just 'cause he didn't call you?
걔가 전화를 안했기 때문인게 아닌게 확실해?
Are you sure Billy will be here?
빌리가 여기 오는 게 확실해?

plus는 게다가, sex objects은 성적인 대상

This is the first time~ that S+V
처음으로 …하는거야
This is the first time in the history of Manhattan that women have had as much money and power as men plus the equal luxury of treating men like sex objects.
맨하탄 역사상 처음으로 여자들이 남자만큼의 돈과 힘을 갖게 된 것이고 게다가 남자를 성적대상으로 대하는 동등한 호사를 누리게 된거야.

- ## fail on both counts 두가지 다 실패로 끝나다
  Yeah, except men in this city fail on both counts.
  그건 두가지 다 실패로 끝나는 뉴욕의 남자들을 제외할 경우에만 그렇지.

- ## be in a relationship with …와 관계를 맺다
  I mean, they don't want to be in a relationship with you but as soon as you only want them for sex, they don't like it. 내 말은 그들은 너와 관계를 맺기 싫어하지만 네가 단지 섹스용으로 그들을 원하면 그들은 그걸 싫어할거야.

- ## That's when S+V 바로 그때 …하는거야
  That's when you dump them. 바로 그때 너는 걔네들을 버렸어.
  That's when she said she loved me.
  바로 그때 그녀는 나를 사랑한다고 말했어.

  > dump은 버리다, 차다

- ## I'm like~ 그래 내가 말했잖아
  He wanted to read me his poetry and go out to dinner and the whole chat bit, and I'm like, "Let's not even go there.
  걘 시를 읽어주고 나가서 저녁을 먹고 수다를 떨기를 원했고 난 말했지 그 얘기는 하지 말자고.

  > I'm like~는 속어로 So, I said~,
  > Let's not even go there는 논쟁이 될 수도 있으니 얘기 안하는 게 좋겠다

- ## What are you saying? 무슨 말이야?
  What are you saying? You're unhappy?
  무슨 말이야? 너 불행하다고?
  What are you saying? Do you think I'm lazy?
  그게 무슨 말이야? 내가 게으르단 말이야?

- ## Are you saying that S+V? …라는 말이야?
  Are you saying that you're just going to give up on love? 사랑을 포기하겠다는 말이야?
  Are you saying that they're going to film a movie here?
  여기서 영화촬영을 할거란 말이야?

  > give up on~은 …을 포기하다

■ **That's sick** 말도 안돼, 역겨워

That's sick = This is disgusting

What are you saying? That you're just going to give up on love? That's sick. 무슨 말이야? 사랑을 포기하겠다는 말야? 말도 안돼.

■ **Believe me** 정말이야

강조하려면 Belive you me라고 한다.

Believe me, I didn't want to come here.
정말이야. 난 여기에 오고 싶지 않았어.

Well, Jill, you're not that bad, and, believe me, I'm not that good.
저기 질. 넌 그렇게 나쁜 사람 아니야. 그리고 정말이지 내가 그렇게 좋은 사람도 아니고 말야.

■ **the right guy** 이상형의 남자

come along은 생기다. 함께 가다. be out the window는 없어지다

Believe me the right guy comes along, and you two here, this whole thing - right out the window.
정말이야. 이상형이 나타나면 너희 둘에게 이 모든 것은 다 없어질거야.

■ **You think it's possible to~?**

pull off은 해내다. 성공하다. ~thing은 …하는 것

넌 …하는게 가능하다고 생각하는거야?

You think it's really possible to pull off this whole women-having-sex-like-men thing?
넌 이 여자가 남자처럼 섹스하기를 해내는게 가능하다고 생각하는거야?

■ **You're forgetting~** 너 …을 잊었구나

〈마지막 유혹〉이란 영화는 팜므파탈인 린다 피오렌티노가 차례로 남자들을 배신하는 영화이다.

You're forgetting <The Last Seduction>.
마지막 유혹이란 영화를 잊었구나.

■ **be obsessed with** …에 집착하다

You're obsessed with that movie. 넌 그 영화에 너무 집착하고 있어.

■ **fuck sb up against~** …에 밀어붙이고 섹스하다

chain-link fence은 굵은 철사를 다이아몬드로 형태로 만든 울타리

Linda Fiorentino fucking that guy up against the chain-link fence. And never having one of those "Oh, my God, what have I done?" epiphanies.
린다 피오렌티노가 울타리에 남자를 밀어붙이고 섹스를 했지. 그리고 "맙소사, 내가 무슨 짓을 한거야?"와 같은 깨달음의 말을 하나도 하지 않았어.

SCENE 02

초반부의 어수선한 장면이 끝나고 캐리가 집에서 침대에 앉아 칼럼을 쓰고 있다. 그리고 게이 친구인 스탠포드와 만나서 점심을 먹다가 자신을 세번씩이나 찬 적이 있는 원수 커트를 보게 되고 "여자가 남자처럼 섹스하기"를 실험하기로 한다.

- **Was it true?** 그게 정말일까?
  People said you failed. Was it true?
  사람들이 그러는데 너 실패했다며. 그게 사실였어?

- **throttle up** 가속하다, 속도를 내다
  Were women in New York really giving up on love and
  throttling up on power?
  뉴욕의 여자들은 정말 사랑을 포기하고 권력을 추구하는걸까?

  give up on~은 …을 포기하다

- **What a tempting thought** 참 멋진 생각이야
  I could just relax and forget this. What a tempting
  thought. 난 쉬면서 이걸 잊을 수 있을거야. 참 멋진 생각이야.

- **I'm beginning to think S+V** …라고 생각하기 시작했어
  I'm beginning to think the only place one can still find
  love and romance in New York is the gay community.
  뉴욕에서 아직도 사랑과 로맨스를 찾을 수 있는 곳은 게이사회라고 생각하기 시작했어.

- **become closeted** 은밀하게 숨겨지다
  It's straight love that's become closeted.
  진실한 사랑은 은밀하게 숨겨지는거야.

  게이들의 커밍아웃은 원래 come
  out of the closet이라고 한다.
  그래서 이는 …을 털어놓다, 밝히
  다라는 의미로 쓰인다.

- **Are you telling me that S+V?** …라고 말하는거야?
  Are you telling me that you're in love?
  너 지금 사랑에 빠졌다고 말하는거야?
  Are you telling me that you plan to be president of
  this company? 네가 이 회사 사장이 될 생각이라는 말이야?

- **How could I possibly+V?** 내가 어떻게 …할 수 있겠어?
  How could I possibly sustain a relationship?
  내가 사귈 시간이 어디 있겠어?

  sustain a relationship은 관계
  를 지속하다

Sex and the City

take up+시간 ···을 차지하다,

You know Derek takes up like, a thousand percent of my time. 알잖아. 데렉은 말야 내 시간의 엄청 많은 시간을 차지하고 있어.

like,는 별 의미없이 말하는 습관의 하나로 우리말로 치면 음···, 어···, 이런 정도이다

Don't you think S+V? ···라고 생각하지 않아?

Don't you think that's a bit obsessive?
좀 너무 지나치다고 생각하지 않아?

What's the matter? Don't you think you'll have a good time? 뭐가 문제야? 좋은 시간 보낼거라고 생각되지 않아?

a bit은 약간, 좀

Sth be all I care about 내가 신경쓰는 것은 ···뿐야

I'm a passionate person. His career is all I care about.
난 열정적인 사람이야. 난 그의 경력에만 신경을 쓰고 있다고.

be under control 잘 관리되다

When that's under control, then I can concentrate on my personal life. 그게 관리가 잘 되면 그럼 나는 내 사생활에 집중할 수 있어.

concentrate on~은 ···을 집중하다

loathe of your life 네 평생의 혐오

Don't turn around. The loathe of your life is at the bar. 돌아보지마. 네 평생의 혐오자가 바에 있어.

말장난으로 the love of your life에서 love 대신에 loathe를 쓴 것이다.

scum 쓰레기 같은 놈

You don't need to deal with scum like that.
넌 저런 쓰레기 같은 놈을 상대할 필요가 없어.

clean up this mess 이 상황을 정리하다

I don't have the patience to clean up this mess for the fourth time. 난 네번씩이나 네 뒤치닥거리를 할 인내심이 없어.

clean up this mess는 원래 어지러운 곳을 청소하다라는 말로 여기서 mess는 캐리가 또 4번째로 차이는 상황을 말한다.

Will you relax? 진정 좀 해라

Will you relax? You're making everyone nervous.
진정 좀 할래? 너 때문에 다들 초조해하잖아.

Will[Would] you+V?는 문맥에 따라 부탁이 아니라 짜증을 내거나 뭔가 하지 말라고 할 때 쓰는 표현이다.

■ **not have a shred of~** …가 하나도 없다
I don't have a shred of feeling left. 남아 있는 감정이 하나도 없어.

■ **Thank God** 다행이야
Thank God everyone is unharmed.
다행이야, 아무도 다친 사람이 없어.
She's youthful and vibrant, thank God, but time flies.
갠 젊고 활기차지만, 아아, 세월은 유수같지.

■ **if you'll excuse me** 실례하지만
Now, if you'll excuse me, I have to visit the ladies' room.
실례지만 화장실 좀 가야되겠어.

> visit+장소는 아주 잠깐 …에 가는 것을 말하기도 한다.

■ **no longer feel a thing for~** 더 이상 …에게 감정이 없다
I no longer felt a thing for Kurt.
난 커트에게 더 이상 감정이 하나도 없었다.

> feel a thing for sb = have (got) a thing for sb는 …을 맘에 두다

■ **for what he was** 그의 본성
I finally saw him for what he was: A self-centered, withholding creep who was still the best sex I ever had in my life. 난 마침내 그의 본성을 보게 되었어. 내 평생 최고의 섹스를 한 이기적이고 아니꼬운 짐승같은 놈이지.

> what he was는 그의 옛모습, 그의 예전 본성

■ **have ~ in mind** …을 생각하다
I did have a little experiment in mind.
난 자그마한 실험을 맘에 두고 있었어.
Like what? Do you have something in mind?
이를테면? 생각하는거라도 있어?

■ **What are you doin' here?** 여기 어쩐 일이야?
What are you doin' here? I thought you left.
여긴 어쩐 일이야? 간 줄 알았는데.

> doing, going은 빨리 발음할 때 'g'발음을 후다닥 하기 때문에 거의 들리지 않는 경우가 있다. 따라서 표기도 doin', goin'이라고 하는 경우도 있다.

■ **gorgeous** 멋진
God, you look gorgeous. 와, 너 정말 멋지다.

■ So, how's life? 사는 건 어때?

So, how's life? Are you doing okay? 그래. 사는 건 어때? 괜찮아?

■ Not bad. Can't complain 나쁘지 않아, 괜찮아

Things are not bad for me. Can't complain.
내 사정이 그렇게 나쁘지 않아. 괜찮아.

I can't complain. Everything is okay. 잘 지내. 다 좋아.

Can't complain 앞에 "I"가 생략된 경우. No complaints라고 해도 된다.

■ The usual 늘상 그래

We're just doing the usual. Going out for a meal and drinks. 우리는 여느때처럼 하고 있어. 나가서 식사하고 술마시고.

비슷한 의미로는 Same old same old(늘 그렇지), Same old story[stuff](항상 똑같은 얘기[것]), Same as always(맨날 똑같지 뭐), 그리고 Same as usual(늘상 그래) 등이 있다.

■ You seeing anyone special?
특별히 만나는 사람있어?

I'm single now. You seeing anyone special?
난 싱글이야. 너 누구 만나는 사람있어?

Are you seeing someone nowadays? 요즘 사귀는 사람 있어?

■ ~ though 그래도

Well, you look good, though. 그래. 그래도 너 좋아보인다.
It won't make any difference to me, though.
그래도 내게는 별 차이가 없을거야.

Not for me. Thanks, though. 난 됐어. 하지만 고마워

문장의 끝에서 쓰이는 ,though는 그래도라는 의미

■ So do you 너도 그래

Deep down, I know it's wrong, and so do you!
사실은, 그게 틀리다는 걸 나도 알고 있고 너도 그렇지!

■ I thought S+V …할거라 생각했는데

I thought you weren't talking to me for the rest of your life. 난 네가 남은 평생 내게 말을 걸지 않을거라 생각했는데.
I thought she was happy because she has a lot of money. 난 걔가 돈이 많아서 행복한 줄 알았는데.

- **Who said anything about~** 누가 …을 하재?
  Who said anything about talking? 누가 얘기하재?

Who said anything about+
N[~ing]?는 '누가 …을 한대?'라
는 의미로 '난 …을 하지 안할건
데'라는 뜻을 내포하고 있다.

- **What do you say to~ ?** …가 어때
  What do you say to my place, 3:00? 우리 집에서 3시 어때?
  What do you say to going for a drink? 한 잔 하러 가는 게 어때?

- **See ya there** 거기서 봐
  We're headed over to the park. See ya there.
  우리는 공원으로 향하고 있어. 거기서 봐.

- **Are you out of your mind?** 너 정신나갔어?
  Are you out of your mind? You should never do that.
  너 정신나갔어? 넌 절대로 그렇게 해서는 안돼.

  Are you out of your mind? That's extremely dangerous!
  너 제정신이니? 엄청 위험하다구!

be out of one's mind는 정신
나가다

- **What the hell do you think you're doing?**
  도대체 지금 무슨 짓을 한거야?
  What is the matter with you?! What is wrong with
  you? What the hell do you think you're doing?
  너 뭐가 문제야? 왜 그러는거야? 도대체 지금 무슨 짓을 한거야?

the hell은 삽입구로 의문문을 강
조한다.

- **Oh, calm down** 진정해
  Oh, calm down. No one cares about that.
  진정해. 아무도 그거에 신경쓰지 않아.
  Calm down. It's not that big of a deal.
  진정해. 뭐 그리 대단한 일이라구.

Sex and the City

211

SCENE 03

캐리는 자신을 3번이나 차버린 커트와 "남자처럼 섹스하기" 실험을 하고 뿌듯함에 으쓱거리면서 거리로 나오다 빅과 운명적으로 부딪힌다.

- **be just like I remembered** 내가 기억했던거와 똑같다
  Kurt was just like I remembered.
  커트는 내가 기억했던거와 똑 같았다.

emotional attachment는 정서적인 애착

- **There would be none of~** …는 하나도 없을거야
  This time there would be none of that messy emotional attachment. 이번에는 감정적으로 지저분하게 얽매이지 않을거야.

All right의 속어적 표현

- **All righty** 좋아
  All righty, we will just see what is going to happen now. 좋아. 우리는 이제 어떻게 되는지 보자고.

- **My turn** 내 차례야
  Please step aside because it's my turn.
  내 차례이니 좀 옆으로 비켜나있어.

- **go back to work** 일하러 돌아가다
  I have to go back to work. 나 일하러 돌아가야 돼.
  I should get back to work. See you. 일해야 돼. 잘 가.

이거 농담하는거야?는 Are you kidding me with this?라고 하면 된다.

- **Are you kiddin'?** 정말야?, 무슨 소리야?
  Are you kiddin'? No one expected you to do that.
  정말야? 아무도 네가 그렇게 하리라고 예상못했어.
  Are you kidding? Why not? 무슨 소리야? 왜 싫어?

- **You're serious?** 진심이야?
  You're serious? You think you can get a week off work? 진심이야? 회사에서 일주일 휴가를 낼 수 있을거라 생각해?
  Are you serious? You want to quit school?
  진심이야? 학교를 그만두겠다는게?

- **have done it** 해냈다, 성공했다

As I began to get dressed, I realized that I'd done it. I'd just had sex like a man.

옷을 입기 시작했을 때 난 내가 해냈다는 것을 알았다. 난 남자처럼 섹스를 한 것이었다.

get dressed는 옷을 입다

- **I left ~ing** …하면서 나왔다

I left feeling powerful, potent and incredibly alive.

난 힘이 넘치고 강력하게 살아있음을 느끼며 나왔다.

potent는 강력한, alive는 살아있는

- **I feel like S+V** 난 …한 것 같아

I felt like I owned this city. 난 이 도시를 차지한 것 같았어.

I feel like I can't do anything right these days.

요즘 아무 것도 제대로 못할 것 같아.

- **get in one's way** …의 길에 방해가 되다

Nothing and no one could get in my way.

그 어떤 것도 어느 누구도 나를 막을 수는 없을거야.

- **carry** …을 갖고 다니다, 지니다

He knows I carry a personal supply of ultra textured Trojans with the reservoir tip. 그는 내가 앞쪽에 빈 공간이 있는 돌기가

잘 되어 있는 콘돔을 개인적으로 갖고 다닌다는 것을 알고 있다.

커트와 "남자처럼 섹스하기"를 성공적으로 끝낸 캐리는 자신만만하게 건물을 빠져나오다 지나가는 사람과 부딪혀 핸드백 속의 물건들이 길바닥에 떨어지고 이때 줍는 것을 도와주는 사람이 나타나는데 그가 바로 Mr. Big이다.

- **Any time** 천만예요, 언제든지요

Carrie: Thanks a lot. 정말 고마워.

Mr.Big: Any time. 언제든지

(초대받고) 언제든지, (상대방이 감사할 때) 언제라도, (준비) 언제라도

Sex and the City

SCENE 04

캐리는 일년동안 못해봤다는 순정주의자 스키퍼를 카오스에서 미란다에게 소개시켜준다.

- ### confess a shocking intimate secret
  충격적인 은밀한 비밀을 고백하다
  Later that night, Skipper Johnston met me for coffee and confessed a shocking intimate secret.
  그날 밤 늦게, 스키퍼 존스톤은 나랑 커피를 마시면서 충격적이고도 은밀한 비밀을 고백했다.

- ### like 뭐
  Do you know that it has been, like, a year?
  그거 한지가 뭐 한 일년이나 된거 알아?

- ### Are you sure S+V? ···가 확실해?
  Are you sure you're not gay? 너 게이가 아닌게 확실해?
  Are you sure you really love me? 정말 날 사랑하는거야?

fix sb up with라고 해도 된다.

- ### hook sb up with~ ···에게 ···을 소개시켜주다
  Don't you have any friends that you can hook me up with? 나 소개시켜줄 친구 없어?

- ### go downtown to~ 시내에 있는 ···에 가다
  We're all going downtown to this club, Chaos.
  우리는 모두 카오스라는 클럽에 갈거야.

- ### Don't tell sb S+V ···에게 ···라고 말하지 마라
  Don't tell her I'm nice. 걔에게 내가 착하다고 말하지마.
  Don't tell me what to do! You're not my mother!
  나한테 이래라 저래라 하지 마쇼! 당신이 우리 엄마라도 되는거요!

asshole은 나쁜놈

- ### mock sb with~ ···로 ···을 놀리다
  She'd think he was mocking her with his sweet nature and decide he was an asshole the way she had decided all men were assholes. 걘 그가 다정한 성격으로 자신을 놀린다고 생각하고
  그래서 걔가 모든 남자는 나쁜 놈이라고 결론냈던 방식으로 그도 나쁜 놈이라고 결론낼거다.

big shot 거물
He's supposedly some big shot in the publishing world. 그는 출판계의 거물로 생각돼.

supposedly는 아마, 추정상

un-gettable 차지할 수 없는
He was one of the city's most notoriously "un-gettable" bachelors. 그는 뉴욕 최고의 악명높은 그리고 차지할 수 없는 독신남중의 한명였어.

I'm not buying any of~ …을 전혀 믿지 않아
I'm not buying any of that women-having-sex-like-men crap. 난 "여자가 남자처럼 섹스하기"같은 말도 안되는 얘기는 믿지 않아.

여기서 buy는 believe란 뜻

I didn't tell her about~ …에 관해 걔에게 얘기하지 않았어
I didn't tell her about my afternoon of cheap and easy sex and how good it felt.
난 걔에게 오후의 간편한 섹스와 그게 얼마나 좋았는지 말하지 않았어.

be likely to forget~ 잊어버리기 쉽다
It was just like that bar in "Cheers" where everybody knows your name except here they were likely to forget it five minutes later. 다들 서로의 이름을 아는 치어스의 바와 같았지만 이곳에서 사람들은 5분후에 다 잊어버리는 것 같았어.

whipped into a frenzy 광란에 빠진
It was the creme de la creme of New York, whipped into a frenzy. 그곳은 뉴욕에서 최고의 장소로, 광란에 빠져있었다.

creme de la cream은 최고의 장소

Sometimes you got a souffle sometimes cottage cheese 때론 아주 대단한 걸 때론 평범한 걸 얻게 되는거야
Sometimes you got a souffle sometimes cottage cheese. It is like a model bomb exploded in this room tonight. 때론 아주 대단한 걸 때론 평범한 걸 얻게 되는거야. 오늘밤 이 방에는 모델들로 폭발하는 것 같다.

Sex and the City

100파운드는 대략 45kg이다.

▪ **aside from me** 나를 제외하고

Is there a woman here aside from me who weighs more than a hundred pounds?

나빼고 여기에 45키로 이상 나가는 사람이 있을까?

▪ **Undereaters Anonymous** 익명의 날씬한 사람들

It's like "Undereaters Anonymous."

마치 아주 날씬한 사람들의 모임 같았어.

reject는 거절하다(turn down)

▪ **I have this theory that~** 난 …하게 생각해

I have this theory that men secretly hate pretty girls because they rejected them in school.

난 남자들이 학창시절 예쁜 여자들에게 거절당했기 때문에 예쁜 여자들을 속으로 싫어한다고 생각해.

▪ **be not part of~** …에 참가하지 않다

If you're not part of the "Beauty Olympics" you can still become a very interesting person.

미인대회에 참가하지 않아도 아주 흥미로운 사람이 될 수 있어요.

▪ **Are you saying that S+V?** …라는 말이야?

Are you saying that I'm not pretty enough?

내가 예쁘지 않다는 말이야?

Are you saying that we should put a stop to this?

이거 중단시켜야 되는거야?

▪ **ipso facto** 앞서 얘기한 사실 때문에

So, ipso facto, I can't be interesting?

그럼 앞서 얘기한바로는 난 재미없는 사람인가요?

Is that what you're saying?은 그런 말이야?, 그렇다는거야?

▪ **fall into~** …으로 나누어지다

Women fall into one of two categories: Beautiful and boring or homely and interesting, is that what you're saying? 여자는 두가지 카테고리 중의 하나에 속한다. 아름답고 지루하거나 혹은 못생기고 재미있는, 그렇다는 말이야?

■ **That's not what I meant** 내 말은 그런 뜻이 아냐
That's not what I meant. Listen more carefully.
내 말은 그런 뜻이 아냐. 좀 더 신중히 들어봐.

That's not what I mean은 실
은 그런 뜻이 아냐

■ **find sb+adj** …가 …하다고 생각하다
Is this your hand on my knee? Let's just keep 'em
where I can see 'em, all right? Well, I guess you must
find me beautiful. Or interesting. 내 무릎에 있는게 당신 손이야? 네
손을 보이는데 놔두자. 나를 예쁘다고 혹은 재미있다고 생각하는구나.

■ **rescue ~ from** …을 …에서 구해주다
I was about to rescue Skipper from an increasingly
hopeless situation. 난 점점 어려운 상황에 처한 스키퍼를 구해주려고 했었다.

be about to+V는 막 …하려는
참이다

■ **Lucky me** 내가 운이 좋네
Lucky me, twice in one week.
내가 운이 좋네, 일주일에 두번씩이나 보고.

Lucky+somebody!는 …가 운
좋네라는 뜻

■ **get that lucky** 그렇게 운이 좋다
I don't know if you're going to be getting that lucky.
네가 그렇게 운이 좋을건지는 모르겠어.

■ **be pissed off~** …에 화가 나다
I was really pissed off the way you left the other day.
요전날 네가 그렇게 가버려서 서운했어.
I'm pissed off. People have been treating me badly.
열받았어. 사람들이 내게 못되게 굴어

■ **without commitment** 얽매이지 않고
You finally understand the kind of relationship I want
and now we can have sex without commitment.
네가 드디어 내가 원하는 종류의 관계를 이해했으니 이제 우리 서로 얽매이지 않고 섹스를 하자.

commitment는 헌신, 전념이라
는 말로 남녀간에 감정적으로 얽
매이는 것을 말한다.

■ **feel like it** 그러고 싶다
Whenever I feel like it, I'll give you a call.
내가 그러고 싶을 때는 언제나 전화할게.

Sex and the City

TV Sex and the City

I'm all yours = I'm ready to help you whatever [whenever] you need

■ I'm all yours 언제든지 오케이죠

We have the whole night together. I'm all yours.

우리는 오늘밤 내내 함께 보내는거야. 난 언제든지 오케이야.

I'm all yours. What's up? 저야 언제든 오케이죠. 무슨 일이세요?

■ I like this new you 새롭게 변화한 네가 좋아

I like this new you. Call me. 새롭게 변화한 네가 좋아. 전화해.

promiscuous는 난잡한. detach는 앞서 나온 commit에 반대되는 개념의 단어이다.

■ want sb+adj ···가 ···하기를 바라다

Did all men secretly want their women promiscuous and emotionally detached?

모든 남자들은 마음 속으로 자신들의 여자가 난잡하고 정서적으로 분리되는 것을 원하는걸까?

■ feel more in control 더 자신에 차있다

If I was really having sex like a man, why didn't I feel more in control?

내가 정말 남자처럼 섹스를 했다면, 왜 난 더 자신감에 차있지 못한걸까?

■ plus 게다가

I'm as good-looking as a model plus I own my own business. 난 모델만큼 멋지고 내 사업도 하고 있잖아.

run for는 출마하다

■ deluded self-confidence 왜곡된 과대망상증

Samantha had the kind of deluded self-confidence that caused men like Ross Perot to run for president and it usually got her what she wanted.

사만다는 로스 페로같은 사람이 대통령에 입후보하게 만드는 왜곡된 과대망상증에 사로 잡혀 있는데, 종종, 그건 그녀가 원하는 것을 갖게 해준다.

hit on = come on to

■ hit on 유혹하다

If you're not gonna hit on him, I will.

네가 그 남자를 유혹하지 않을거면 내가 할게.

I started to get the feeling that your sister was coming on to me. 네 동생이 날 유혹한다는 생각이 들기 시작했어.

218

■ take one's best shot with~

최선을 다하다(give it one's best shot)

And there she went off to take her best shot with Mr. Big. 그래서 그녀는 빅에게 가서 최선을 다했다.

> and there는 그래서, go off to~는 …하러 가다

■ past the most splendid evening with~

…와 함께 멋진 밤을 보내다

She was passing the most splendid evening with Capote Duncan. 그녀는 카포티 던컨과 멋진 밤을 보내고 있었다.

■ go back to my place 내집으로 돌아가다

Wanna go back to my place and see the Ross Blechner? 우리집으로 돌아가서 로스 블렉크너의 그림을 볼래요?

■ No problem 괜찮아요, 그래요

No problem. It was easy to get it done. 괜찮아. 그거 마치는거 쉬웠어.

No problem. You are welcome to come back any time. 별말씀을요. 언제라도 오시면 환영이에요.

■ play hard-to-get 팅기다

Though Charlotte was determined to play hard-to-get she didn't want to end the evening too abruptly. 샬롯은 좀 팅기기로 했지만 그 밤을 갑작스럽게 끝내고 싶지 않았다.

> play hart to get은 여자가 데이트 중인 남자에게 관심없는 척하는 것을 말한다. 빼다, 팅기다에 해당된다.

■ go for+숫자 가격이 …나가다

This could easily go for a hundred grand. Ross is so hot right now. 이건 10만 달러는 쉽게 넘기겠어요. 로스는 요즘 한창 인기예요.

■ It was my pleasure 내가 기뻤어요, 천만예요

You're welcome. It was my pleasure to help. 천만에. 도움을 줘서 내가 기뻤어.

> (It's) My pleasure의 과거형이다.

■ I'll get you a cab 택시 잡아줄게요

If you're ready to leave, I'll get you a cab. 떠날 준비 되었으면 내가 택시 잡아줄게.

- ## scoot over 좁혀 앉다
  Hey, scoot over, will ya? 저기, 옆으로 좀 갈래요?

where하고 go, come의 동사가 어울리면 추상적인 의미를 갖게 되는 경우가 있다.

- ## understand where you're coming from
  너의 입장을 이해하다
  I understand where you're coming from and I totally respect it but I really need to have sex tonight.
  당신의 입장을 이해하고 존중하지만 오늘밤 난 섹스를 해야 돼요.

put the moves on sb는 …에게 작업을 걸다

- ## swing into high gear 열기에 휩싸이다
  Back at Chaos things were swinging into high gear and Samantha was putting the moves on Mr. Big.
  다시 카오스는 열기에 휩싸여있고 사만다는 Mr. Big에게 작업을 걸고 있었다.

- ## be terminally uncool 아주 유행을 하지 않다
  I've been smoking cigars for years back when they were terminally uncool.
  난 시가가 아주 유행을 하지 않았던 오래전부터 시가를 피웠어요.

- ## I've got this great source that sends me Hondurans 내게 혼두라스 산 시가를 보내주는 사람이 있어요
  I've got this great source that sends me Hondurans. Do you want to try one? 귀한 혼두라스시가를 보내는 사람이 있어, 한번 펴볼래?

- ## You can't find them anywhere 아주 귀한거예요
  Have you seen this style of footwear? You can't find them anywhere. 이런 스타일의 신발 본 적 있어요? 아주 귀한거예요.

- ## That's all S+V (난) …만 해
  Cohibas, that's all I smoke. 코히바스, 난 그것만 피워요.
  Just ten dollars? That's all you got? 겨우 10 달러야? 그게 다야?

- ## do the PR 홍보일을 하다
  I do the PR for this club and I have the key to the private room downstairs.
  난 이 클럽 홍보일을 하고 있는데 아래층 밀실 키를 갖고 있어요.

- **private tour**   은밀한 투어
  You want a private tour?   은밀한 투어를 원해요?

  여기서 private은 중의법으로 쓰인 것으로 private room, private parts(음부)를 뜻한다.

- **Maybe another time**   다음번에 하죠
  I am really busy tonight, but maybe another time.
  난 오늘밤에 정말 바쁘지만 다음번에 하자고.

  Maybe some other time이라고 해도 된다.

- **be smitten with sb**   …에게 홀딱 반하다
  Meanwhile Skipper Johnston was hopelessly smitten with Miranda Hobbes.
  그러는 사이, 스키퍼 존스톤은 가망도 없이 미란다 홉스에게 홀딱 반했다.

- **overlook one flaw**   하나의 단점은 넘어가주다
  Miranda told me later that she thought he was too nice but that she was willing to overlook one flaw.
  미란다는 나중에 내게 걔가 너무 착하지만 한가지 단점은 그냥 넘어갈 의향은 있다고 생각했다고 말했다.

  be willing to+V는 기꺼이 …하다. overlook은 그냥 넘어가다

- **find one's fix**   …가 원하는 사람을 찾다
  Capote Duncan found his fix for the night.
  카포테 던컨은 밤을 즐길 상대를 찾았다.

  fix는 데이트 상대나 lover를 뜻한다

- **stay over**   자고 가다
  I gotta get up really early and, actually, you can't stay over.   내일 일찍 일어나야 돼서 재워줄 수가 없어요.

- **creep towards dawn**   슬금슬금 새벽녘이 다가오다
  And so another Friday night in Manhattan crept towards dawn.   그리고 또 한번 맨하탄의 금요일 밤이 지나갔다.

- **do the unspeakable walk home**
  말할 수 없이 힘들게 집으로 걸어가다
  Just when I thought I would have to do the unspeakable walk home.
  말할 수 없이 힘들게 집으로 걸어가야 된다고 생각한 바로 그때에.

SCENE 05

카오스에서 나와 택시를 못잡고 있는 캐리에게 빅의 차가 다가와 태워다주겠다고 한다.

- **for Christ's sakes** 제발
  Well, get in, for Christ's sakes. 제발 타세요.

여기서 drop은 차에서 내려주다

- **Where can I drop you?** 어디서 내려줄까요?
  You can get a ride with me. Where can I drop you?
  내가 차 태워줄게. 어디서 내려줄까?

- **You got that, Al?** 알았지, 알?
  No smoking in the lounge. You got that, Al?
  로비에서는 금연이야. 알았어, 알?

- **What have you been doing lately?**
  요즘 뭐하고 살아요?
  What have you been doing lately? We never see you.
  요즘 뭐하고 살아요. 아주 안보이네.

besides는 …을 제외하고

- **You mean besides ~ing?** …하는거 말고요?
  You mean besides going out every night?
  매일밤 외출하는거 말고요?

What do you do for a living?
이라고도 한다.

- **What do you do for work?** 직업이 뭐예요?
  Mr.Big : Yeah, I mean what do you do for work?
  그래요, 내 말은 직업이 뭐예요?
  Carrie : Well, this is my work. I'm sort of a sexual
  anthropologist. 이게 내 직업예요. 성인류학자라고나 할까요.

- **hooker** 매춘부
  You mean like a hooker? 매춘부말하는 건가요?
  He got caught with a hooker. 걘 매춘부랑 있다 걸렸어.

- ## research an article 기사자료를 모으다
I'm researching an article about women who have sex like men. 남자처럼 섹스하는 여성들에 관한 기사자료를 모으고 있어요.

- ## afterwards 그리고 나서는, 나중에
You know, they have sex and then afterwards they feel nothing. 저기, 남자들은 섹스하고 나서는 아무런 감정도 없잖아요.

- ## You're not like that 당신은 그렇지 않잖아요
Someone said you lied. You're not like that.
누가 그러는데 네가 거짓말했다고 해. 너 그렇지 않잖아.

- ## Not a drop 전혀 그렇지 않아요
I can't have any alcohol. Not a drop. 난 술을 못마셔. 한 방울도.

  강조하려면 Not even half a drop

- ## What's wrong with you? 당신은 왜 그래요?
What's wrong with you? Why are you so bitchy?
너 왜 그래? 왜 그렇게 못되게 굴어?
What's wrong with you? That's a terrible thing to say.
왜 그랬어? 그런 끔찍한 말을 하는 게 아냐.

  What's the matter with you?
  와 유사한 표현

- ## I get it 알겠어요
I get it. You need a little extra time.
알겠어. 추가 시간이 필요하다는거지.

  I got it, Got it이라고 해도 된다.

- ## You've never been in love 사랑을 해본 적이 없군요
You don't know because you've never been in love.
넌 사랑을 해본 적이 없어서 모르는거야.

- ## knock out of sb …을 나가 떨어지게 하다
Suddenly I felt the wind knocked out of me.
갑자기 세찬 바람에 자신이 나가 떨어지는 것 같았다.

crawl은 네발로 기어가다

■ crawl under   …밑으로 기어들어가다
I wanted to crawl under the covers and go right to sleep. 침대보 밑으로 기어들어가 자고 싶어졌다.

■ Thanks for the ride   태워줘서 고마워요
Thanks for the ride. I'll see you next week.
태워줘서 고마워. 다음 주에 봐.

■ Have you ever been in love?
사랑을 해본 적이 있나요?
I need advice. Have you ever been in love?
난 조언이 필요해. 너 사랑해본 적 있어?

fucking은 강조어로 강조하고 싶은 단어 앞에 붙이면 되는데 이 경우는 한 단어의 중간에 들어가 있는 특이한 형태.

■ Abso-fuckin'-lutely   그렇구 말고요
Do I want to eat? Abso-fuckin'-lutely.   먹고 싶냐고? 그렇고 말고.

Sex and the City

SEASON 01 EPISODE 07

The Monogamist

캐리와 빅의 데이트가 본격적으로 시작되지만 빅은 캐리에게 얽매이지 않고 다른 여자와 데이트를 즐긴다. 캐리는 자기의 경험을 바탕으로 이번에는 남녀간의 일부일처제를 소재로 칼럼을 쓴다.

SCENE 01

빅과 데이트에 빠져있어서 소홀히 했던 친구들을 다시 만나는 장면

■ **populated by more than~** ···이상의 사람이 거주하는
The island of Manhattan is a cozy village populated by more than seven million fascinating individuals who all behave like they own the sidewalk. 맨하탄 섬은 7백만 명 이상의 매력적인 사람들이 거주하는 아늑한 곳이고 그들은 마치 제 집처럼 거리를 활보한다.

> cozy는 아늑한, behave like~는 ···처럼 행동하다. 그리고 own the sidewalk는 자기 집처럼 거리를 활보하다

■ **It seemed as if S+V** 마치 ···인 것 같았어
It seemed as if the entire city had been magically reduced to only two people us.
도시 전체가 마법처럼 우리 둘만의 도시로 바뀐 것 같았어.

> be reduced to~는 ···로 축소되다

■ **in a space of+시간** ···하는 동안
Four-hour conversations flew by in a space of 15 minutes and a few days apart felt like weeks.
4시간의 대화가 15분처럼 흘러가 버렸고, 며칠 떨어져 있는 건 몇 주처럼 느껴졌어.

> a few days apart는 며칠간 떨어져 있는 것

225

Sex and the City

다시 말해 사랑의 열병을 설명하기 위해서는 아인슈타인의 상대성이론이 수정되어야 된다는 말이다.

be amended to+V …하도록 수정되어야 한다

I realize that Einstein's Law of Relativity would have to be amended to include a special set of rules, those to explain the peculiar effects of infatuation.

난 아인슈타인의 상대성이론이 사랑 열병의 특이한 영향을 설명하는 특별한 규칙을 포함하는 것으로 수정되어야 된다는 것을 깨달았다.

빅에게 홀딱 반한 캐리가 친구들과 소원해지자 미란다가 전화해서 장난치는 상황임

I'm trying to get a hold of~ …와 통화하려고 하는데요

I'm trying to get a hold of a Miss Carrie Bradshaw. She used to be a friend of mine.

캐리 브래드쇼와 통화하려고 하는데요. 예전에 친구였어요.

I can't believe S+V …일 수가

I can't believe it's been so long. 이렇게 오래간만인지 몰랐어.
I can't believe he got a promotion before I did!

나보다 먼저 그 녀석이 승진을 했다니 믿어지지가 않아!

I've been meaning to+V …하려고 했었어

I've been meaning to call you. 네게 전화하려고 했었어.
I've been meaning to call you. It's been a while since we talked. 그렇지 않아도 전화하려고 했었어. 우리 이야기 나눈 지 꽤 됐지.

fuck one's brains out 격렬한 섹스를 하다

Fucking your brains out? 격렬하게 섹스를 하느라고?

That's the least of it 그건 약과이고, 그건 기본이고

I got a ticket for speeding, but that's the least of it.

속도위반 딱지를 끊겼는데 그건 기본이야.

이건 a way of starting conversation 중의 하나이다.

You know what? 그거 알아?, 근데 말야

You know what? I'm going to a football game.

근데 말야. 나 미식축구경기보러 갈거야.

You know what? That doesn't matter because I don't like you either. 저 말야. 나도 당신을 싫어하니까 상관없어요.

226

- ## be hit this hard 이렇게 강하게 빠지다
I don't think that I have been hit this hard since I won't compare it to anything, because everything else has always ended. 항상 헤어지게 되는 다른 그 어떤 거와도 비교하지 않을테니 이처럼 사랑에 빠져본 것은 처음인 것 같아.

- ## Will I get to see you sometime?
언제 한번 볼 수 있을까?

get to+V는 …하게 되다

It was a fun night. Will I get to see you again sometime?
재밌는 밤이었어. 언제 한번 볼 수 있을까?

So, let's get to know each other. You first.
그럼 서로에 대해 이야기해보죠. 당신 먼저요.

- ## Tonight will work 오늘밤 좋아

Sth works …가 괜찮다(약속 등을 정할 때)

Carrie: Yeah, absolutely.How about tonight?
그래 당연하지. 오늘 저녁은 어때?

Miranda: Yeah, tonight will work. 그래. 오늘밤 좋아.

- ## I'll call sb to see if~ …인지 전화해서 알아볼게
I'll call Charlotte and Samantha to see if they're free, 'cause Big's got this dinner thing, so we had no plans.
샬롯과 사만다에게 전화해서 시간되는지 알아볼게. 빅이 디너파티가 있어서 우리는 아무런 계획이 없거든.

- ## Would you listen to yourself? 정신 좀 차려라

Listen to yourself!는 멍청한 소리 그만해!

Would you listen to yourself? You sound crazy.
정신 좀 차릴래? 정신나간 것 같아.

You complain all the time. Listen to yourself.
넌 늘상 불평하냐. 말도 안 되는 얘긴 그만해.

- ## commit the cardinal sin 큰 죄를 짓다

hang up은 전화끊다, forsake는 그만두다, 저버리다

As I hung up, I realized I'd committed the cardinal sin I'd forsaken my girlfriends for my new boyfriend.
전화를 끊었을 때, 난 내가 새 남친 때문에 내 친구들을 멀리한 큰 죄를 지었다는 것을 깨달았다.

- **face the tribunal** 재판을 받다
That night I faced the tribunal. 그날 밤 난 재판을 받았다.

- **that** 그 정도로
We really weren't that concerned.
우리는 그 정도로 신경쓰지 않았어.

- **be offended** 기분이 상하다
Just completely hurt and offended.
단지 상처를 엄청 받고 기분이 상했을 뿐이야.

miss는 …을 놓치다, 보지 못하다

- **You missed a lot** 넌 많은 것을 놓쳤어
Too bad you were absent. You missed a lot.
네가 없어서 안됐어. 넌 많은 것을 놓쳤어.

merger는 기업간의 합병을 말한다

- **work on** …의 일을 하다
Miranda had worked on a big successful merger.
미란다는 기업합병계약건을 처리하고 있었다.
Do you have to work on an important project?
중요한 일을 해야 되는거야?

- **be obsessed with** …에 몰두하다
Samantha was obsessed with the idea of a new apartment.
사만다는 새 아파트 구하는데 빠져 있었다.

- **drop off the edge of the earth** 잠수타다
They met the day after I dropped off the edge of the earth. 걔네들은 내가 잠수를 탄 직 후에 만났다.

- **be the one** 이상형이다
I think this might be it. I think this might be the one.
(결혼까지 할) 가장 중요한 관계일거라 생각해. 이상형이라고 생각해.

- **tug of war** 줄다리기
  They went back to his place and began the classic
  dating ritual, the blow job tug of war. 그들은 그의 집으로 돌아가
  서 전통적인 데이트 통과의례를 시작했다. 오럴섹스를 하느냐 마느냐로.

classic dating ritual은 전통적
인 데이트 통과의례, blow job은
오럴섹스

- **The truth is S+V** 사실은 …야
  The truth is I hate doing it. 사실은 나 그거 하는거 싫어해.

- **You can't be serious** 말도 안돼, 그럴 리가
  You don't want to celebrate Christmas? You can't be
  serious. 크리스마스 그냥 지나가자고? 말도 안돼.
  Oh, you can't be serious. That's too much.
  아, 말도 안돼. 이건 너무해.

달리 표현하자면 Are you
kidding?

Sex and the City

- **Are you telling us S+V?** …라는 말야?
  Are you telling us you never perform this act?
  너 이거 한번도 안해봤다는 얘기야?

- **give head** 오럴섹스를 해주다 *반대는 get head
  She'll juggle, she'll spin plates, but she won't give
  head. 걘 별 짓을 다해도 오럴섹스를 못하겠대.

juggle은 저글링을 하다, spin
plates는 접시를 돌리다, 그리
고 give head의 반대말은 get
head이다.

- **make me wanna puke** 토할 것 같아
  I have a very sensitive gag reflex and it makes me wanna
  puke. 아주 민감하게 목이 막혀서 토할 것 같아.

gag reflex는 목에 뭔가 집어넣
을 때 목이 막히는 증상

- **That's one way to say no** 변명 중의 하나이지
  You hung up? That's one way to say no.
  네가 전화를 끊었다고? 거절하는 방법중의 하나지.

- **It's not like S+V** …하지 않은 것 아냐
  It's not like I haven't tried. 내가 노력해보지 않은 것은 아냐.
  It's not like there's anything that interesting going on.
  뭐 재미난 일이 있는 것은 아냐.

Sex and the City

popsicle은 아이스캔디

- **I pretended S+V** …하는 척했어

  I pretended it was a popsicle, but I just don't like it.

  나 그걸 아이스캔디인 것처럼 생각해봤는데 그냥 하기가 싫어.

  I turned around and pretended like it never happened.

  돌아서서 아무 일도 없었던 척 할거야.

swallow는 삼키다

- **up to the point where S+V** …할 때까지

  I'm loving it up to the point where the guy wants me to swallow. 남자들이 내가 삼키기를 원할 때까지는 좋아해.

옳고 나쁘다고 할 수 없는 문제로 그건 각 개인이 자기 성향대로 결정해야 될 문제라는 말씀

- **That's just a judgment call** 그건 개인이 선택할 일이야

  You can refuse. That's just a judgment call.

  넌 거절할 수 있어. 그건 개인이 선택할 일이야.

- **take it personally** 감정적으로 받아들이다, 화를 내다

  Some men just take it so personally if you don't.

  그렇게 안해주면 어떤 남자들은 화를 내잖아.

  Don't take it personally, but he said you were incompetent.

  기분 나쁘게 받아들이지마, 제시가 너더러 무능력하대.

- **It's not my favorite thing** 내가 좋아하는 것은 아니다

  It's not my favorite thing on the menu, but I'll order it from time to time. 내가 좋아하는 것은 아니지만 가끔은 해.

이유는 바로 이어서 나오지만 임신할 두려움없이 오르가즘에 오를 수 있기 때문이다.

- **be God's gift to~** …에게 준 신의 선물이다

  Oral sex is God's gift to women.

  오럴섹스는 여성에게 내린 신의 선물이야.

get off는 오르가즘에 오르다. 상대방을 오르가즘에 오르게 하다

- **get off** 오르가즘에 오르다

  You can get off without a worry of pregnancy.

  임신 걱정없이 오르가즘에 올라갈 수 있잖아.

흥분하다[시키다]라는 동사구 turn on의 명사형이다.

- **turn-on** 흥분

  Plus, the sense of power is such a turn-on.

  게다가 강력한 힘의 느낌이 정말 흥분돼.

230

get'em by the balls 그들을 통제하다, 장악하다

Maybe you're on your knees, but you got'em by the balls. 무릎을 꿇고 있을지 모르지만 그들을 완전히 통제하잖아.

> be on one's knees는 무릎을 꿇다. got'em은 got them의 축약형이다.

go down the road (말)하기 싫다

That is the reason that I don't wanna go down this road. 그래서 내가 그걸 하기 싫어하는거야.

> go down the road를 풀어쓰면 I don't want to talk about this 혹은 I don't want to do this.

get all choked up about it
목이 메이다, 감정적으로 감당이 안되다

If you're gonna get all choked up about it just don't do it. 네가 그거에 그렇게 화가 난다면 그냥 하지마.

go down on sb …에게 오럴섹스를 해주다

If you don't go down on him, how do you expect him to go down on you?
네가 남자에게 오럴섹스를 해주지 않으면 남자도 네게 오럴섹스를 안해줄거 아냐?

Forget it! 별거 아니니 잊어버려!, 됐어!

Forget it! That is never going to happen.
잊어버려! 그건 절대 그렇게 되지 않을거야.

> Let it go!와 같은 의미

get head 오럴섹스를 받다

I only give head to get head.
난 오럴섹스를 받기 위해 오럴섹스를 해주는데.

Sex and the City

SCENE 02

오래간만에 네명의 친구는 오럴섹스에 대한 수다를 떨고 나서 식당을 나가는데 빅이 다른 여자와 함께 식사를 하는 것을 보게 된다.

Pinot Grigio는 피노 그리지오 와인

- **vows of friendship renewed** 우정을 재확인하다
  A few hours and a couple of bottles of Pinot Grigio later and vows of friendship renewed.
  몇 시간 동안 와인을 몇병 마시고 우린 우정을 재확인했다.

- **go over** ···쪽으로 가다, 검토하다
  I'm gonna go over and say hi. 그리로 가서 인사를 할게.

bad form은 나쁜 일, 예의가 아님

- **ditch sb** ···을 버리다
  Ditching us now would be really bad form.
  지금 우리를 버리는 것은 예의가 아냐.

- **posse** 친구들
  I was just here with my posse having dinner and I saw you. 난 내 친구들과 저녁을 먹었는데 당신을 본거예요.

- **Can I talk to you for a second?** 잠깐 얘기할까?
  Can I talk to you for a second? It's important.
  잠깐 얘기 좀 할까? 중요한 문제라서.
  Can I talk to you outside for just a second?
  밖에서 잠깐 얘기 좀 할까?

- **Sure** 물론, 그럼
  Sure, just come over after we finish work.
  물론. 일 끝나고 나서 이리로 와봐.
  Sure, I'll agree to that. 물론. 거기에 동의할게.

- ## Are you on a date? 데이트하는 중예요?

  Are you on a date? I can call back later.

  데이트 중이야? 내가 나중에 전화할게.

  I haven't been on a date in seven months.

  수개 월 동안 데이트를 못해봤어.

  > be on a date는 데이트하는 중이다

- ## sort of 좀 그런 셈이지

  It's sort of strange that she isn't here.

  걔가 여기에 없는게 좀 이상하지.

  I've sort of had feelings for you. 너한테 조금이지만 감정이 생겼어.

  > sort of = kind of

- ## I thought you said S+V 난 네가 …라고 말한 줄 알았는데

  I thought you said you had a business thing tonight.

  난 네가 오늘 비즈니스 관련된 일이 있다고 말한 줄 알았는데.

  I thought you said he said something that hit home.

  난 걔가 정곡을 찌르는 뭔가 말을 했다고 네가 말한 걸로 생각했었는데.

- ## She's stunning 엄청 예쁘다

  Is that your new girlfriend? She's stunning.

  네 새 여친이야? 엄청 예쁘다.

  > stunning는 예쁜, 멋진

- ## Enjoy your dinner 저녁 맛있게 먹어

  Enjoy your dinner. I cooked it myself.

  저녁 맛있게 먹어. 내가 요리한거야.

- ## I just didn't realize S+V 난 …을 몰랐어

  I just didn't realize you were dating other women.

  난 네가 다른 여자들과 데이트하는 줄 몰랐어.

  You realize that doesn't look good?

  그게 바람직하지 않다는 걸 알았어?

- ## Why don't we S+V? …하자

  Why don't we talk about this Saturday?

  우리 이거 토요일날 얘기하자.

  Why don't we all pitch in and buy Gary a nice birthday present? 다같이 돈을 모아서 게리에게 근사한 생일선물을 사주는 게 어때?

  > Why don't we~?는 Let's+V

Sex and the City

- **I already said that** 이미 그건 얘기했고
  I know we need more money. I already said that.
  우리는 더 많은 돈이 필요하다는거 알아. 이미 내가 얘기했잖아.

- **Here we go** 여기 있어, 또 시작이다
  Here we go. You're going to start complaining.
  또 그러네. 너 불평하기 시작할거잖아.

I can't believe it은 놀랐을 때, I don't believe it은 사실을 믿지 못했을 때

- **I can't believe it** 말도 안돼
  I can't believe it. You lost so much weight.
  말도 안돼. 너 정말 많이 살이 빠졌다.
  I can't believe it. You always said you would stay single forever. 이럴 수가. 넌 항상 평생 혼자 살거라고 말했잖아.

- **be seeing sb** …와 사귀다
  He's seeing other women. 그가 다른 여자들을 만나다니.
  I think he must be seeing another woman.
  내 생각엔 그가 딴 여자를 만나고 있는 게 틀림없어.

- **Prick** 나쁜 놈
  Prick! You had better stop insulting me.
  나쁜 놈! 그만 날 모욕하라고.

- **exclusivity** 독점권
  We had never discussed exclusivity.
  우린 서로만을 사귄다는 것을 얘기한 적이 없다.

oversuffed는 꽉찬

- **fit sth onto sth** …에 …을 더하다
  While for me the idea of seeing another man would be like trying to fit another outfit into an already overstuffed suitcase, Big was happily dating another woman like it was the most natural thing in the world.
  내게 있어 다른 남자를 만나는 것은 이미 꽉찬 가방에 옷한벌을 더 집어넣으려는 것과 같지만, 빅은 기꺼이 너무나도 자연스러운 일처럼 다른 여자와 데이트를 하고 있었다.

- ## Is it that S+V? 그건 …한 것일까?
  Is it that men have an innate aversion to monogamy or is it more than that?
  남자들은 태생적으로 일부일처제를 싫어하는 걸까, 아니면 뭐 다르게 있는걸까?

  > have an innate aversion to~는 태생적으로 …을 싫어하다. Is it more than that?은 Is there some other explanation for it?라는 말이다.

- ## I wondered 궁금했다
  So she had plastic surgery? I wondered.
  그래 그녀가 성형수술을 했다고? 궁금했어.

- ## become too much to expect
  기대하기는 무리가 되다
  In a city like New York with its infinite possibilities has monogamy become too much to expect?
  뉴욕과 같이 무한한 가능성이 있는 도시에서 일부일처제를 기대하기는 무리가 된 것일까?

  > infinite possibilities는 무한한 가능성

- ## be involved in~ …을 하고 있다
  I've been involved in a monogamous relationship for over a year now. 난 지난 일 년 넘게 일부일처의 관계를 갖고 있다.
  Ron was involved in a serious car accident on the way to work yesterday. 론이 어제 출근길에 차사고가 크게 났다던데.

- ## be fulfilling 만족감이 좋다
  It's been wonderfully fulfilling. Of course, my definition of monogamy includes sex with prostitutes.
  만족감이 좋아요. 물론 내가 말한 일부일처의 정의에는 매춘부도 포함돼요.

- ## be dull 따분하다, 재미없다
  The problem with monogamy, it's just so incredibly dull. 일부일처의 문제는 너무 재미 없다는거예요.

- ## don't exchange fluids 정액을 섞지 않다
  We have sex with other people, but we don't exchange fluids or phone numbers. 우리는 다른 사람들과 섹스를 하지만 콘돔을 써서 정액을 섞지 않고 전화번호도 교환하지 않는다.

profound는 깊은, 심오한

■ **fabulous** 멋진

Monogamy is fabulous. It gives you a deep and profound connection to another human being.
일부일처는 아주 멋져요. 다른 사람에게 깊고 깊은 유대감을 갖게 돼요

SCENE 03

사만다가 공개중개사와 함께 아파트를 둘러보고 있다.

Is this to die?는 Isn't this great?란 의미

■ **Is this to die?** 대단하지 않아?

This is the best in the building. Have you ever seen any place like this? Is this to die? It's nice.
빌딩내에서 가장 좋은 방예요. 이런 방 본 적 있어요? 대단하지 않아요? 아주 좋아요

Was the person looking for an apartment with a scenic view from the window?

■ **view** 멋진 전경

Was someone looking for a view? 누가 멋진 전경을 찾고 있었죠?

■ **It's a little out of my price** 가격이 좀 무리네요

This is a great car, but it's a little out of my price range. 이건 멋진 차지만 나한테는 가격이 무리네요

Sue me = I don't care what you think = So what?

■ **Sue me** 고소해 봐, 맘대로 해

So I like to take a nap in the afternoon. Sue me.
오후에 낮잠자는 것을 좋아해. 맘대로 해.
What are you going to do? Sue me? 어쩔 건대? 고소할거야?

■ **creme de la creme** 최상의 것

I just love to show the creme de la creme.
난 단지 최상의 것을 보여주고 싶었어요

ask sb for one small favor in return은 대신 조그만 부탁을 하나 하다

■ **break one's ass** 최선을 다하다

I will break my ass for you, sweetheart. I just wanna ask you for one small favor in return.
내가 최선을 다해볼게요. 대신 조그만 부탁하나 들어줘요

236

- **My first born?** 내 첫아기요?

  A: I just wanna ask you for one small favor in return.
  대신 조그만 부탁 하나 들어줘요.

  B: My first born? 내 첫 아이를 달라구요?

  A: No, sweetheart. I don't even want my own kids.
  아뇨, 손님. 내 자식도 지겨운데요.

  상대방의 부탁이 내 첫 아이를 달
  라는 것처럼 큰 부탁이냐고 물어
  보는 조크

- **Promise me that S+V** …라고 약속해줘요

  Promise me that you won't work with any other
  broker. 다른 중개인하고는 거래하지 않는다고 약속해줘요.

- **when it came to~** …에 관한 한

  Samantha didn't believe in monogamy especially
  when it came to real estate agents.
  사만다는 부동산 중개인에 관련되서는 일부일처제를 믿지 않았다.

  real estate agents 공인 중개
  사

- **This is a pre-war 6** 2차 대전 전에 지은 걸로 방이 6개요

  This is a pre-war 6. Notice the classic lines. Very
  solidly built. 2차 대전 전에 지은 걸로 방이 6개입니다. 고풍스런 라인을 보세요. 그
  리고 매우 튼튼하게 지어졌죠.

- **have a competitive edge** 경쟁력이 있다

  Although Pamela had the hottest contacts in town,
  Rick did have a slight competitive edge.
  비록 파멜라가 잘 나가는 중개업자였지만 릭은 좀 더 경쟁력이 있었다.

- **give sb the opportunity to~** …할 기회를 주다

  He gave Samantha the opportunity to combine her
  two greatest loves sex and real estate.
  그는 사만다에게 그녀의 두가지 큰 사랑, 섹스와 부동산을 함께 결합할 기회를 주었다.

Sex and the City

Sex and the City

SCENE 04

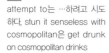

캐리가 스탠포드와 함께 얘기를 하고 있다.

■ **drag sb out to lunch with sb**

…을 끌고 나와 …와 점심을 하다

That afternoon I dragged my poor tortured soul out to lunch with Stanford Blatch and attempted to stun it senseless with cosmopolitans. 그날 오후 난 내 불쌍하게 고통받는 영혼을 끌고 나와 스탠포드와 점심을 했고 코스모폴리탄 술을 마시며 취하려고 했다.

attempt to는 …하려고 시도하다, stun it senseless with cosmopolitan은 get drunk on cosmopolitan drinks

■ **be on the way out~** 유행이 지나다

Monogamy is on the way out again. It had a brief comeback in the 90s, but as the millennium approaches everyone's leaving their options open.
일부일처제는 다시 유행이 지나가고 있어. 90년대에 잠깐 돌아왔지만, 21세기가 다가오면서 다들 선택을 보류하고 있어.

leave one's options open은 선택을 보류하다

■ **given~** …이 주어진다면

You wouldn't commit to a nice guy given the option?
네게 그런 선택이 주어진다면 한 명의 멋진 남자에게만 매달리지 않을거잖아?

■ **commit to~** …에 헌신하다, 매달리다, 전념하다

I can't even commit to a long distance carrier.
난 장거리 통신사도 하나에 만족할 수가 없어.

■ **You know what you are?** 너 네가 뭔지 알아?

You know what you are? You're a whore.
너 네가 뭔지 알아? 넌 창녀야.

whore = hooker

■ **I wish that were true** 그게 사실이었으면 좋겠어

I wish that were true, but I doubt it.
난 그게 사실이었으면 좋겠지만 의심스러워.

238

- **get a kick-ass review** 호평을 받다

  My book just got a kick-ass review in Entertainment
  Weekly. 내 책이 인터테인먼트 위클리에서 호평을 받았어.

  kick-ass는 뛰어난

- **How+adj** 와 …하다

  How marvelous. 정말 대단하다.

- **Nice shit** 아주 좋아

  A: Have you met Carrie Bradshaw? 캐리 브래드쇼를 만난 적 있어?
  B: No, but I've read your column.Nice shit.
    아니. 하지만 당신 칼럼을 읽었어요. 좋던데요.

- **be fucked up** 엉망진창이다

  My life is so fucked up right now. 내 인생이 지금 아주 엉망진창이야.
  You fucked up my life. I hate you!
  너 때문에 내 인생이 망쳤어. 정말 네가 싫어!

- **What an honor** 굉장하군요

  He was given a medal for bravery? What an honor.
  걔가 용맹상을 받았다고? 대단하네.

- **go to the top of the list** 리스트의 꼭대기에 있다. 일등하다

  If they were doing the 30 sexiest women under 30, I'm
  sure you'd go right to the top of the list.
  그들이 20대 섹시한 여성 30인을 뽑는다면 당신이 바로 일등할거예요.

- **That's no lie** 진심예요

  I've had a ton of girlfriends. That's no lie.
  난 엄청 많은 여친들이 있어. 진심이야.

- **throw sb a party** …에게 파티를 열어주다

  The magazine's throwing us a party tomorrow night
  at Luna. 잡지사에서 내일 저녁 루나에서 우리를 위해 파티를 열어줘요.

Sex and the City

Sex and the City

be there은 오다(come) 혹은 가다(go)

be there은 오다(come) 혹은 가다(go)

- ## So you'll be there? 그럼 올거죠?
  You accepted the invitation? So you'll be there?
  초대를 받아들였다고? 그럼 올거지?

  I need to know how many people will be there. Is that a yes or a no? 몇 명 올지 알아야 돼. 온다는거야 아님 못 온다는거야?

특히 1960년대에 유행한 단어이다.

- ## Groovy 멋지다, 근사하다
  Carrie: I'll do my best. 최선을 다할게.
  Jared: Groovy. Ciao. 멋져. 안녕.

SCENE 05

캐리가 집에 들어와 침대에 누웠는데 이때 빅에게서 전화가 온다. 서로 약속을 확인하고 캐리는 미란다를 만나서 얘기를 나눈다.

- ## What was happening to me? 내가 어떻게 된걸까?
  What was happening to me? I felt so strange.
  내가 어떻게 된걸까? 느낌이 되게 이상했어.

15 minutes of fame는 잠시 유명했던 사람들이 금방 잊혀지는 것을 말한다.

- ## hit on sb 유혹하다
  I used to get a secret rush from men who hit on me during their 15 minutes of fame.
  자신들이 반짝하는 짧은 시간동안 나를 유혹하는 남자들이 은밀하게 접근하곤 했어.

그래서 나는 이렇게 들이대는걸 좋아하지 않았더라는 의미.

- ## feel exhasting 지치게 하다
  In this case, it merely felt exhausting.
  이 경우에는. 단지 날 지키고 힘들게 하였다.

confirm은 확인하다

- ## I'm just calling to+V …하려고 전화했어
  I'm just calling to confirm tomorrow night.
  내일 저녁 약속 확인하려고 전화했어.

240

■ **Are we still on?** 변함없지?, 유효한거지?

I know you're busy, but are we still on for lunch?

네가 바쁜건 알지만 우리 점심약속 유효한거지?

■ **border on~** 거의 …에 가깝다

I was striving for noncommittal, but I was worried I had bordered on shrill.

난 좀 관심없는 척하려고 했는데 목소리가 너무 컸다고 걱정된다.

strive for는 …하려고 노력하다

■ **be meant to~** …인 것으로 생각되다

Do you think that was meant to be some kind of coded mea culpa? 그건 은연중에 자기 잘못이라고 내게 전달하려고 한 것은 아닐까?

You two are so meant to be together, everybody thinks so. 너희 둘은 정말 천생연분야. 다들 그렇게 생각해.

coded mea culpa는 은연중에 내 잘못이다라고 하는 말

■ **You mean like~** 네 말은 …라는거야?

You mean like what he really meant was, "I've been a complete idiot. Please forgive me for having dinner with that other woman?"

네 말은 그가 정말로 한 말은 "내가 정말 바보였어. 다른 여자와 저녁먹은거 용서해줘"라는거야?

■ **Could be** 그럴 수도 있지

You think Mom got you a gift? Could be.

엄마가 네게 선물을 준거 같다고? 그럴 수도 있지.

■ **be subject to~** …의 대상이다

That would mean everything he ever said that I interpreted as sincere is subject to interpretation.

그건 내가 진정성이라고 해석을 했던 그가 지금까지 말한 것 모두들 해석해야 된다는 것을 의미할거야.

That would mean S+V는 그건 …을 의미하는 것일거야

■ **may be reflected projection of~**
…의 반사된 투영에 지나지 않을 수도 있다

In that case, what I perceive as his feelings for me may only be reflected projections of my feelings for him. 그런 경우, 내가 나에 대한 그의 감정이라고 인식한 것은 단지 그에 대한 나의 감정의 반사된 투영에 지나지 않을 수도 있어.

Sex and the City

241

Sex and the City

freak은 자동사로 흥분하다. 어쩔 줄 모르다, 놀라다

■ **I'm freaking** 내가 흥분했나봐
The deadline is tomorrow morning. I'm freaking.
마감일이 내일 아침이야. 안절부절 못하겠어.

■ **What are you up to?** 어쩐 일이야?, 뭐해?
I just called to chat. What are you up to?
잡담하려고 전화했는데 뭐해?
Hi Clare, it's been a long time. What are you up to?
야 클레어, 오랜만이다. 뭐하고 있어?

hang은 특별히 하는 일 없이 놀다, 시간을 보내다

■ **Just hanging** 그냥 노는거야
We're just hanging until things calm down.
상황이 진정될 때까지 우리는 그냥 얼쩡거렸어.

■ **I've heard so much about you**
얘기 많이 들었어요
It's great to meet you. I've heard so much about you.
만나서 너무 반가워요. 얘기 많이 들었어요.

■ **be such big fans of~** …을 무척 좋아하다
We're all such big fans of your column over at Vogue.
보그에서 당신 칼럼을 다들 좋아해요.

■ **hole in the wall** 좁고 어두운 가게
This little hole in the wall. 좁고 어둑어둑한 가게.

rave는 신문이나 잡지의 극찬하는 비평을 말한다.

■ **rave** 극찬의 비평
This darling French bistro that I am telling you I lived a year in Paris and never ate so well, and cheap. Go quick before the Times destroys it with a rave.
내가 프랑스에 일년간 사는 동안 이렇게 맛있고 저렴한 식당은 없었어. 타임지가 극찬의 비평을 한 다음에는 사람들이 많이 오고 자리에 앉기도 힘들고 가격도 올랐어.

- ## break up with ...와 헤어지다
  You're his type, but you broke up with him, remember?
  네가 걔 타입인데 넌 걔와 헤어졌어, 기억나?

  Please don't break up with me! I'm crazy about you. I'll
  die! 제발 헤어지지 말자! 난 너한테 푹 빠져있는 걸, 죽어버릴거야!

- ## work out 운동하다
  Has he been working out? 걔 요즘 운동해?
  I lost a lot of weight because I go to a gym to work out.
  체육관에 가서 운동을 해서 살이 많이 빠졌어.

SCENE 06

스키퍼와 새로운 애인이 사랑을 나누고 있는데 미란다의 전화가 온다.

- ## leave a message 메시지를 남기다
  Hey, Skipper here. Leave me a message.
  스키퍼입니다. 메시지 남겨주세요.

  아주 간단한 자동응답기 메시지

- ## I just wanted to say S+V 단지 ...라고 말하고 싶었어
  I just wanted to say it was great running into you
  today. And you looked great.
  단지 오늘 우연히 만나게 돼서 반갑다고 말하고 싶었어. 너 멋저 보였어.

  run into는 우연히 마주치다로
  bump into라고 해도 된다.

- ## you know, 저기
  I just wanted to say maybe, you know, I thought we
  could have dinner some night.
  난 단지 저기 우리가 언제 저녁할 수 있을까 말하고 싶었어.

  Well, you know, Julia and I used to go out.
  음, 있잖아, 줄리아하고 난 예전에 사귀었어.

■ **be honest with sb** …에게 솔직하다

I think you're great but I've gotta be totally honest with you. 네가 대단하다고 생각하지만 네게 솔직히 말해야겠어.

■ **ask sb back** 다시 사귀자고 하다

The woman who I think I love just called and asked me back. 내가 사랑한다고 생각하는 여자가 전화해서 다시 데이트하자고 했어.

break up with는 헤어지다

■ **be still inside of sb** …의 안에 있다

You're breaking up with me while you're still inside of me? 내 몸에 들어온 상태에서 나와 헤어지자는거야?

■ **rededicate one's singular affection for~**
…에 대한 유일한 애정을 쏟아 붓다

Skipper rededicated his singular affection for Miranda.
스키퍼는 오직 미란다에게만 애정을 쏟아 부었다.

■ **declaration of monogamy** 일부일처제의 맹세

Charlotte was receiving her own declaration of monogamy. 샬롯은 일부일처제의 맹세를 듣고 있었다.

■ **What do you think about not ~ing?**
…하지 않는거에 대해서 어떻게 생각해?

What do you think about not seeing anyone else but each other? 서로 외에는 다른 사람 만나지 않는거에 대해 어떻게 생각해?

flaunt는 과시하다

■ **embrace fidelity** 정절을 받아들이다

While Charlotte embraced fidelity and Samantha flaunted her infidelity I found myself caught somewhere in between. 샬롯이 정절을 받아들이고, 사만다는 자신의 부정을 과시하는 반면에, 나는 그 중간에 끼어 있었다.

■ **be in~** …에 있다

Whose very crowded apartment are we in?
여기가 누구의 집이야?

- **Never miss it** 꼭 보고 있어요, 절대 놓치지마
  The school's festival is great fun. Never miss it.
  학교 축제가 엄청 재미있어. 절대 놓치지마.

- **make it** 도착하다, 오다
  Glad you could make it. 와서 고마워.
  I don't think I'm going to make it to the wedding.
  결혼식에 갈 수 없을 것 같아.

  도착한 곳까지 말하려면 make it
  to+장소나 행사명사

- **I want you to meet~** …소개시켜줄게
  I want you to meet someone very special.
  아주 특별한 사람을 소개시켜줄게.

- **look for material** 소재를 구하다
  If you're looking for material, you're dating the right
  man. 기사소재를 찾는거라면 딱 맞는 사람과 데이트하고 있는거예요.

- **I thought S+V** …하는 걸로 알고 있었는데
  Are we dating? I thought we were just sleeping
  together. 우리가 데이트하는거야? 난 우리가 잠자리만 하는 걸로 알고 있었는데.
  I thought we were leaving. What's the deal?
  우리가 출발하는 줄 알았는데. 도대체 어떻게 된거야?

- **I'm sure S+V** 확실히 …하다
  I'm sure after tonight we won't be doing much of
  either. 오늘 저녁 이후로는 그 어떤 것도 못하겠네.
  I'm sure he's making progress 걘 나아지고 있는게 확실해.

- **I'll be right back** 곧 돌아올게
  This will only take a few minutes. I'll be right back.
  이건 몇분이면 될거야. 곧 돌아올게.

Sex and the City

상대방의 말이 어처구니 없거나
도저히 믿기지 않는 이야기일 때
던질 수 있는 표현

■ **You've got to be kidding** 이러지마, 웃기지마, 말도 안돼

They lost the game? You've got to be kidding.

걔네들이 게임에 졌다고? 말도 안돼.

You've got to be kidding! How am I going to get to

downtown? 그럴리가요! 그럼 시내에 어떻게 가라구요?

tri-state area 인접한 3개주. 특
히 New York, New Jersey 그
리고 Pennsylvania를 지칭하는
경우가 많다.

■ **In the tri-state area?** 이 근처에서

Where is the conference? In the tri-state area?

회의가 어디서 열려? 이 근처에서 열려?

■ **Let's see,** 어디보자

Let's see, there's me, Julia and let's not forget

"International Melissa." 어디보자. 내가 있고, 줄리아, 그리고 해외에서 만난

멜리사도 빼놓으면 안되지.

■ **I'm not doing this here** 여기서 난 이러지 않아

Dancing is great, but I'm not doing that here.

댄싱이 아주 좋지만 난 여기서 그러지 않아.

참고로 What do you want me
to say?는 무슨 말을 하라는거
야?, 나보고 어쩌라고?

■ **What do you want from me?** 내가 어떻게 하길 바래?

What do you want from me? Just leave me alone.

나보고 어쩌라고? 그냥 나 좀 내버려 둬.

■ **I have to go** 가야 되겠어

I have to go, but I'll give you a call tomorrow.

나 가야 되지만 내일 전화할게.

What else can I do? I love him. I have to go.

내가 달리 어쩌겠어? 난 걔를 사랑해. 가야 돼.

I feel like+N은 ⋯가 된 기분이야

■ **I felt like a fool** 바보가 된 기분야

After I dropped the birthday cake I felt like a fool.

생일케익을 떨어트린 후에 난 바보가 된 기분이야.

- **go out on a limb** 위험을 감수하다, 불리한 입장에 처하다

I had gone so far out on a limb with my feelings that I didn't realize I was standing out there alone.

내가 내 감정에 너무 나가서 내가 그곳에 혼자 서 있다는 것을 깨닫지 못했다.

참고로 I may be way out on a limb here, but~하면 이게 맞는 말인지 모르겠지만

- **there's only one thing to+V**

유일한 것은 …하는 것이다

When life gets this confusing, sometimes there's only one thing to do attend a fabulous party.

인생이 이처럼 복잡해지면, 때로는 유일하게 할 것은 멋진 파티에 가는 것이다.

- **What a surprise** 정말 놀라워라

She didn't even help us. What a surprise!

걔는 우리를 도와주지도 않았어. 정말 놀라워!

- **Don't ask** (얘기하고 싶지 않으니) 말꺼내지마

I know you're wondering what happened. Don't ask.

무슨 일이었는지 궁금해하는거 알아. 말꺼내지도마.

Don't ask me는 답이 뭐든 상관 없으니 묻지마

- **What happened?** 무슨 일인데?

Your clothes are all stained. What happened?

네 옷들이 다 얼룩이 졌네. 어떻게 된거야?

So what happened? Start talking. 그래 어떻게 된 거야? 얘기해봐.

- **predictable** 못마땅하게 너무 뻔한

He became predictable. 걘 너무 뻔해.

- **You made it** 왔네요, 해냈어

This is the end of the marathon. You made it.

마라톤 결승점야. 넌 해냈어.

Congratulations son. You made it. 축하한다. 아들아. 네가 해냈구나.

- **seem like a quaint notion** 진부한 개념같다

In a room where everyone was gorgeous, cool and under 30, monogamy suddenly began to seem like a quaint notion.

20대의 멋진 사람들이 모인 방에서 일부일처제는 갑자기 낡은 개념처럼 생각되기 시작했다.

quaint notion은 진부한 개념

Sex and the City

Sex and the City

SCENE 07

미란다와 스키퍼가 사랑을 나눈 후 누워서 대화를 나누고 있다.

별 의미없이 말하는 습관의 하나로 우리 말로 치면 음…, 어…, 이런 정도이다

- **like,** 음, 뭐, 어,
  That was, like, so great. 그건 어, 정말 대단했어.
  Your boyfriend is, like, the hottest guy in our school.
  네 남친은 어, 학교에서 가장 섹시해.

- **like this** 이처럼
  Don't you just wanna lie like this forever?
  이렇게 영원히 누워있고 싶지 않아?

- **not mean a thing to sb** …에게 아무런 의미도 아니다
  I want you to know that that other woman doesn't
  mean a thing to me. 내게 다른 여자는 아무런 의미도 없다는 걸 알아줘.

상대방이 사과 및 감사 인사를 해올 경우, 이에 대한 답변으로도 많이 사용된다

- **That's all right** 괜찮아, 됐어
  That's all right, we weren't using it anyway.
  괜찮아, 어쨌든 우리는 그걸 사용하지 않았어.
  That's all right. Don't let it bother you.
  괜찮아요. 신경쓰지 마세요.

- **I don't mind if S+V** …해도 괜찮아
  I don't mind if you keep seeing her.
  네가 그 여자를 계속 만나도 괜찮아.
  I don't mind if I do. This looks delicious.
  그래도 된다면야. 이거 맛있게 보이는데.

비슷한 표현으로 the moment that S+V, the minute that S+V 등이 있다.

- **the second that S+V** …하자마자
  I broke up with her the second that you called.
  네가 전화하자마자 난 걔와 헤어졌어.

- **You didn't have to do that** 그럴 필요가 없었는데
  It is a very nice bracelet, but you didn't have to do
  that. 멋진 팔찌지만 그럴 필요가 없었는데.

248

- **do it** 섹스하다

I was so happy to hear from you, that we were still doing it while I was talking to you and I didn't even realize it. 네 목소리를 듣고 너무 반가워서 너와 통화하는 동안 우리가 섹스를 하고 있었는데 그것도 잊어버리고 있었어.

- **You're kidding, right?** 농담마, 장난하는거지

You want to buy a horse? You're kidding, right?
말을 사고 싶다고? 장난하는거지 그지?

- **Isn't that crazy?** 미치지 않았어?

She never watches television. Isn't that crazy?
걘 텔레비전을 전혀 보지 않아. 이상하지 않아?

- **That's exactly what it is** 바로 그래

It's a big problem for us. That's exactly what it is.
그건 우리에겐 커다란 문제야. 그게 바로 그런거야.

- **full-blown** 심각한

I'm not ready for a full-blown relationship thing.
난 심각하게 관계를 맺을 준비가 안됐어.

- **see each other** 서로 만나다

I mean, we can see each other and still see other people. 내 말은 우리 사귀면서 딴 사람도 만나자고.

- **stud horse** 종마, 섹스해주는 남자

I'm not your private stud horse, Miss Dial A Fuck.
난 당신 성욕을 채워주는 섹파가 아냐.

- **jerk sb around** …을 갖고 놀다

I'm tired of being jerked around. 사람들이 날 갖고 노는데 지쳤어.

Sex and the City

SCENE 08

다시 샬롯과 마이클의 애무 장면으로 오럴섹스문제로 둘은 결국 헤어지게 된다.

misjudge는 잘못 판단하다. left Charlotte no doubt about his 는 마이클은 샬롯에 대한 자신의 감정을 확실하게 했다라는 의미이다.

- **leave sb no doubt about~** 의심의 여지를 남기지 않다
  While Miranda misjudged the intensity of Skipper's feelings, Michael left Charlotte no doubt about his.
  미란다가 스키퍼의 감정의 강렬함을 잘못 판단한 반면, 마이클은 샬롯에게 자기 감정을 확실하게 보여줬다.

look for는 …을 찾다

- **You've got everything I'm looking for**
  넌 내 이상형이야
  What a great store. You've got everything I'm looking for. 참 멋진 가게네요. 없는게 없네요.

- **What's the problem?** 왜 그래?
  What's the problem? Do you need help?
  왜 그래? 도움이 필요해?
  Talk to me, what's the problem? 나한테 말해봐, 뭐가 문제야?

give blow jobs는 오럴섹스를 해주다

- **I hate doing it** 나 그거 하기 싫어
  A: I hate doing it. 난 그거 하기 싫어.
  B: You hate giving blow jobs? 오럴섹스해주는 걸 싫어한다고?

- **It's not that big of a deal** 큰 문제 아니다
  It's not that big of a deal, is it? 큰 문제 아니지, 그렇지?

- **Can't you just do it for me?** 날 위해 그렇게 해줄수 없어?
  I know you hate it. Can't you just do it for me?
  네가 싫어하는거 알지만 날 위해서 그렇게 해줄 수 없어?

- **want me to+V** 내가 …하기를 바라다
  Would you really want me to do something I didn't wanna do? 내가 원하지 않는 일을 내가 하기를 정말 바라는거야?
  What do you want me to buy there? 거기 가서 뭐 사올까?

250

- ## You'll get used to it 익숙해질거야
The workers make noise, but you'll get used to it.
근로자들이 소음을 내지만 익숙해질거야.

You'll have to get used to it. He can do whatever he wants. 거기에 적응해야 할거야. 그분은 하고 싶은 건 뭐든 하는 사람이야.

get[be] used to~는 …에 익숙해지다

- ## plan on ~ing …할 생각이다
I plan on getting a lot of blow jobs in the future and I'm hoping that you're around when I get them.
난 앞으로 많은 오럴섹스를 받을 생각이고 네가 그걸 해주기를 바라는데.

You know what? I'm planning on moving to your neighborhood. 있잖아. 나 너희 동네로 이사갈 계획이야.

get blow jobs는 오럴섹스를 받다

- ## What's that supposed to mean?
그게 무슨 말이야?
My nose is too big? What's that supposed to mean?
내 코가 크다고? 그게 무슨 말이야?

be supposed to~는 …하기로 되어 있다

- ## It means S+V 그건 …라는 말이야
It means I'll have to find them somewhere else.
그건 내가 다른 사람을 찾아야 될거라는 말이야.

- ## You're telling me that S+V? …라는 말이야?
You're telling me that you would give up a woman who really cares for you who would share your hopes and your fears and your dreams the future possible mother of your children all for a blow job?
넌 지금 널 진정으로 좋아하고, 너의 희망과 두려움 그리고 꿈을 앞으로 공유할 여자, 앞으로 네 아이들의 엄마가 될 사람을 단지 오럴섹스 때문에 포기한다는 말이야?

give up은 포기하다, care for는 좋아하다

- ## lick one's ball 고환을 핥다
Will you at least lick my balls? 그럼 핥아만 줄테야?

at least는 적어도

- **neither did~** …도 안 그랬다

Half-past midnight in a city that never sleeps, neither did the real estate market.

12시반 잠들지 않는 도시에서, 부동산 시장도 역시 잠들지 못했다.

Neither did I. Whoever did is going to be in trouble, though. 나도 아냐. 하지만 누가 그랬건 그 사람은 이제 큰일났다.

- **go on the market** 시장에 매물로 나오다

It went on the market at midnight and you're the first one to see it. Two bedrooms, pre-war fireplace and views. 자정에 매물로 나온거예요. 처음 보여드리는거예요. 침실 두개, 고풍스런 벽난로와 전경이 좋아요.

- **I can't believe that S+V** …하다니 이럴 수가

I can't believe that you are working with another broker. 다른 중개인과 거래하다니 놀랍네요.

I can't believe you didn't help me back there.

거기서 네가 나를 도와주지 않다니 그게 말이 돼.

- **You know the greatest thing about ~ing?**

…하는 것의 가장 좋은 점 알아요?

You know the greatest thing about writing a successful book? Besides the validation and acclaim.

성공적인 책을 쓰는 것의 가장 좋은 점을 알고 있어요? 확인받고 찬사를 받는거 외예요.

- **pump one's ideas into~** 내 생각을 …에 전달하다

Knowing that I'm pumping my ideas into the world.

내 생각들은 세상에 전달할 수 있다는 것을 아는거예요.

utter asshole은 완전 또라이

- **I thought it was the fact that S+V**

…라는 사실인 줄 알았는데요

I thought it was the fact that you could behave like an utter asshole and people would find you amusing.

당신이 완전 또라이처럼 행동할 수 있고 사람들은 당신을 재미있는 사람이라고 생각한다는 것인 줄 알았는데요.

■ **you know that?** 그거 알아요?
I'm, like, in love with you, you know that? I'm, like, fucking in love with you. 난, 저기, 그거 알아요? 난 당신을 정말 사랑한다고요.

> like는 허사, fucking은 강조어

■ **Give me a minute** 잠깐만요
I'll start working. Give me a minute. 일하기 시작할게요. 잠깐만요.

■ **make a call** 전화하다
I just have to make a call. 전화 좀 해야 돼요.

> 반대로 전화를 받는 것은 take [get] a call

■ **I just wanted to let you know S+V**
…을 단지 알려주고 싶었어
I just wanted to let you know I'm at this very cool party for very cool people under 30 and this very cool writer wants to take me home. 난 지금 아주 멋진 20대를 위한 아주 멋진 파티에 와있고 이 멋진 작가가 나를 집에 데려가고 싶어한다는 것을 알려주고 싶었어.

■ **put one's arms around sb** …을 껴안다
He's really cute and really successful and he just put his arms around me. 그는 매우 귀엽고 매우 성공하였고 지금 날 껴안고 있어.

■ **call it a night** 그만가다
It was time to call it a night. 오늘은 그만두어야 될 때였어.
As long as we're finished our work we can call it a day.
우리가 맡은 일을 끝내면 오늘 그만 쉬자구.

> call it quits라고 해도 된다.

■ **You said to+V** …하자고 했잖아
You said to meet out front. 정문에서 보자고 했잖아.

■ **What's going on?** 무슨 일이야?
This report is all screwed up. What's going on?
이 보고서 완전히 엉망이네. 어떻게 된거야?
What is going on with you? 어떻게 된 거예요?

> go on = happen

속어로 의미는 아무런 결과도 없이 관계를 맺어왔고 또한 길고 진지한 관계없이 여러 사람들과 만난 적이 있다는 것을 뜻한다.

■ do the merry-go-around 회전목마를 타다

I've done the merry-go-round. I've been through the revolving door. 난 회전목마를 타봤고 회전문도 지나왔다.

■ stand still with sb ···와 함께 하다

I feel like I met somebody I can stand still with for a minute. 난 잠시라도 나와 함께 할 수 있는 사람을 만났다고 생각했어.

■ drag sb out ···을 끌어내다, 불러내다

You drag me out here at 3:00 a.m. to ask me if I wanna stand still with you? 새벽 3시에 불러내서 너와 함께 서있지 않겠냐고 물어보는거야?

infinite options은 무한한 선택,
sometimes는 때로는

■ there's no better feeling than ~ing
···하는 것보다 더 좋은 기분은 없다

In a city of infinite options sometimes there's no better feeling than knowing you only have one.
무한한 선택이 가능한 도시에서, 때론 단 한가지 선택이 자기에게 있다는 것을 아는 것보다 더 좋은 기분은 없다.

series

Modern Family

- SEASON 01 EPISODE 15

Modern Family

SEASON 01 EPISODE 15

My Funky Valentine

발렌타인 데이를 소재로 가족에 일어난 일들을 재미나게 보여주고 있는 에피소드. 특히 드라마의 한 축인 필과 클레어는 아이들을 맡기고 호텔에서 롤플레잉을 하다 에스컬레이터에 코트의 벨트가 끼여 난감한 상황에 처하게 된다.

SCENE 01

발렌타인 날 아침. 식구들끼리 인사를 나누고 계획을 잡는 장면이다.

기념일 앞에 그냥 Happy만 붙여 주면 된다.

■ **Happy Valentine's Day** 해피 발렌타인

Well, Happy Valentine's Day, my darling.
저기, 발렌타인 즐겁게 보내, 자기야.

How can I dump this woman on Valentine's day?
내가 어떻게 발렌타인 날에 이 여자를 차버릴 수가 있겠어?

클레어가 이탈리안 식당인 프라텔리에서 만나자고 하니까 필은 이탈리아 음식인 cannoli canoe을 말하고 있다.

■ **Aw! Oh! So, Fratelli's tonight?**
프라텔리에서 저녁에 볼까?

So, Fratelli's tonight? Or do you want to go elsewhere?
그래 프라텔리에서 오늘밤? 아니면 다른 곳에 가고 싶어?

I'd like it은 그럼 좋지라는 가정법 표현

■ **I like it** 맘에 들어

I like it, but some people think it really sucks.
난 맘에 드는데 어떤 사람들은 정말 아니라고 생각해.

It would make me happy. I like it when you help out.
그러면 내가 좋지. 네가 도와주면 좋더라.

- **Nice fit** (옷이) 딱 맞아

  I like it. Nice fit. Swanky material.

  맘에 들어. 딱 맞고. 옷감도 고급이고.

swanky 멋진 고급의

- **Your turn** 당신 차례야

  I have been with the baby all day. Your turn.

  난 아기와 온종일 있었어. 이제 네 차례야.

- **one's favorite day** …가 가장 좋아하는 날

  This is my favorite day in America.

  미국에서 내가 가장 좋아하는 날이야.

- **gorgeous** 멋진, 예쁜

  Happy Valentine's Day, gorgeous. 해피 발렌타이, 예쁜이
  Everyone will see you look gorgeous.

  다들 너의 멋진 모습을 보게 될거야.

- **Those will work** 잘 어울리거야

  What a nice pair of shoes. Those will work.

  참 멋진 신발이네. 잘 어울리거야.

  I'm not sure if this will work. Here goes.

  이게 될지 모르겠어. 한번 해봐야지.

여기서 work는 잘 어울리다

- **wear** 입다, 신다, 착용하다

  You can wear'em tonight. I have a surprise.

  오늘 밤에 그 귀걸이 해. 깜짝 선물이야.

them에서 th의 발음이 거의 되지 않아 표기조차 없애고 앞단어에 'em으로 붙이는 경우가 있다.

- **Don't tell me S+V** …는 아니겠지

  Don't tell me you're finally taking me salsa dancing!

  마침내 날 살사 댄싱장에 데려가는것은 아니겠죠!

  Don't tell me you're going to become a soldier!

  설마 군인이 되려는 건 아니겠지!

- **And who's David Brenner?** 데이빗 브레너가 누구야?

  I never saw that actor before. And who's David Brenner?

  난 저 배우를 전에 본 적이 없어. 데이빗 브레너가 누구야?

David Brenner는 미국의 유명한 스탠드업 코메디언이자 배우로 쟈니 카슨 쇼에 게스트로 가장 많이 나온 사람이다.

- **go ~ing** ···하러가다
  I thought we were going salsa dancing, not to watch a comedian. 난 우리가 살사댄싱하러 가는 줄 알았는데 코메디언을 보는게 아니라.

- **Trust me** 날 믿어
  Trust me, it's the best you will ever see.
  날 믿어. 그 어떤 것보다도 최고일거야.
  Trust me. I won't say a word. 날 믿어. 아무 말도 안할게.

- **hilarious** 엄청 웃껴
  The guy's hilarious. 그 사람은 엄청 웃껴.

- **do jokes** 조크를 하다
  He doesn't do jokes. 그 사람은 조크를 하지 않아.

- **mallet** 나무 망치
  A: Does he have a mallet? 망치를 가지고 있어?
  B: No. 아니.
  A: How does he get hit in the head? 그럼 어떻게 머리를 쳐?

예전에 유명한 코메디언이 말로 조크를 하지 않고 mallet을 가지고 과일을 내리치는 코메디를 한 적이 있어. Does he have a mallet?하면 조크보다는 행동으로 하는 몸개그를 하냐고 물어보는 것이다.

tell the truth는 진실을 말하다

- **make observations** 관찰하다
  He makes observations. He tells the truth in a funny way. 그 사람은 관찰을 하고 나서 사실을 재미나게 얘기해.

God's 자리에 Pete's, Christ's, heaven's 등을 대신 넣어도 된다.

- **for God's sake** 제발, 너무하는구만
  The whole thing is ridiculous for God's sake.
  이 모든 일이 말도 안돼, 정말이지.
  For God's sake. Why would I care if you end up with a man I despise?
  너무하는 구만. 내가 경멸하는 인간과 네가 헤어지는데 왜 내가 신경써야해?

- **not always easy** 항상 쉬운 것은 아니다
  I won't lie. It isn't always easy.
  사실대로 말하면, 항상 쉽기만 한 것은 아녜요.

It was a joke 농담이었어

It was a joke, there's no need to get angry.
농담이었어. 화낼 필요는 없어.

Don't get angry. It was just a joke. 화내지 마. 그냥 장난이었어.

I don't get it 이해가 안돼

I don't get it. Were you kidding us?
이해가 안돼. 우리를 놀리는거였어?

She's going out with Chris. I don't get it. He's so dorky. 걔는 크리스하고 테이트하는데 이해가 안돼. 걘 얼간이잖아.

여기서 get은 understand

That's because S+V ···하기 때문이야

That's because there's no mallet. 망치가 없기 때문이야.
That's because I feel very angry. 내가 매우 화가 나서 그래.

I wish I had~ ···가 있었으면 좋겠어

I wish I had stayed home last night.
지난밤에 집에 머물러 있었더라면 좋았을텐데.

I wish I had invested in Microsoft. 마이크로소프트사에 투자할 걸.

indicate to sb~ ···에게 ···을 시사하다, 내비치다

Just stay in Northern California. Did you indicate to her how long you were gonna take?
북부 캘리포니아에서만 머물르고, 당신은 그녀에게 얼마나 시간이 걸릴지 내비쳤습니까?

변호사인 미첼이 출근준비를 하면서 최종변론(closing argument) 연습을 하는 부분이다.

Notice anything different? 뭐 다른거 모르겠어?

Notice anything different? I went to a hair stylist.
뭐 다른거 모르겠어? 미장원에 갔다왔어.

spend a lot of time on~ ···에 많은 시간을 보내다

We spent a lot of time on this. 이거하는데 시간 많이 걸렸어.
You need to get some rest now. You need to spend some time with friends or family
좀 쉬라고. 친구나 가족과 좀 시간을 보내.

Modern Family

Modern Family

I don't see how는 I don't think you did 혹은 It doesn't look like you did

■ I don't see how 그런거 같지 않은데
I don't see how. You just cut up one of your boas.
그런거 같지 않아. 네 깃털 목도리 중 하나를 다 잘랐네.

boa는 여성용 깃털 목도리

■ cut up 여러 조각으로 자르다
You just cut up one of your boas. 네 깃털 목도리 중 하나를 다 잘랐네.

repurpose는 리폼하다

■ We repurposed it 우리가 그걸 리폼했어
It used to be a garage but we repurposed it.
그거 쓰레기였는데 우리가 리폼했어.

이 프로젝트는 costume design (밥 매키 전공)과 interior design (마샤 스튜어트)이 결합된 거라는 의미이다.

■ Bob Mackie meets Martha Stewart project
밥 매키가 마샤 스튜어트 프로젝트를 만나다
It was sort of a Bob Mackie meets Martha Stewart project. 그건 좀 밥 매키가 마샤 스튜어트 프로젝트를 만난 것 같았어.

■ We thought S+V …할거라 생각했는데
We thought it would be a nice surprise.
깜짝 놀랄거라고 생각했는데.
How could you not tell us? We thought you were single!
어떻게 말하지 않을 수 있어? 우린 네게 독신인 줄 알았다구!

■ dress up 옷을 잘 차려입히다
I mean, you dress her up for every holiday.
내 말은 넌 매 휴일마다 걔에게 옷을 잘 차려 입히잖아.

마틴 루터 킹 휴일에 입은 의상에 사용한 메이크 업이 아이의 귀에 묻었다라는 말

■ give sb a bath 목욕을 시키다
I was giving her a bath last night, and I still saw traces of Martin Luther King behind her ear.
애를 목욕시키다가 귀 뒤에 마틴 루터 킹의 자국을 봤어.

Not in the spirit는 I don't feel enthusiastic about that.

■ in the spirit 마음이 내키는
Not in the spirit. We get it. 마음에 내키지 않는다. 알았어.

- ## be nervous about~ ...로 초조하다
  I'm really nervous about my closing argument.
  최종변론으로 정말 긴장돼.

  Aren't you nervous about having to go there?
  거기 가는데 떨리지 않아?

- ## rehearse 연습하다
  You've been rehearsing for weeks. You're gonna be great. 여러 주동안 연습했잖아. 넌 잘할거야.

  for weeks는 오랫동안

- ## Let's hope so 그러길 바라자고
  It may be sunny this afternoon. Let's hope so.
  오늘 오후는 맑을지도 모른대. 그러길 바라자고.

- ## I was wondering 궁금해서 그러는데
  He said they got married. I was wondering.
  걘 걔네들이 결혼했다고 말했어. 궁금했었는데.

- ## Score 좋았어
  This was much better than I expected. Score!
  이건 내가 예상했던거 보다 훨씬 좋았어. 좋았어!

- ## That is so sweet 고마워
  That's so sweet, but I'm in love with another man.
  정말 고마운데 딴 남자를 사랑해

- ## tasty 매력적인(attractive)
  All women should look as tasty as you when they're old. 여성들은 모두 나이들었을 때 아줌마처럼 매력적으로 보여야 돼요.

  tasty = attractive

- ## Conflicted 헷갈리는구나
  A: You know, all women should look as tasty as you when they're old.
  여성들은 모두 나이들었을 때 아줌마처럼 매력적으로 보여야 돼요.

  B: Conflicted. 헷갈리는구나.

  예쁘다는 말에는 좋았지만 늙었다는 말에는 맘이 상해서…

Modern Family

Modern Family

affection은 애정, unending love는 영원한 사랑

- **as a token of** …의 표시로
  Take this sweet gift as a token of my affection, my unending love and admiration.
  나의 애정, 나의 영원한 사랑과 흠모의 표시로 이 선물을 받아.

- **I love it** 맘에 들어
  This is a great place to stay. I love it.
  여기는 지내기에 아주 좋은 곳이네. 맘에 들어.
  I love it! This is so fun. 정말 좋다! 아주 재미있어.

- **~ I've ever seen** 지금까지 본 것 중에서…
  It's the most beautiful thing I've ever seen.
  이렇게 아름다운 것은 처음봐.

black light은 자외선

- **blow one's mind** 뿅가다, 반하다
  You gotta put a black light on it. It'll blow your mind.
  자외선에 비춰보면 정말 뿅갈거야.

- **turn~ into** …을 …로 바꿔주다
  I just took a photo and I put it through this program that turns it into a painting.
  사진을 찍어서 사진을 그림으로 바꿔주는 이 프로그램으로 돌린거예요.

- **don't need to+V** …할 필요가 없다
  You don't need to be in the bedroom at all.
  침실에 둘 필요는 없어.
  Calm down. We don't need to argue. 진정해. 다툴 필요 없잖아.

이 문장의 뜻은 Did he do better than I did? 혹은 Did he get the best of me?이다.

- **trump sb** …을 이기다, 능가하다
  Did he trump me? D-Money. 걔 때문에 내가 놀랐나구요?

난 모르고 네가 알잖이라는 의미로 I wouldn't know(그걸 내가 어떻게 알아)와 비슷한 의미이다.

- **You tell me** 그거야 네가 알지
  Did she commit the crime? You tell me.
  걔가 범죄를 저질렀다고? 네가 말해봐.
  You tell me the truth. You tell me why I can't see her.
  진실을 말해봐. 내가 왜 걜 볼 수 없는지 말해봐

- **medicine cabinet** 약장
I have hand-picked a card, drawn a heart in the steam
on the medicine cabinet, and taken Claire to Fratelli's,
a family-style Italian restaurant, for 17 years in a row.
난 카드를 신중하게 고르고, 수증기 낀 화장실 약장유리에 하트표시를 했고 클레어를 유명 이
태리 식당인 프라텔리에 17년간 연속으로 데려갔었어.

- **He got me** 걔가 나보다 낫다
Bob's score was higher than all of ours. He got me.
밥은 우리들 중에서 가장 높은 점수를 얻었어. 걔가 이겼어.

SCENE 02

에피소드 오프닝이 끝나고 필이 출근하는 장면이다.

- **don't have to+V** …할 필요가 없다
We don't have to go to Fratelli's tonight.
오늘 저녁에 프라텔리에 갈 필요가 없어.
You don't have to worry. 걱정하지마.

  don't have to+V= don't need to+V

- **What do you have in mind?** 무슨 생각이라도 있어?
I'm open for anything. What do you have in mind?
나 어떤거라고 괜찮아. 무슨 생각이라도 있어?

  have ~ in mind는 …을 맘속에 생각해두다

- **I got it** 알겠어
I got it. We'll begin work on a plan to do that right
away. 알겠습니다. 우리는 즉시 이를 위한 계획을 짜기 시작할 겁니다.

  'I'를 생략하고 Got it이라고 만 해 도 된다.

- **What do you think?** 어때?
We should get a new TV. What do you think?
우리는 TV를 새로 사야 돼. 어때?
I want to ask that girl for her phone number. What do
you think? 저 여자한테 전화번호를 물어보고 싶은데, 어떻게 생각해?

- **you might want to+V** …하는게 나을거야

  I think you're not getting any sleep tonight, so you might want to take a nap at work today.

  오늘밤에 잠 못잘 줄 알아 그러니 오늘 직장에서 낮잠을 자두는게 나을거야.

  You might want to tell him to hang back.

  걔한테 좀 남아 있으라고 말하는게 좋겠어.

talk about being a little bit naughty은 좀 야한거에 관해 얘기하다

- **What would you say to~ ?** …하는 건 어때?

  As long as we're talking about being a little bit naughty, what would you say to a little role-playing?

  우리가 좀 야해지는거에 대한 얘기인데, 롤플레잉을 좀 해보면 어떨까?

  What would you say if someone offered you a job on the stock market? 주식시장에 관련된 일을 제시하면 넌 뭐라고 할래?

I'm in = I will do it = Count me in

- **I'm in** 나도 할게

  You're starting a poker game? I'm in.

  포커게임을 시작한다고? 나도 할게.

- **set up sleepovers** 하룻밤 잘 곳을 마련하다

  I'll set up sleepovers for the kids. 애들 하룻밤 잘 곳을 마련해볼게.

- **swing by~** 잠시 들르다

  I'll swing by after work to pick you up.

  퇴근 후에 잠시 들러 픽업할게.

pick sb up은 여기서는 섹스를 하기 위해 꼬시다, 낚다

- **Why don't you~ ?** …해

  Why don't you meet me in the hotel bar and see if you can pick me up there. 호텔바에서 날 만나서 거기서 날 꼬실 수 있는지 보자고.

  Why don't you step into my room and you make yourself at home? 방에 들어와 편하게 있어

- **wake up** 깨우다

  You're gonna wake up a sexy sleeping giant.

  잠자는 섹시한 거인을 깨우겠네.

- ## Perhaps I'll be~ 아마도, 난 …될 수도 있어
Perhaps I'll be Reginald Appleby, an English gentleman
in town for a polo match.
아마도 난 폴로 게임을 하러 시내에 온 영국 신사 레지널드 애플비가 될 수도 있어.

클레어가 롤플레잉을 하자고 하자 필이 자신의 역을 클레어에게 연습해보는 장면

- ## wreck 엉망으로 만들다
You're kinda wrecking it. 그러니까 좀 깬다.

kind of는 kinda, sort of는 sorta로 발음하고 표기까지도 한다.

- ## It's not a big deal 그게 큰 문제는 아니잖아
It's not a big deal. Let's keep it a secret.
별로 큰 문제도 아닌데 비밀로 해두자.

SCENE 03

게이 부부인 미첼과 카메론의 집. 미첼이 출근 준비를 한다.

- ## commemorate …을 기념하다
A: Are these rose petals? 이건 장미잎이야?
B: Yes, to commemorate our love. 어, 우리 사랑을 기념하려고.

- ## settle 합의보다
I had to settle. 난 합의를 봐야 됐어.

여기서 settle은 변호사인 미첼이 재판에서 상대방과 합의를 봐야 했다는 말인데 카메론은 할 수 없이 자기를 결혼파트너로 settle했다는 말로 착각하고 다음 말을 이어간다.

- ## a catch (결혼상대로서) 탐나는 인물
Well, your mom might think so, but a lot of people
think I'm a catch.
너희 엄마는 그렇게 생각할지 모르지만, 많은 사람들은 내가 결혼하기 좋은 상대라고 생각해.

- ## I was this close to ~ing 거의 …할 뻔 했다
I was this close to nailing it, and then my client gets
scared and settles. 거의 이길 뻔 했는데, 의뢰인이 겁을 먹고 합의를 했어.

nail은 성공하다, 해내다. get scared는 겁을 먹다

Modern Family

그러자 미첼은 초콜릿 박스가 두겹이라(There were two levels)고 한다.

■ Maybe you'd like+N …먹을래

Maybe you'd like a chocolate. Notice that I have not eaten any of the chocolates. 초콜릿 먹을래? 나 하나도 안먹은거 봐봐.

■ This is so frustrating 정말 힘빠져

I've been waiting for hours. This is so frustrating.
여러시간 기다렸어. 정말 기운 빠지네.

So I was with Joshua for an hour today, and he has not asked me out. It's just so frustrating!
오늘 조슈아하고 한시간이나 같이 있었는데 데이트 신청을 안하더라! 너무 실망스러워!

of all time은 최고의

■ roll over 쉽게 이기다

I had one of the greatest closing arguments of all time- all about the big government rolling over the little guy.
난 힘없는 사람들을 정부가 쉽게 뭉개버리는 것에 대해 최고의 최종변론을 준비했었다.

the state seal은 대통령이 연설할 때 연단에 붙여져 있는 동그란 정부표시를 말한다.

■ ~where I would point to~ …하기까지

I even had this great moment at the end where I would point to the state seal and I'd say, "Shame!"
난 마지막에는 정부인장을 가리키며 "부끄러운 줄 알아라!"라고 말하기까지 하려고 했었다.

■ That's what~ …하는게 그거였구나

That's what you were doing in the shower. I was a little worried. 네가 샤워하면서 하던게 그거였구나. 난 좀 걱정했었지.

That's what you think. These old clothes are just fine.
그건 네 생각이구. 여기 옛날 옷도 괜찮아.

■ I said we would~ 우리가 …한다고 말했어

I said we would watch him tonight. 오늘 밤 걔를 봐주기로 했어.

■ I hope you don't mind 이해해주길 바래

I ordered food for you. I hope you don't mind.
너 먹으라고 음식을 주문했어. 괜찮기를 바래.

■ go through all this 이 모든 것을 겪다
I didn't know you were gonna be going through all this. 네가 이 모든 일들을 겪을지 몰랐거든.

go through는 겪다, 경험하다

■ have sb around …와 같이 있다
It might be nice to have him around.
걔랑 같이 있는게 더 나을 수도 있어.

■ make sb laugh …을 웃기다
He always make me laugh. 걘 항상 날 웃긴다 말야.
Don't make me laugh. You don't know about building things. 웃기지 마. 집을 짓는 게 뭔지도 모르면서.

■ go for the gold 최선을 다하다, 최상의 것을 얻다
I went for the gold- Fiona Gunderson. I poured my heart and soul into a poem, left it on her desk. I even burned the edges to make it look fancy.
최상의 여자애인 피오나 건더슨을 위해 최선을 다했어요. 내 맘과 영혼을 시에 담아서 걔의 책상 위에 올려놨어요. 더 멋있게 보이려고 끝을 태우기까지 했어요.

pour ~ into는 …에 …을 담다,
edge는 끝, 가장자리

■ Why didn't you just tell sb~?
왜 …에게 …을 얘기하지 않았어?
Why didn't you just tell her the truth?
왜 걔한테 사실을 말하지 않았어?

■ be on a date with sb …와 데이트하다
She was already gone. And she's on a date with him at my favorite restaurant, Great Shakes.
벌써 가버렸는데요. 걘 걔와 내가 가장 좋아하는 식당인 그레이트 쉐익스에서 데이트중이예요.
I went on a date with Alan last night.
지난 밤에 앨런하고 데이트했어.

■ How do you know all this?
이 모든 걸 넌 어떻게 알고 있니?
That was top secret. How do you know all that?
극비였는데 이 모든 걸 넌 어떻게 알고 있어?

Modern Family

Modern Family

unacceptable은 받아들일 수 없는, 참을 수 없는

- ## This is unacceptable 이건 그냥 지나칠 수 없어
  This is unacceptable. Take it back and do it again.
  이건 그냥 지나칠 수 없어. 물리고 다시 해봐.

- ## Here we go 또 시작이군
  Here we go. He is starting another argument.
  또 시작이군. 걘 또 언쟁을 시작하고 있어.
  Everything is ready. Here we go. 다 준비됐어. 자 출발하자

- ## It's not that big of a deal 그렇게 큰 일은 아냐
  Just keep the money. It's not that big of a deal.
  그냥 그 돈을 갖고 있어. 그렇게 큰 일은 아냐.

This is what~은 이렇게 …하자

- ## This is what we're gonna do 우리 이렇게 하는거야
  I know how to settle this! All right here, this is what we're gonna do! 난 이걸 해결하는 방법을 알아! 좋아, 우리는 이렇게 하는거야!

- ## shoot over 빨리 가다
  We're gonna shoot over to Great Shakes, get a table.
  우리가 그레이트 쉐익스로 빨리 가서 자리를 잡는거야.

- ## reclaim 되찾다
  Manny can reclaim the love of his life.
  매니는 다시 사랑을 찾을 수 있는거야.

Mudslide는 술의 일종이거나 파이를 뜻한다.

- ## get a couple Mudslides 머드 슬라이드 한잔씩 마시다
  You and I can get a couple Mudslides.
  너와 나는 머드 슬라이드 한잔씩 마시는거야.

- ## do a pull-up 턱걸이를 하다
  I've seen the kid do a pull-up. 걔는 턱걸이도 해요.

run away from~은 …로부터 도망치다

- ## It's not the day S+V …하는 날이 아냐
  It's not the day you run away from love.
  사랑으로부터 도망치는 날이 아냐.

268

- **track down** 쫓아가다
It's the day you track it down, tie it up and take it home. 사랑을 쫓아가서 잡아 집에 데려오는 날이야.

tie up은 단단히 묶다

- **be bellying up to~** …에 바싹 다가가다, …로 직행하다
Now, if we can pull this off, you and your little lady friend will be bellying up to a ice cream counter having a milk shake with two straws. 우리가 이를 해내면, 너와 너의 애인은 아이스크림 가게에 바로 가서 빨대 2개를 꽂고 밀크쉐이크를 먹고 있을거야.

pull off는 해내다, 성공하다

- **What do you say?** 어때?
Join us for a boat ride. What do you say?
우리와 함께 보트를 타자. 어때?
I was thinking about going to see a movie after dinner tonight. What do you say?
오늘밤에 저녁먹고 나서 영화를 보러갈까 하는데. 어떻게 생각해?

SCENE 04

이번에는 제이와 젊은 부인 글로리아가 발렌타인 데이를 맞아 데이빗 브레너의 스탠딩 코메디를 보러 극장에 와있다. 그리고 이어서 필과 클레어가 호텔바에서 롤플레잉을 시작하고 있다.

- **rear end** 엉덩이(butt)
Women with big rear ends live longer.
엉덩이가 큰 여자가 더 오래산다.

- **What the hell did I want?** 내가 도대체 뭘 원했던거지?
I keep forgetting things. What the hell did I want to get here? 내가 자꾸 깜박하네. 내가 뭐 때문에 여기 온거지?

the hell은 삽입강조어구

- **Mind if I join you?** 함께 해도 될까요?
Mind if I join you? I'm Clive. Clive Bixby.
함께 해도 될까요. 클라이브입니다. 클라이브 빅스비요
Do you mind if I stretch my legs? 다리 좀 뻗어도 돼요?

앞에 Do you~가 생략된 경우

Modern Family

Modern Family

- ## I can see that 그렇군요
  You didn't sleep at all last night? I can see that.
  지난밤에 전혀 잠을 못잤다고? 그렇군.

  I can see that she's excited about getting married.
  걔는 시집가는게 기대가 되는 것 같아

- ## Are you in town for~ ? …로 시내에 오신건가요?
  Are you in town for a convention, or do you just forget your name a lot?
  컨벤션 때문에 시내에 오신건가요, 아니면 이름을 자주 잊으시나요?

- ## Pretty kitty has nails 아주 앙칼지네요
  Pretty kitty has nails. I like that. I'm in town for a trade show. I design high-end electroacoustic transducers. 아주 앙칼지네요. 맘에 들어요. 전시회 때문에 시내에 왔어요. 최고급의 전기음향변환기를 디자인해요.

  여기서 high-end는 최고급의, electroacoustic transducers는 전기음향변환기

- ## It's a fancy way of saying S+V
  …한다는 말을 멋지게 한거예요
  It's a fancy way of saying I get things to make noise.
  사물들이 소리를 나게 한다는 말을 멋지게 한거예요.

- ## What's your story? 당신은 어떻게 여기 있는거예요?
  What's your story? Miss America Pageant in town?
  당신은 어쩐일로? 미스 아메리카 선발대회에 참가한거예요?

  What's the story?는 어떻게 된 거야?, What's your story?는 왜 그렇게 행동한거야? 혹은 왜 그렇게 옷을 입고 있는거야, 그리고 What's her story?는 쟤 왜 저래?라는 의미이다.

- ## smooth talker 말을 잘 하는 사람
  You're a pretty smooth talker, Clive.
  클라이브, 당신 참 말을 잘하시네요

- ## You're quite ~ 당신 참 …하네요
  You're quite the Boy Scout, Clive.
  클라이브, 당신 참 보이스카웃같네요.

a merit badge는 공로배지, tie
knots는 끈을 묶다

Would you be interested in~ing?
…하는데 관심있어요?

Would you be interested in earning a merit badge
tonight? Do you know anything about tying knots?
오늘밤 공로배지를 타는데 관심있어요? 끈 묶는거 좀 아는거 있어요?

I'm a married man   유부남예요
I probably shouldn't be talking to you. I'm a married
man.   당신과 얘기하면 안되는건데. 유부남예요.

happen to+V   마침 …하다
I just so happen to like married men. Tell me about
your wife.   전 마침 유부남을 좋아하는데요. 부인에 대해 말해봐요.
Do you happen to know about Jane?   너 혹시 제인 아니?

make lists of~   …의 리스트를 만들다
Because she's always so tired and she's always making
lists of things for me to do.
그녀는 항상 피곤해하며 언제나 내가 해야 할 일들의 목록을 만들기 때문에요.

wouldn't be~   …하지 않을텐데
Maybe if you did them she wouldn't be so tired.
당신이 그것들을 해주면 그녀는 그렇게 피곤해하지 않을텐데요.

I wanna go back to~
…로 돌아가다, 다시 …하는 전 얘기를 하다

alleged는 주장된

I wanna go back to these alleged lists and your
nagging wife.
난 당신이 있다고 하는 리스트와 바가지 긁는 아내 얘기를 다시 하고 싶어요.

I'm not talking about you   당신 얘기를 하는게 아냐
Don't pay attention because I'm not talking about
you.   난 네 얘기를 하는게 아니니 신경쓰지마.

Modern Family

참고로 …하려고 그렇게 아니는 I didn't mean to+V로 쓰면 된다.

- **I didn't mean that** 그럴려고 그렇게 아냐
  I'm very sorry. I really didn't mean that.
  정말 미안해. 그럴려고 그렇게 아냐.

- **Can we try this again?** 우리 다시 할까?
  It came out badly. Can we try this again?
  안좋게 나왔어. 이거 다시 해볼까?

- **too ~ to** 너무 …해서 …을 하지 못하다
  A: So if your wife is so beautiful, why are you here with me? 그럼 당신 아내가 그렇게 예쁘면 왜 나와 함께 있는거예요?
  B: Because I respect her too much to do to her what I'm going to do to you.
  그건 내가 당신에게 할 일을 존중하는 아내에게는 할 수 없기 때문예요.

- **Oh, jackpot** 대박야
  She found a very rich husband. Oh, jackpot!
  걘 아주 부자 남편을 찾았어. 대박야!

- **I'll be right back** 곧 돌아올게요
  My brother is calling me. I'll be right back.
  엄마가 부르시네. 곧 돌아올게.

SCENE 05

미첼과 카메론은 매니의 사랑을 찾아주기 위해 그레이트 쉐익스에 등장한다.

이 문장은 Did you see her?로 바꿔 쓸 수 있다.

- **have eyes on~** …가 보이니?
  Do you have eyes on her? Is she here? 걔를 찾았니? 여기 있니?

- **I have a visual** 봤어
  A: Two o'clock- blonde at the back table.
  2시 방향. 뒷테이블의 금발머리.
  B: I have a visual. 봤어.

■ Let's not talk~　…을 얘기하지 말자
Let's not talk like that anymore.　더 이상 그런 식으로 말하지 말자.

■ This is it　이제 시작이야, 바로 이거야
This is it. This is our opportunity to succeed.
바로 이거야. 이게 우리가 성공할 수 있는 기회야.

■ I'm off to+V　…하러 가다
I'm off to win the heart of my beloved.　내 사랑을 얻으러 가겠어요.

참고로 나 자러간다는 I'm off to bed이다.

■ attentive　세심한, 주의를 기울이는
I'm sorry I have not been attentive.　내가 협조하지 못해서 미안한데.

■ pour ~ into　…을 …에 퍼붓다
I've been spending the last five months pouring my core beliefs into the greatest speech that I will ever write.　난 일생일대의 명연설에 내 주된 신념을 넣는데 지난 5개월을 보냈어.

core beliefs는 핵심신념

■ get taken away　허사가 되다
That moment gets taken away.　그 순간이 허사가 되어버렸어.

■ How'd it go?　어떻게 됐어?
You met Mr. Johnson. How'd it go?
존슨 씨를 만났다고? 어떻게 됐어?
How did it go with Joshua last night?
어젯밤에 조슈아하곤 어떻게 됐어?

How'd~ = How did~

■ natural confidence　타고난 자신감
He has the natural confidence. I admire it and fear it.
걘 자신감에 넘치는데 부럽기도 하지만 무서워요.

Modern Family

- **deal with** ···을 처리하다

  We will deal with him directly. We need a plan.
  우리가 직접 개를 처리해야겠군. 계획이 필요해.

  I want you to know that I will deal with my issues with Max myself. 나 스스로 맥스와 문제를 해결할테니 그리 알아둬.

Could you be more dramatic?은 빈정대는 말로 It means you are being too dramatic or over the top in your behavior.

- **Could you be more dramatic?** 적당히 좀 해라

  A: Could you be more dramatic? 적당히 좀 해라.
  B: We need a plan. 우리 계획이 필요해.

SCENE 06

다시 제이와 글로리아가 데이빗 브레너의 스탠딩 코메디를 보고 있다.

- **ratify a bill** 법안을 통과시키다

  In Oregon, the state legislature ratified a bill that from now on it is a crime to have sex in Oregon with a farm animal.
  오리건에서는 주의회가 지금부터는 가축과 섹스하는 것은 범죄라는 법안을 통과시켰다.

오리건 출신의 여자는 다 못생겨서 남자들이 가축과 섹스를 한다고 했는데, 여자보고 오리건 출신이 아니라고 하는 건 아름답다고 하는 말이다.

- **I can tell S+V** ···군요

  I can tell you're not from Oregon. 당신은 오리건 출신이 아니군요.
  I can tell by your tone that you don't believe me.
  네 목소리로 네가 날 믿지 않는다는 걸 알았어.

- **No kidding** 말도 안돼

  No kidding. It is just too hot and humid today.
  말도 안돼. 오늘 날씨가 너무 덥고 습하네.

  No kidding. It needs to be cleaned soon.
  맞아. 어서 치워야 돼.

274

- **What's it like to+V?** …하는게 어때요?
  What's it like to be married to someone who was there when the Bible was written? What was it called then? Just "The Testament"?
  성경이 쓰여진 시대의 사람과 결혼해 사는게 어때요? 그때 그걸 뭐라고 불렀나요? 그냥 성서요?

신약성서가 나오기까지는 구약성서는 그냥 성서라고 불리웠을 것이다. 즉, 그렇게 오래된 사람과 결혼한 걸 조크하는 것이다.

- **That's good stuff** 웃기는구만
  A: That's good stuff. 웃기는구만.
  B: Oh, now he's trying to turn out the light.
      어, 이제 그가 내가 놀리는 것을 멈추게 하려고 하네요.

B는 he's trying to stop me from making fun of him이라는 의미이다.

SCENE 07

미첼과 카메론이 매니의 사랑을 쟁취하도록 도와주는 장면

- **This is sb with~** …의 …입니다
  This is Don Jolly with the Great Shakes corporate office, and I have good news for you.
  그레이트 쉐익스회사의 돈졸리라고 하는데 좋은 소식이 있습니다.

- **You have been selected to+V**
      …하는데 선택되었습니다
  You have been selected to take part in a random survey that you could win cash and prizes.
  당신은 현금과 상을 탈 수 있는 무작위 설문조사에 참여할 수 있도록 선택되었습니다.

take part in은 참여하다, random survey는 무작위 설문조사

- **be interested in** …에 관심이 있다
  Does that sound like something you'd be interested in? 혹시 관심이 있습니까?
  I'm not interested in going out on a date.
  데이트에 흥미가 없어.

be interested in = have an interest in

Modern Family

- **rank** 순위를 매기다
Would you please rank your favorite ice creams at
Great Shakes from least favorite to favorite?
그레이트 쉐익스의 아이스크림을 덜 좋아하는 것부터 좋아하는 것 순으로 순위를 매겨주시겠
어요?

- **know ~ by heart** 외워서 알다
I don't know'em by heart. 못외는데요.

「그렇게 하면 돼」(You're doing well), 「바로 그거야」(You got it), 「아주 잘했어」하며 상대방에게 격려 내지는 칭찬을 해주는 말. 물론 단순하게 물건을 건네줄 때도 사용된다.

- **There you go**
그래 그렇게 하는거야, 그것봐 내말이 맞지, 자 이거 받아
Don't worry. Everything's going to be fine. Trust me.
Come on. Take my hand. There you go.
걱정마. 다 잘될거야. 날 믿으라고. 어서, 내 손 잡고, 그래 잘 했어.

- **I guess so** 그런 것 같아
People ask me if I'm happy. I guess so.
사람들이 내게 내가 행복하냐고 물어보는데 그런 것 같아.
I guess so. Go easy on me. 예. 잘 좀 봐줘요.

SCENE 08

다시 제이와 글로리아의 장면

You don't have to+V = You don't need to+V

- **You don't have to+V** …할 필요가 없다
You don't have to worry about him cheating.
남편이 바람필 걱정은 할 필요는 없겠네요.

- **That's for sure** 맞아, 확실해, 물론이야
We won't go back there again, that's for sure.
우리는 그곳으로 다시 돌아가지 않을거야. 확실해.
That's for sure. I can't wait until the spring arrives.
물론이야. 봄이 하루빨리 왔으면 좋겠다.

■ **come home with~** …하고 집에 오다

You don't have to worry about him cheating. Because if he does, you'll catch him when he comes home with two sets of teeth in his mouth.

남편이 바람피는 것을 걱정할 필요가 없어요. 바람을 핀다면 입에 틀니를 하나 더 가지고 올테니까요.

> 틀니 낀 할머니와 키스하다가 할머니의 틀니까지 입에 끼고 온다는 이야기

■ **change into~** …로 갈아입다

Did he say he wanted to change into something comfortable and go into a coma?

편안한 옷을 갈아입겠다고 그리고 의식불명상태로 빠지겠다고 했나요?

> 역시 조크로 영화 등에서 상대와 섹스를 할 때는 편안한 옷으로 갈아입겠다고 하는데, 제이는 늙었기 때문에 오히려 coma 상태가 더 편안한게 아닌가라는 심한 조크이다.

■ **I gotta use the men's room** 화장실 좀 가야 돼

Hold on a minute, I gotta use the men's room.

잠깐, 화장실 좀 가야 돼.

> I've got to~ = I got to~ = I gotta

■ **I'll be right back** 곧 돌아올게

Don't start without me. I'll be right back.

나없이 시작하지마. 곧 돌아올게.

■ **I'm only joking** 그냥 농담하는건데

Don't get mad at me. I'm only joking.

내게 화내지마. 그냥 농담하는건데.

I didn't mean it. I was just joking with her.

고의로 그런 건 아냐. 그냥 걜 놀린 것 뿐인데.

■ **That's what I do** 내가 하는 일이잖아요

I organized all of the supplies. That's what I do.

난 모든 비품을 준비했어. 그게 내가 하는 일야.

■ **You just don't look it** 그렇게 보이지 않는다

You may be sick, but you just don't look it.

네가 아플지 모르겠지만 그렇게 보이지 않아.

Modern Family

SCENE 09

필과 클레어는 클라이브와 줄리아나라는 이름으로 롤플레잉을 계속 이어가고 있다. 줄리아나는 화장실에 가서 속옷을 다 벗고 위에 코트만 걸친채 클라이브에 다가와 말을 건다. 그리고 다시 매니의 장면으로 돌아간다.

- **I have a little something for you**
  당신께 줄게 있어요
  I have a little something for you after dinner finishes.
  저녁 먹은 후에 네게 줄 조그마한게 있어.

this는 속옷을 말한다

- **What do you say~?** …하는게 어때요?
  What do you say we take this upstairs?
  이거 가지고 올라가는게 어때요?
  So what do you say? Can I be your girlfriend again?
  그래 어때? 나랑 다시 사귈래?

- **This is so much better than~** …보다 훨씬 낫다
  This is so much better than cheesy garlic bread.
  치즈 마늘 빵보다 훨씬 낫겠네요.

미첼은 매니를 위해 피오나의 데 이트 상대와 계속 전화 설문조사 를 하고 있다.

- **Go on** 계속해요
  Go on. I want to hear more about your overseas experiences. 계속해. 네 해외경험을 더 듣고 싶어.
  Go wash your hands. Go on. 가서 손 씻어. 어서.

keep going은 계속하다, take copious notes는 I'm writing down everything you're saying.

- **take copious notes** 자세히 받아 적다
  I'm taking copious notes. Keep goin', Mr. Durkas.
  자세히 받아 적고 있으니 계속 하세요 더카스 씨.

- **Why would sb say S+V?** 왜 …가 …라고 말했을까?
  So, why would Ted say he wrote the poem if he didn't?
  그럼 왜 테드는 자기가 쓰지도 않은 시를 썼다고 했을까?

- **make ~ seem like~** …을 …인 것처럼 만들다
  You have a laugh that makes science lab seem like recess. 너의 웃음소리는 과학 실험실 시간을 휴식시간인 것처럼 만들어주니까.

278

Would you be more or less inclined to+V?

혹 …할 의향이 있으신가요?

Would you be more or less inclined to visit a Great Shakes establishment if you knew your satisfaction was guaranteed?

혹 그레이트 쉐익스 회사에 방문하셔서 고객만족도가 충족되었는지 확인하실 의향이 있으세요?

> more or less는 다소, 혹

Tarnation! 빌어먹을!

Tarnation! He hung up. 빌어먹을! 전화를 끊었어.

> hang up은 전화를 끊다

drop the accent 그 말투를 그만두다

Then you can drop the accent. 그럼 그 말투는 그만해.

Just admit S+V …을 인정해

Just admit you didn't write the poem.

네가 시를 쓰지 않았다는 걸 인정해.

I admit I was there. So what? 그래 난 거기 있었어. 그래서?

get one's butt kicked 쫓겨나다

Get out of here before you get your butt kicked.

쫓겨나기 전에 꺼지라고.

> Get out of here는 꺼지라는 말

I got this 이건 내가 알아서 할게

I got this. You are free to go home for the evening.

이거. 내가 알아서 할테니 저녁에는 집에 가.

> Let me take care of this라는 말

claim ownership of~ …을 자기 거라고 주장하다

You have no right to claim ownership of another person's work. 당신은 다른 사람의 작품을 자기 거라고 주장할 권리가 없습니다.

It is one thing to~ (and another)

…은 별개의 일이다

It is one thing to lie, but then to bully this young man- it's unforgivable.

거짓말하는 것은 그렇다치더라도, 이 젊은 아이를 괴롭히는 것은 용서받을 수 없는 일이다.

> bully는 괴롭히다.

Modern Family

■ **This is what's wrong with~**

이게 바로 …가 잘못된 것이다

This is what's wrong with the world today.

이게 바로 요즘 세상이 잘못된 점이다.

■ **roll over** 쉽게 물리치다, 이기다

The big guy thinks that he can roll right over the little guy. 덩치 큰 아이가 작은 아이를 쉽게 이길 수 있다고 생각한다.

■ **be in the ~ percentile**

Can we stop calling me "little guy"? I'm in the 40th percentile. 작은 친구라고 날 부르지 말래? 난 키가 40%안에 든다고.

■ **Deep down in your heart** 마음 속으로는

Deep down in your heart, Fiona. You know it too.

마음 속으로는 피오나, 너도 그걸 알고 있어.

Shame on you!도 비슷한 말

■ **Shame!** 부끄러운 줄 알아!

Shame! He should be embarrassed to act like that.

부끄러운 줄 알아! 걔는 그렇게 행동한 거에 창피해야 돼.

■ **Whatever** 어찌됐건

Fine! Whatever. I stole his stupid poem.

좋아요! 어찌됐건. 난 걔 시를 훔쳤어요.

Whatever! That isn't what you said to me yesterday.

하여튼! 어제 내게 한 말하고 다르네.

have (the) feelings for sb
는 …에게 감정이 있어, have a
feeling S+V는 …인 것 같아

■ **have the feelings (for)** (…을) 좋아하다

I only did it because I had the feelings, I just didn't know how to show'em.

널 좋아해서 한 짓이었어. 난 어떻게 내 마음을 보여줄 지 몰랐어.

■ **~ S have ever done for me** 그 누가 내게 했던 것보다

That's the sweetest thing anyone's ever done for me.

그 누가 내게 했던 것보다 가장 멋지다.

American Dramas
Vocabulary Notes

- ## You've gotta be kidding me   말도 안돼

  You've gotta be kidding me. He was a con artist?
  말도 안돼. 걔가 사기꾼였어?

You've gotta~를 더 줄이면
You gotta~

- ## Let's get out of here   나가자

  I'm getting scared. Let's get out of here.
  점점 무서워지는데 여기서 나가자.

  You'd better get out of here or I'm going to beat you
  up.   꺼지는게 좋을거야. 안 그러면 흠씬 두들겨줄테니까.

- ## chick   여자를 낮춰 부르는 말

  This chick's crazy.   이 기집애 미쳤나봐.

- ## I've never seen you like that   너의 그런 모습 처음 봐

  You were passionate. I've never seen you like that.
  너 되게 열정적이네. 너의 그런 모습 처음 봐.

- ## You have no idea how~   얼마나 …했는지 모를거야

  You have no idea how good that felt.
  얼마나 좋았는지 너는 모를거야.

  You have no idea what this means to me!
  이게 나한테 얼마나 중요한 건지 넌 모를거야!

Modern Family

SCENE 10

다시 클라이브와 줄리아나의 롤플레잉 장면.

- ## This is all happening so fast
  이거 너무 빠른거 아녜요

  This is all happening so fast. It's really stressful.
  이게 너무 빠르게 일어나 정말 스트레스를 많이 받아.

Modern Family

twist는 반전이라는 뜻

- ### Ooh, a twist 아 그런가요, 그런 반전이
  A: I know, and I have to be home to my husband by midnight. 알아요. 난 자정까지는 집의 남편에게 가야 돼요.
  B: Ooh, a twist. 아, 이런 반전이.

- ### be stuck …가 끼다
  My coat is stuck. 내 코트가 끼었어.

take off는 옷을 벗다, 이륙하다, 출발하다

- ### Take off your coat! 코트를 벗어!
  Take off your coat! What are you wearing underneath?
  코트를 벗어! 속에 뭐 입었어?

Are you kidding me with this?는 이거 농담하는거야?

- ### Are you kidding me? 정신나갔어?, 장난해?
  You aren't ready yet? Are you kidding me?
  아직 준비 안됐다고? 장난해?

- ### Come on up 올라오세요
  Come on up. We can have a drink together.
  어서 올라와. 함께 술하자고.

them에서 th는 거의 발음이 되지 않아 표기조차 앞단어 붙여서 쓰기도 한다.

- ### Treat them like S+V …인 것처럼 생각해요
  Treat'em like they're regular stairs. 보통계단인 것처럼 생각해요.

- ### Come on through 지나가세요
  Come on through. The meeting is in the conference room. 지나가세요. 회의는 회의실에서 해요.

지나가는 여성에게 You look lovely라고 했고 그 다음 지나가는 남성에게도 So do you라고 했다고 오해받을까봐 이상한 방식으로는 아니라고 오해를 방지한다.

- ### So do you 당신도 그래요
  So do you. Not in a weird way.
  당신도 그래요. 이상한 방식으로는 아니구요.

- ### Let me just get in here 내가 자세히 볼게
  Let me just get in here and see what's been going on.
  내가 들어가서 무슨 일이 일어나고 있는지 알아볼게.

- ## You remember sb from the office
  사무실의 …기억나지
  You remember Tom Mickleson from the office and his
  wife, Susan. 사무실의 톰 미켈슨 기억하지. 그리고 부인 수잔야.

- ## pretty darn good 아주 좋게, 아주 심하게
  It's in there pretty darn good. 그게 아주 단단히 끼었나봐요.

  darn은 damn의 한단계 순화된
  단어로 생각하면 된다.

- ## Why don't you+V? …하지 그래
  Why don't you take it off? 코트를 벗지 그래요.
  Why don't you go shopping and cheer yourself up?
  쇼핑이라도 가서 기분 전환 좀 하지 그래?

  Why don't you~?는 무늬는 의
  문문이지만 상대방에게 제안할
  때 쓰는 문장이다.

- ## give it a shot 한번 해보다
  At least let me give it a shot. 적어도 내가 한번 해볼게.

- ## I got it 내가 해볼게요
  I got it. I've done this hundreds of times before.
  내가 해볼게. 전에 수없이 해봤어.

- ## be jammed in~ …에 걸리다, 꽉 끼이다
  It's really jammed in here. 정말 꽉 끼었네.

SCENE 11

화가난 제이와 그를 달래려고 나온 글로리아의 대화

- ## don't pay attention to~ …에 신경쓰지 않다
  Jay, papi, don't pay attention to what he's saying. He's
  just being funny.
  제이. 그 사람이 한 말 신경쓰지 말아요. 그냥 웃기려는거잖아요.

  papi는 어린이들이 쓰는 말로 할
  아버지라는 의미.

Modern Family

Modern Family

point out은 가리키다, 지시하다

- **point out the truth** 정곡을 찌르다
  He points out the truth. 그 사람이 정곡을 찔렀잖아.

- **What do you care what they think?**
  그들 생각을 왜 신경써요?
  They don't matter. What do you care what they think?
  그들은 중요하지 않아. 왜 그들 생각에 신경을 쓰는거야?

- **I care what you think** 네 생각을 신경써
  I care what you think. Never forget that.
  난 네 생각을 신경써. 그걸 절대 잊지마.

- **What about~ ?** …하게 되면?
  What about when I'm 80 and I'm in a wheelchair, on oxygen? 내가 80살이 되고 산소통을 매고 휠체어에 앉아있으면?
  What about you, Ray? Did you like it? 넌 어때, 레이? 좋았어?

- **shallow** 얄팍한
  Do you think I'm so shallow that I'm gonna leave you when you're old? 당신이 늙으면 내가 얄팍해서 떠날거라고 생각해요?

gain (weight)은 살이 찌다 = put on weight

- **What if~ ?** 하면 어떡하죠?
  What if I gain a hundred pounds? You gonna leave me then? 내가 100파운드 더 찌면 날 버릴거예요?
  What if it just gets worse, to the point where we can't even look at each other?
  만약 상황이 악화되어서 서로 바라다 볼 수 없을 정도까지 가면 어떻게 해?

What is with someone [something]?는 …가 왜 그래?

- **What's with~ ?** …은 왜 그래요?
  What's with the pause? 왜 대답이 늦어요?
  What's with you? You're usually more cheerful.
  뭣 때문에 그래? 평소엔 쾌활한 사람이.

284

- **I got a better idea** 더 좋은 생각이 있어
Forget the original plan. I got a better idea.
원래 계획은 잊어버려. 내게 더 좋은 생각이 있어.

- **This guy's not that funny** 그렇게 재미있지는 않네
This guy's not funny. I'm going to leave.
이 사람은 재미없네. 나 갈게.

that은 그렇게

SCENE 12

다시 필과 클레어의 코트가 에스컬레이트에 낀 장면.

- **We're good** 이제 됐어요, 이제 괜찮아요
We're good! We're good! I talked to Maintenance.
They're coming, so go on ahead.
이제 우리 괜찮아요. 정비부에 얘기했어요. 오고 있으니 어서들 가세요.

Maintenance는 정비부

- **take care of** …을 처리하다
Maintenance is gonna take care of it. 정비부서가 처리할거에요.
Can you take care of my dog while I'm away?
내가 없는 동안 내 개 좀 봐줄테야?

조폭집단에서 take care of sb
하면 처리하다. 죽이다라는 의미
로도 쓰인다.

- **How long till S+V?** 얼마나 있다가 …?
How long till they get here? 얼마나 있다가 그들이 온대?

- **fake** 속이다, 거짓말하다
I was faking it. No one's coming for us.
내가 속였어. 아무도 우릴 위해 오는 사람은 없어.

- **go and get them** 가서 사람을 데려오다
Well, then, go and get them! Hurry! That was the
most embarrassing moment of my life.
그럼 가서 사람을 불러와! 평생 이런 창피한 상황은 처음이야.

Modern Family

285

get sth pp의 구문

- **get ~ stuck** …가 끼이다

Did you get your belt stuck? 벨트가 끼었어?

- **Stand by** 옆에 서

The room is full and we have to stand by the wall.
방은 사람들로 가득차 벽 옆에 서야 돼.

- **naked under there** 속에 아무것도 안입은

What are you, naked under there?
너 뭐 속에 아무 것도 안입었니?

Let me take care of this와 같은 말

- **I got this** 내가 알아서 할게

Just relax and sit down because I got this.
내가 알아서 할테니 긴장풀고 앉아.

I got this. I'll go in there and take care of everything.
내가 알아서 할게. 내가 들어가서 모든 거 다 처리할게.

- **follow one's lead** …을 따라하다

Claire, follow my lead, okay? 클레어, 날 따라해, 알았지?

- **It has happened to me before**
나도 전에 그런 적이 있다

I hate getting fired. It has happened to me before.
잘리는 건 싫지만 전에 나도 그런 적이 있어.

That's a good idea. This has never happened to me
before. 좋은 생각이야. 전에는 이런 일 한번도 없었는데.

- **That was impressive** 인상적인데요

You gave a wonderful speech. That was impressive.
연설 아주 훌륭했어. 아주 인상적였어.

주로 Let's take it down a notch의 형태로 쓰이면 뜻은 Calm down

- **Take it down a notch** 진정해라

Ladies, take it down a notch. You're too noisy.
여성분들 좀 진정하세요. 너무 시끄러워요.

SCENE 13

장면이 바뀌어서 클레어가 아이들을 차로 태워서 운전하고 가는데 필의 전화가 온다. 아이들도 다 들을 수 있는 스피커폰으로 연결됐는데 이를 모르는 필은 어젯밤 일을 꺼낸다.

▪ I just wanted to tell you how~

얼마나 …했는지 말하고 싶었어

I just wanted to tell you how great you were last night.

지난밤에 얼마나 좋았는지 말하고 싶었어.

▪ get ~ everywhere   온통 …이다

I got the oil everywhere, but they're not our sheets, right?   오일 범벅이었는데 우리 침대보도 아니잖아?

▪ Remember when~   …할 때 기억나?

Remember when the salesman told us that the Sienna was built with the whole family in mind?

차딜러가 시에나는 온 가족을 생각해 만들어졌다고 우리에게 얘기한거 기억나?

Remember when there was a big festival downtown when we were kids?   우리 어렸을 때 시내에서 큰 축제 열렸던거 기억나?

▪ I guess S+V   …인가보군

I guess the Bluetooth works.   블루투스가 작동하는구만.

I guess I was just confused. Yeah, I'm right there with you.   내가 잠시 착각을 했나봐. 그래, 난 너와 동감이야.

▪ pop in~   …을 꽂아넣다

Why don't you guys just pop in a DVD?   DVD나 넣고 봐라.

Sienna는 토요타의 패밀리카 시에나를 말한다.

Modern Family

287